해외전시회,
이것만은 알고 가자

해외전시회,
이것만은 알고 가자

조기창 지음

머리말

최근 해외전시회가 중요한 해외마케팅수단으로 널리 인식되면서 우리 기업들의 해외 전시회 참가가 크게 늘어나고 있으며 중앙정부 뿐 아니라 각 지자체에서도 관내 수출기 업들의 해외마케팅 강화를 위해 해외전시회 참가를 위한 예산 지원을 아끼지 않고 있습 니다. 또한 KOTRA 뿐 아니라 수출지원 단체나 각 협회에서도 해외전시마케팅 과정을 개 설하여 수출기업들에게 해외전시회 참가를 위해 필요한 정보와 노하우를 전달하고 있습 니다.

필자는 그동안 우리 기업들이 해외전시회를 통해 좋은 성과를 올릴 수 있도록「전시마 케팅기법」,「각국별 전시산업환경 및 참가기법」,「해외전시회 전시품 선정 및 운송 노하 우」그리고「수출로 이어지는 해외전시회 사후관리 요령」등 다수의 해외전시회 관련 저 서를 발간하였고 KOTRA 글로벌연수원, 경기중소기업종합지원센터 등 여러 수출유관기 관과 각 대학교 주최 교육 프로그램에 강사로 참가하여 그 기법을 전파해왔습니다.

그러나 아직도 많은 기업들 특히, 수출경험이 전혀 없는 내수기업들이나 수출초보기업 들 중에는 막연히 해외전시회를 가장 효과적인 마케팅수단으로만 알고 철저한 준비 또는 사전 지식 없이 해외전시회에 참가했다가 기대한 만큼의 성과를 올리지 못하고는 더 이 상 해외전시회를 통한 마케팅 활동을 포기하거나 또 다른 해외전시회를 찾아 동일한 실 수를 반복하여 안타까움을 자아내고 있습니다. 따라서 이와 같은 기업들에게 해외전시회 참가에 앞서 꼭 알아두어야 할 정보를 정리하여 제공하게 되면 최소한 같은 실수를 반복 하지는 않을 것이라는 생각이 들었습니다.

그래서 필자는 그동안 발간했던 저서들과 외부 기고문, 강의자료 등을 보완하여 해외 전시회 참가 경험이 없거나 일천한 기업, 또는 해외전시회에 관심이 많은 대학생들을 위해 해외전시회 참가와 관련하여 꼭 알아두어야 할 100가지 사항을 엄선해서 책자로 발간하게 되었습니다. 우선 전시회에 대한 이해를 돕기 위해 세계 전시 산업 현황 및 기초 정보를 소개하고 전시회 준비단계, 현장활동 및 사후관리로 구분하여 꼭 알아야 할 사항을 기술하였으며 마지막으로 강의 중 기업들이 자주하는 질문에 대한 답변과 우리기업들의 해외전시회에 대한 오해 그리고 전시회에서 흔히 저지르기 쉬운 실수 등 을 별도의 장으로 마련하여 설명하였습니다. 또한 초보자라도 쉽게 이해할 수 있도록 간결하고 평이하게 기술하였으며 많은 관련 사진을 첨부하였습니다.

　아무쪼록 이 책자가 해외전시회를 활용하여 수출 확대를 희망하는 수출초보기업들에게 많은 도움이 되기를 바라며 기꺼이 추천서를 써주시면서 많은 격려의 말씀을 아끼지 않으신 KOTRA 오영호 사장님께 이 자리를 빌려 진심으로 감사의 말씀을 드립니다.

2014년 10월

조기창

추천사

해외전시회는 짧은 시간동안 한 장소에서 많은 바이어들을 만나 상담할 수 있으며, 다양한 시장정보를 얻을 수 있고 광범위한 인적 네트워킹도 가능하기 때문에 전 세계적으로 많은 기업들이 이용하고 있는 가장 효과적인 마케팅 수단으로 알려져 있습니다. 따라서 전시회를 활용한 마케팅 활동은 인터넷의 발달에도 불구하고 앞으로 더욱 증가할 것으로 전망됩니다.

국가 무역투자진흥기관인 KOTRA도 1962년 설립 이래, 무역 환경 변화에 따라 여러 차례 조직과 사업 조정이 있었지만 해외전시사업은 50여 년이 지난 지금까지 변함없이 이어지고 있으며, 많은 수출기업들이 KOTRA 해외전시사업을 널리 활용하고 있습니다.

뿐만 아니라 산업통상자원부와 중소기업청은 물론 각 지자체에서도 우리 수출기업들이 보다 적극적으로 해외전시회에 참가할 수 있도록 많은 예산을 투입하여 지원을 아끼지 않고 있습니다.

그럼에도 불구하고 해외전시회의 참가 경험이 적은 중소기업들 중에는 성공적인 해외전시회 참가를 위한 준비와 현지 마케팅 활동, 그리고 수출로 이어질 수 있는 사후관리 방안에 대해 잘 모른 채 막연한 기대를 품고 참가하는 경우가 많이 있습니다.

그런데 KOTRA에서 오랫동안 해외전시 업무를 담당해 온 저자가 해외전시회 참가를 위해 꼭 점검해야 할 필수항목들을 소개한 실무 가이드북을 발간하게 되어 이런 문제들을 해소할 수 있게 되었습니다.

저자는 그동안 「전시마케팅기법」, 「해외전시회 전시품 선정 및 운송노하우」, 「수출로 이어지는 해외전시회 사후관리 요령」 등 해외전시회와 관련해 다양한 저서를 출간해왔습니다. 또한 KOTRA 글로벌연수원 및 여러 대학에서 강의를 해오고 있으며, 언론매체 등을 통해 성공적인 해외전시회 참가기법을 전파하는 일에도 앞장서고 있는 해외전시회 분야의 최고 전문가 중 한 사람입니다.

이번에 발간하는 책자는 저자가 그동안 수많은 해외전시회 업무를 진행하면서 경험한 실전내용과 그 과정에서 습득한 노하우, 그리고 수출기업들이 자주하는 질문 등을 토대로 우리 기업들이 해외전시회에 참가할 때 꼭 알아야 할 핵심 내용을 두루 담고 있습니다.

이 책자가 해외전시회 참가를 계획하고 있는 우리 수출기업들에게 좋은 지침서가 되리라 확신합니다.

2014년 11월
KOTRA 사장 오영호

차례

5 기타 / 337

1장

전시회에 대한 이해

1_세계 전시산업 추세

  UFI 집계에 의하면 2012년 기준, 전 세계적으로 최소 개최면적 500㎡ 이상 되는 전시회가 연간 31,000건 개최되고 있으며 전체 순 전시면적은 1억 2400만㎡이고 총 직접 참가업체는 440만개, 총 관람객수는 2억 6000만명으로 조사되었다. 같은 해, 개최된 전시회 면적으로 보면 미국이 4,110만㎡로 규모가 가장 크며 중국이 1,370만㎡로 2위, 독일이 870만㎡로 3위를 차지하였다. 세계 10대 전시대국들 중 중국과 브라질의 전시회 개최 면적 증가가 두드러지게 나타나고 있다.

【표】2012년 기준 세계 10대 전시대국의 총 순 전시면적과 추이

(단위 : 만㎡)

순위	국가	총 순 전시면적
1	미국	4,110
2	중국	1,370
3	독일	870
4	이탈리아	590
5	프랑스	570
6	일본	320
7	브라질	300
8	러시아	290
9	스페인	280
10	영국	280

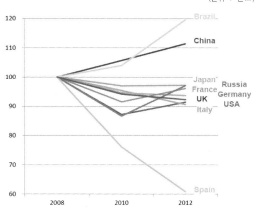

  2008년과 2010년 사이 전 세계 전시주최자들이 임차한 전체 순 전시장 임차면적을 비

교하면 글로벌경제위기로 인하여 8% 감소하였으나 (1억 3,250만㎡에서 1억 2,180만㎡로 감소) 2010년과 2012년을 비교하면 2% 늘어난 것으로 나타났다. 특히 이 기간 동안 아시아와 중남미에서 임차 전시면적이 크게 증가하였다. 그리고 2012년 현재, 세계 전시산업 시장점유율은 북미 38.4%, 유럽 37.3%, 아시아 17.4%, 중남미 4.1%, 중동 2.1% 그리고 아프리카 0.8% 순이다.

【그림】 세계 최대 가전제품전인 CES와 자동차 부품전 SEMA

세계 최대 전시개최국인 미국에서는 연간 약 5천개의 전시회가 개최되고 있으며 라스베가스, 시카고, 뉴욕 등 10대 대도시에서 개최되는 전시회 비중은 약 25% 정도이다. 그러나 최근에는 미국에서도 전시산업의 중심축이 과거 뉴욕, 시카고 등 동부에서 라스베가스를 중심으로 한 서부로 이동하고 있다. 그 이유는 뉴욕 (맨허탄)의 경우, 더 이상의 전시장 확충이 불가능하며 혼잡한 교통, 비싼 호텔비 등으로 비즈니스맨들의 전시회 참관 기피 현상이 심화되고 있기 때문이다. 반면, 라스베가스에서는 풍부한 볼거리가 있고 가족들과 여가를 즐기면서 전시회를 참관할 수 있을 뿐 아니라 저렴한 체재비 덕분에 비즈니스맨들의 선호 지역으로 바뀌고 있다. 미국에서 가장 많이 개최되는 전시회는 의료 및 보건, 가구 및 인테리어, 스포츠 레저용품, 의류, 정원, 건축 및 교육 순이다.

중국은 최근 전시산업 규모가 매년 연간 20% 이상 급성장하고 있다. 연간 5천개 이상의 크고 작은 전시회가 개최되고 있으며 특히, 베이징, 상하이 및 광저우 등 3대 주요 도시에서 1천 건을 상회하는 전시회가 개최되고 있다. 또한 전시장 보유 면적도 독일을 제치고 476만㎡로 미국에 이어 세계 2위를 차지하고 있으며 전시장 보유 면적은 매년 크게 늘어나고 있다. 중국은 아시아의 전시산업을 선도하면서 전시산업이 급성장함에 따라 외국계 전시 관련 기업의 중국 진출도 가속화되고 있으며 많은 한국 기업들이 중국에서 개최되고 있는 전시회에 참가하고 있다.

【그림】 중국 최대 종합전시회 칸톤페어와 상하이 인터텍스타일전

세계 최대 규모의 전시회중 2/3가 개최되고 있는 독일은 여전히 전시산업의 메카로 불리고 있다. 독일 전시산업의 경제적 파급효과는 연 370억 유로이며, 연 26만명의 고용을 창출하고 있다. 독일에서 연간 개최되는 국제전시회는 약 150개이며 이중 약 60%가 자본재 전시회인데 하노버 산업박람회 (495,286㎡)가 대표적인 자본재 전시회이다. 독일에서는 분야별로 세계적 지명도의 전시회들이 개최되고 있는데 소비재는 Ambiente (319,406㎡ 프랑크푸르트), 섬유 Heimtextil (269,293㎡ 프랑크푸르트), 의료기기 Medica (242,000㎡ 뒤셀도르프), 자동차부품 Automechanika (268,700㎡ 프랑크푸르트), 정보통신 CeBit (436,700㎡ 하노버) 및 가전제품 IFA (160,000㎡ 베를린) 등을 들 수 있다. 또한 독일은 2012년, 해외에서 226개의 전시회를 개최하였다. 독일은 유럽 중심부에 위치하고 있는 지리적 특성과 전

【그림】 독일 최대 자동차부품전시회 Automechanika와 가전제품전 IFA

통에 따라 전체 참가업체의 약 50%가 외국업체이며 참관객의 약 30%가 외국인(연간 1천만명)으로 전시회의 국제화면에서 가장 앞선 국가로 자리매김하고 있다.

최근 세계 전시산업은 아시아가 유럽과 북미를 거쳐 주요 시장으로 급성장하고 있으며 인터넷 발전에도 불구하고 지속적으로 성장하고 있다. 이와 같은 상황에서 국가마다 전시회의 브랜드화에 박차를 가하고 있으며 전시회 주최자들간의 전략적 제휴도 활발하게 이루어지고 있다. 또한 전시산업의 발전에 따라 주최자들마다 전시회의 대형화, 국제화 및 전문화를 기하면서 경쟁도 한층 치열해지고 있다.

2_세계 전시장 현황

    UFI의 최근 통계에 의하면 2011년 현재, 최소 5000㎡가 넘는 옥내전시장은 전 세계적으로 1,197개가 있으며 이들 전시장의 전체 면적은 3,260만㎡가 되는 것으로 나타났다. 대륙별로는 유럽이 496개 전시장 (총 1,560만㎡)으로 전 세계 전시장의 48%를 차지하고 있으며 북미 (389개 전시장, 총 790만㎡)와 아시아, 대양주 (총 184개 전시장, 총 660만㎡)가 그 뒤를 잇고 있다. 2006년과 2011년 사이 세계 전시장은 연간 2.3% 규모로 확대 되었다.

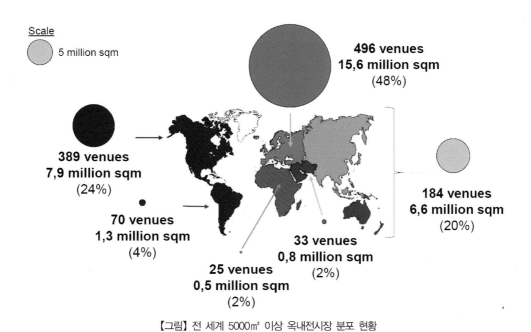

【그림】전 세계 5000㎡ 이상 옥내전시장 분포 현황

국가별로는 미국, 중국, 독일 등 15개국이 세계 옥내전시장의 80%를 보유하고 있으며 특히 이들 국가 중 독일, 이태리, 프랑스, 스페인, 네델란드, 영국, 러시아, 스위스, 벨기에 등 유럽 국가들이 대부분을 차지하고 있다. 우리나라 전체 옥내전시장 면적은 총 270,034 ㎡(KITEX, COEX, BEXCO 등 12개 전시장)로 그 비중이 전 세계 전시면적의 1%도 되지 않는다.

【표】 세계 옥내전시상 보유 상위 15위 국가

순위	국가명	보유면적 (㎡)	비중 (%)
1	미국	6,712,342	21
2	중국	4,755,102	15
3	독일	3,377,821	10
4	이태리	2,227,304	7
5	프랑스	2,094,554	6
6	스페인	1,548,057	5
7	네델란드	960,530	3
8	브라질	701,882	2
9	영국	701,857	2
10	캐나다	684,175	2
11	러시아	566,777	2
12	스위스	500,570	2
13	벨기에	448,265	1
14	터키	433,904	1
15	멕시코	431,761	1

* 음영은 유럽국가

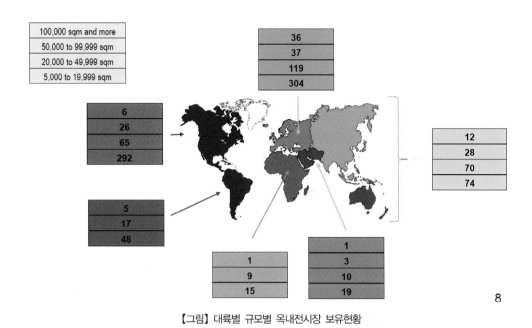

【그림】 대륙별 규모별 옥내전시장 보유현황

8

한편 전시장별로는 독일의 하노버전시장이 466,100㎡로 세계에서 가장 넓은 전시장이
며 독일 프랑크푸르트전시장 (345,697㎡), 이탈리아 피에라밀라노전시장 (345,000㎡) 중국
파저우전시장 (338,000㎡) 순이다. 특히 독일은 세계 6대 전시장중 4개 전시장을 보유하고
있다.

【표】 세계 상위 15위 전시장 면적

순위	전시장명	소재국	보유면적 (㎡)
1	Messe Hannover	독일	466,100
2	Mess Frankfurt	독일	345,697
3	Fiera Milano (Rho Pero)	이탈리아	345,000
4	Pazhou Complex	중국	338,000
5	Koelnmesse	독일	284,000
6	Messe Dusseldorf	독일	262,704
7	Paris Nord Villepinte	프랑스	241,582
8	McCirmick Place	미국	241,524
9	Feria Valencia	스페인	230,602
10	Porte de Versaille	프랑스	228,221
11	Crocus Internationals	러시아	226,399
12	Fira de Barcelona	스페인	205,000
13	BologneaFiere	이탈리아	200,000

| 14 | Feria de Madrid/IFEMA | 스페인 | 200,000 |
| 15 | Shanghai New Int'l Expo Center | 중국 | 200,000 |

* KINTEX 총 옥내전시장 면적은 108,483㎡임.

2006년 부터 2011년 까지 5년 동안 전시면적이 가장 많이 늘어난 국가는 중국으로 전 세계 확장된 전시면적의 46%가 중국에서 발생되었다. 중국에 이어 미국, 스페인, 네델란 드, 한국, 터키 순으로 전시면적이 확대되었다.

【표】 우리나라 전시장별 실내 전시장 면적

전시장명	보유면적 (㎡)	전시장명	보유면적 (㎡)
at Center	7,422	GUMICO	3,402
BEXCO	46,380	ICC JEJU	2,504
CECO	7,827	KDJ Center	12,027
Coex	36,736	KINTEX	108,483
DCC	6,720	SETEC	7,948
EXCO	22,159	Songdo ConvensiA	8,416

3_세계 3대 전시장 들여다보기

옥내전시장 기준으로 세계에서 가장 넓은 전시장은 하노버 전시장이고 뒤이어 프랑크푸르트 전시장, 밀라노 전시장 순이다. 이들 세계 3대 전시장을 들여다보면 다음과 같다.

① 하노버 전시장 (Deutsche Messe Hannover)

하노버 전시장은 1947년 독일 하노버 소재 100만㎡ 부지에 설립되었다. 2013년 기준, 3억 1,200만 유로의 매출을 기록하고 있다. 총 직원 수는 약 1천명이고 세계 110개국에 64개 세일즈 파트너, 자회사 및 지점을 보유하고 있다. 연간 100여개 국가로부터 3만 6천여개의 기업이 참가하고 300만명 이상의 참관객이 방문하는 가운데 100여개의 전시회가 개최되고 있다. 주요 전시회로는 Hannover Messe (산업박람회), CeBit (정보통신), Biotechnica (생명공학), EMO (공작기계) 등이 있다.

【그림】 하노버 전시장

하노버 전시장은 26개 홀과 6개의 파빌리온으로 구성된 466,100㎡의 옥내전시장과 57,880㎡의 옥외전시장을 보유하고 있다. 이와 별도로 5,232㎡ 규모의 컨벤션센터에서는 30~1,260㎡ (10명에서 1,300명까지 수용 가능) 규모의 총 35개 컨벤션룸이 있으며 Conference Area in Hall 2에도 6개의 컨퍼런스룸이 있다. 또한 39,000대의 차량 주차가 가능하다.

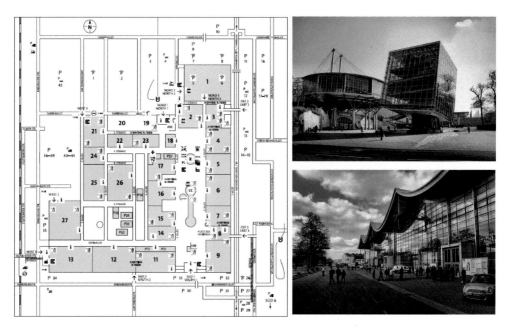

【그림】 하노버 전시장 배치도

② 프랑크푸르트 전시장 (Messe Frankfurt GmbH)

세계 2위인 프랑크푸르트 전시장은 연간 100여개의 전시회가 개최되고 있으며 2013년 기준 연간 매출액은 5억 4,500만 유로이다. 총 직원 수는 1,999명이며 전세계에 28개 자회사, 50개 파트너, 5개 지점을 보유하고 있다. 같은 해, 독일에서 개최한 43개 전시회에 총 40,786개사가 참가하고 230여만명이 참관하였다. 대표전시회는 소비재 전시회인 Ambiente, 섬유 전시회인 Heimtextile, 자동차 부품 전시회인 Automechanika 등이 있다. 해외에서는 70개 전시회를 개최하였다.

【그림】 프랑크푸르트 전시장

프랑크푸르트 전시장은 578,000㎡ 부지에 총 10개홀로 구성된 345,697㎡ 의 옥내전시장과 96,678㎡의 옥외전시장을 확보하고 있다. 또한 전시장 인근에 Congress Center를 보유하고 있는 세계 최대 전시장 중 하나이다.

【그림】 프랑크푸르트 전시장 배치도

③ 밀라노 전시장 (Fiera Milano)

세계 3위인 밀라노 전시장은 1923년에 개장된 Fieramilanocity와 2005년에 신축된 Fieramilano 등 2개 전시장으로 이루어져 있다. 특히 Fieramilano 전시장은 8개동 총 20개 실내전시장과 6만㎡의 옥외전시장을 보유하고 있으며 연간 60여개의 전시회와 500여건의 컨벤션이 개최되고 있다. 여기서 개최되고 있는 대표적인 전시회로는 Salone de Mobil, Mila Furniture and Craft Faie, Milab Motorcycle Show 등이 있다. 밀라노 시내에 위치하고 있는 Fieramilanocity 전시장의 면적은 4만3천㎡이다.

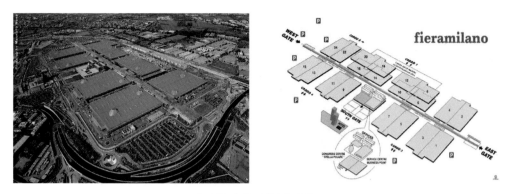

【그림】 밀라노 전시장 배치도

4_UFI (세계전시산업협회)를 아시나요?

UFI는 세계 전시회를 선도하고 있는 전시주최자와 전시장 운영자, 전시협회 및 전시산업 관련 기업들을 회원으로 두고 있는 대표적인 전시산업 관련 국제단체이다. UFI는 1925년 4월 15일, 정치색을 띄지 않는 국제 조합으로써 20개 유럽 주요 도시에서 전시회 개최를 선도하고 있는 국제전시회 관계자들에 의해 이태리 밀라노에서 설립되었다. 설립 당시 UFI는 불어로 「Union des Foires Internationales」(영어로는 「Union of International Fairs」)라는 의미였다. 그 후 2003년 10월 20일, 이집트 카이로 총회에서 현재 영문명인 「The Global Association of the Exhibition Industry」로 명칭을 개정하였으나 설립 이래 널리 알려진 약어인 UFI는 그대로 유지하고 있다.

UFI의 설립 목적은 전 세계 회원사와 전시 산업을 대표하고 전시 산업을 촉진시키며 지원함에 있다. 보다 구체적으로 설명하면 UFI는 회원사간 아이디어와 경험을 교환할 수 있는 효율적인 네트워크를 구성하며 전 세계 전시회를 효율적인 마케팅과 정보 취득의 장으로 육성한다. 또한 회원사들에게 전시 산업과 관련된 귀중한 정보와 연구 결과 뿐 아니라 교육 및 훈련 기회를 제공하며 다양한 전문 세미나도 개최한다. 아울러 지역 및 분야별 정기 모임을 통해 회원사간 공동 이익을 구현한다.

【그림】 2013년 우리나라에서 개최되었던 UFI 총회와 UFI 본부 (파리)

　　UFI는 2014년 현재, 82개국 231개 도시에 소재하고 있는 646개 단체 (전시회 주최자 339개사, 전시장 운영자 82개사, 전시회 주최사 겸 전시장 운영자 127개사, 전시산업 관련 협회 52개사, 전시산업 파트너 48개사)를 정회원사로 두고 있다. 같은 시점 기준, 우리나라는 KOTRA 등 총 19개 전시관련 회사 및 기관이 정회원으로 가입되어 있다. 국제전시회를 선도하고 있는 UFI 회원사들은 연간 4,500개 이상의 전시회를 개최하고 있으며 연간 전시면적으로는 총 5천만㎡를 사용하고 있다. 또한 매년 UFI 회원사들이 개최하는 전시회의 참가업체 수는 연간 1백만개 이상이며 참관객 수는 1억 5천만명이 넘는다. 아울러 UFI 회원사중 전시장 운영자들이 임대 가능한 총 전시면적은 1200만㎡에 이른다.

【표】 UFI 한국 정회원 19개사 명단 (2014년 현재)

- BEXCO - Busan Exhibition & Convention Center
- Changwon Exhibition and Convention Center
- EXCO - Daegu Exhibition and Convention Center
- Kimdaejung Convention Center
- aT Korea Agro-Fisheries Trade Corp.
- BeFe Inc.
- COEX - Convention & Exhibition Center
- EXPOnU CO., LTD.
- EXPORUM
- Infothe Co. Ltd.
- K. Fairs Ltd.
- KIMI Co., Ltd. - Korea Industrial Marketing Institute
- KINTEX - Korea International Exhibition Center
- KITA - Korea International Trade Association
- Korea E & Ex Inc.
- Korea Trade Fairs Ltd.
- KOTRA
- Messe Frankfurt Korea Ltd.
- UBM Korea Corporation

UFI는 누구의 간섭도 받지 않고 독자적으로 전시회에 대한 데이터를 감시하여 일정 요건을 만족하는 전시회에 대해서는 UFI 인증전시회로 선정하고 있다. 따라서 UFI 인증전시회는 가장 객관적이고 공정하다는 평을 받고 있다. 2014년 9월 현재, UFI는 회원사들이 개최하는 총 915개 전시회에 대해 UFI 인증서를 발급하고 있다.

【그림】 UFI 인증전시회 인증 마크와 인증전시회 검색 사이트

UFI는 회원사가 주최하는 전시회에 대해 면밀한 평가를 거쳐 인증서를 발급한다. 인증을 받고자 하는 전시회는 국제전시회로서 최소한 2회 이상 개최 되어야 하며 참가업체 중 외국업체가 최소 10% 이상, 참관객 중 외국인이 최소 5% 이상이어야 한다. 아울러 가장 최근에 개최된 전시회에 대한 검증된 통계를 제출하여야 하며 UFI 인증을 위해 처음 검증을 받은 전시회인 경우, UFI 규정에 따라 다음번 전시회에서도 반드시 검증을 받아야 한다. 그리고 그 후 부터는 매년 열리는 전시회의 경우, 격년제로 감사를 받고 2년에 한번 씩 열리는 전시회는 4년에 한번 씩 감사를 받는다. 2014년 9월 현재, 우리나라는 31개 전시회가 UFI 인증전시회로 등록되어 있다. UFI 인증전시회를 검색하기 위해서는 www.ufi.org ▶ 상단 두 번째 메뉴「ABOUT UFI」클릭 ▶「UFI Approved Events」클릭하여 방문하면 된다. 따라서 참가할 해외전시회를 선정할 때 UFI 인증전시회인가를 검색해 볼 필요가 있다.

5_새로운 전시산업의 메카, 라스베가스

흔히들 뉴욕을 미국에서 뿐 아니라 세계 경제의 중심지라고 부른다. 이에 걸맞게 뉴욕에서는 세계적으로 유명한 전시회들이 많이 개최되고 있다. 그러나 최근 몇 년전부터 미국 전시산업의 중심지가 뉴욕에서 환락의 도시, 도박의 도시로 유명한 라스베가스로 급격히 이전되고 있다. 이미 알려진바와 같이 미국 네바다주 남동부의 사막도시인 라스베가스는 19세기 말까지는 소규모의 광업과 축산업을 하는 마을이었으나 20세기 초 철도 개통과 1936년, 당시로서는 세계 최대의 후버댐이 완성되고 도박장이 늘어나면서 관광 환락지로서 각광을 받게 되었다. 그러나 도박과 관광산업만으로 발전에 한계를 느낀 라스베가스는 전시컨벤션산업 육성을 위해 대대적인 투자를 아끼지 않았다. 그 결과 라스베가스에서는 『소비재가전제품전시회 (CES)』, 『자동차부품전시회 (AAPEX)』, 『남성의류박람회 (Magic Shows)』 등 세계적으로 유명한 전시회들이 잇따라 개최되고 있을 뿐 아니라 연 400만명

【그림】 라스베가스 야경과 라스베가스 전시컨벤션센터 (LVCC)

이상이 참가하는 2만개 이상의 각종 회의가 열리고 있는 전시컨벤션도시로 탈바꿈하고 있다. 반면 뉴욕은 점점 더 심각해져 가는 교통난, 크게 오르는 호텔비 그리고 부족한 전시장 면적 등으로 전시회를 찾는 비즈니스맨들로부터 외면 받고 있는 형편이다.

라스베가스가 미국의 새로운 전시 메카로 떠오르고 있는 이유를 살펴보자면 무엇보다도 라스베가스는 세계 최고 호텔부터 저렴한 호텔까지 풍부하고 다양한 호텔을 보유하고 있다는 점이다. 약 150,000개의 객실을 보유하고 있는 라스베가스 호텔들 덕분에 전시회 참가 또는 참관을 위해 라스베가스를 찾는 사람들에게 호텔 예약 걱정은 할 필요가 없도록 해주고 있다. 반면 미국이나 유럽 대부분의 도시에서는 전시회 기간 중 호텔비가 천정부지로 오르고 그나마 서두르지 않으면 빈 방도 구할 수 없어 현지에 가기도 전부터 호텔 확보라는 전쟁을 치루어야 하는 등 많은 스트레스를 주고 있다.

두 번째로 라스베가스는 라스베가스 컨벤션센터, 샌드엑스포 컨벤션센터, 만다래이 컨벤션센터 등 세계적 규모의 다수 전시장들을 확보하고 있다는 점이다. 라스베가스의 생동감 있는 환경은 더 많은 전시회 참가업체와 참관객들을 이쪽으로 끌어들이고 있다. 평균적으로 전시회나 컨벤션을 라스베가스에서 개최하면 다른 지역에 비해 참가업체와 참관객수가 13% 가량 늘어나는 것으로 나타났다. 또한 라스베가스로 회의 장소나 전시장을 옮기게 되면 그 전보다 방문객의 체류시간 역시 늘어나는 것으로 조사되었다.

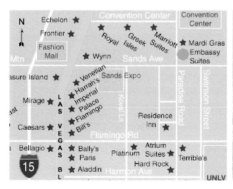 

【그림】라스베가스 컨벤션센터 부근에는 많은 호텔들이 밀집해 있다.

세 번째로 라스베가스는 미국의 변방인 네바다주 밑퉁이에 위치하고 있지만 다양한 항공편이 취항하고 있다는 점이다. 라스베가스 McCarran 국제공항은 매일 900여 항공편이 운행되고 미국 내 130개 도시와 연결되어 있어 시간과 비용 면에서 가장 유리한 환경을 제공하고 있다. 또한 이 공항은 라스베가스 번화가인 Boulevard에서 1마일, 라스베가스 컨벤션 센터에서 3.5마일, 호텔 밀집지역으로 부터 15분 거리에 있어 접근성이 매우 뛰어나다.

네 번째로 라스베가스의 호텔들은 서로 가까운 지역에 밀집되어 있어 대부분의 경우 사람들은 걸어서 모든 곳을 다닐 수 있을 뿐 아니라 버스, 택시, 셔틀차량, 미국 최초의 자동 모노레일 등 다양한 대중교통 수단이 발달되어 있다는 점도 외부인들에게 좋은 인상을 주고 있다.

다섯 번째로 라스베가스에서는 일년 내내 쾌적한 날씨가 지속된다는 점이다. 연중 320일 맑은 날이 계속되며 연간 강수량은 5인치 미만에 그치고 있다. 따뜻하고 건조한 날씨는 연중 열리는 전시회나 회의에 가장 좋은 기상조건을 제공하고 있다.

여섯 번째로 라스베가스에서는 마음껏 먹을 수 있는 뷔페에서 최고급 레스토랑까지 세계적으로 다양한 요리를 맛 볼 수 있다. 많은 유명 세프들이 라스베가스에서 레스토랑을 운영하고 있으며 방문객들은 어디서나 훌륭한 요리를 기대할 수 있고 세계의 모든 요리가 가능하다.

【그림】라스베가스에는 많은 엔터테인먼트가 발달되어 있다.

마지막으로 라스베가스 부근에는 그랜드 캐니언, 후버 댐과 같은 명승지, 다양한 볼거리 및 쇼핑센터가 있고 레크레이션, 쇼 및 카지노 등을 저렴한 가격으로 즐길 수 있다는 점이다. 따라서 아빠는 전시회 기간 중 비즈니스를 하고 가족들은 라스베가스에서 각종 엔터테인먼트를 즐기며 휴가를 보낼 수 있는 것도 다른 지역에서는 쉽게 찾아 볼 수 없는 매력적인 요인이 되고 있다.

이제 라스베가스는 더 이상 『도박의 도시』만이 아니다. 라스베가스가 주어진 여건을 잘 활용하고 시설 확충을 통해 굴뚝 없는 새로운 황금산업이라 불리는 MICE 산업의 중심지로 급부상하고 있다는 점은 훌륭한 전시장 보유에도 불구하고 주변 인프라 및 볼거리 열악으로 외국 참가업체 및 참관객들로부터 호평을 받지 못하고 있는 우리에게 시사하는 바가 크다고 할 수 있다.

6_기업들이 해외전시회에
참가하는 이유

해외전시회 참가는 수출시장 개척을 위한 많은 해외마케팅 수단 중 가장 효과적인 수단으로 알려져 있다. 짧은 시간에 한 장소에서 많은 바이어들과 상담할 수 있으며 다양한 시장정보를 얻을 수 있고 인적 네트워크도 강화할 수 있기 때문이다. 이런 이유로 우리나라 뿐 아니라 세계 각국은 자국 기업의 수출진흥을 위해 해외전시사업을 적극 지원하고 있다. 특히, 정부의 보조금 지급과 불공정한 무역거래를 엄격히 규제하고 있는 WTO 체제하에서도 중앙 및 지방정부의 해외전시회 지원은 허용되고 있다. 실제 해외전시회에 나가 보면 선후진국을 막론하고 많은 국가들이 국가관을 구성하여 대거 참가하고 있으며 특히 미국이나 중국과 같이 규모가 큰 국가에서는 중앙정부보다는 주(州)나 성(省)단위로 단체관을 구성하여 참가하기도 한다.

그렇다면 구체적으로 해외전시회 참가는 기업들에게 어떤 혜택을 가져다 주는가? 우선 해외전시회는 기업들에게 구매 촉진의 기회를 가져다 준다. 많은 기업들은 전시회를 통해 기존 바이어로부터 추가 오더를 받고 신규 바이어들을 발굴할 목적으로 전시회에 참가한다. KOTRA 조사에 의하면 국내 중소기업들은 해외전시회 1회 참가 시 평균 50명 내외의 바이어들과 상담하며 1~5건 가량의 거래가 이어지는 것으로 나타났다.

【그림】선·후진국 관계없이 많은 국가들이 국가관 형태로 전시회에 참가하고 있다.

또한 해외전시회는 신제품, 신기술을 소개하고 테스트 할 수 있는 기회를 제공한다. 실제 삼성전자나 LG전자는 매년 세계적인 가전제품 전시회인 라스베가스 전자제품박람회 (CES)와 바로셀로나 모발월드콩그레스 (MWC)에 대규모로 참가하여 많은 참관객들의 기대하에 신제품을 선보이고 있다. 아울러 자사의 CEO나 고위 임원들을 파견하여 현지에서 영향력 있는 비즈니스맨들과 네트워킹 및 협력의 기회를 모색하기도 한다.

【그림】CES 2014에서 첫선을 보인 삼성전자 105형 키보드 UHD TV (왼쪽)와
빌 게이츠를 만나고 있는 삼성전자 CEO

일반 중소기업들도 해외전시회 참가를 통해 최신 시장정보를 입수할 수 있다. 많은 기

모뉴엘, CES2014 통해 명품 가전업체로 도약 디지털데일리 | 2014.01.02 (목) 오전 11:30 ‹
모뉴엘은 이번 CES2014에서 ▲차별화된 기술력을 기반으로 한 기술가전 ▲예술성이 가미된 아트가전 ▲직관적인 커뮤니케이션 스마트가전 등 3가지 테마로 150여종의 가전제품을 전시한다. 신제품 포함한...
네이버에서 보기 🔎 | 관련기사 보기 | 이 언론사 내 검색

[CES 2014]모뉴엘, 기술·아트·스마트가전 15종 선봬 뉴시스 | 2014.01.02 (목) 오전 9:30 ‹
【서울=뉴시스】 종합가전회사 모뉴엘이 이달 7~10일 미국 라스베이거스에서 열리는 세계 최대 가전전시회 '2014 CES'에서 기술가전, 아트가전, 스마트가전 등 3개 테마로 차세대 가전제품 150여종을 선보인다. (사진...
네이버에서 보기 🔎 | 관련기사 보기 | 이 언론사 내 검색

모뉴엘, CES 2014 참가... 스마트 가전 신제품 전시 디지털타임스 📷10면2단 | 2014.01.02 (목) 오후 3:33 ‹
모뉴엘(대표 박홍석)은 오는 7일부터 10일까지 미국 라스베이거스에서 열리는 세계 최대 가전전시회 'CES 2014'에 참가해 로봇청소기 신제품 및 차세대 가전제품을 전시하고 글로벌 가전시장 공략에 나선다고 2일 밝혔다....
네이버에서 보기 🔎 | 관련기사 보기 | 이 언론사 내 검색

[CES 2014]모뉴엘, 북미 베스트바이 800곳 뚫어 전자신문 | 2014.01.09 (목) 오전 11:36 ‹
박홍석 모뉴엘 사장은 9일 CES 2014 현장에서 기자를 만나 "지난해 300곳을 시작으로 6개월만에 베스트바이 800개 매장 모두에 공급했다'고 말했다. 박 사장은 이어 "아이로봇이 위협을 받는다는 생각을 하는 것...
네이버에서 보기 🔎 | 관련기사 보기 | 이 언론사 내 검색

<중소기업계> 모뉴엘, 2014 CES 참가 연합뉴스 | 2014.01.02 (목) 오전 9:46 ‹
종합가전회사 모뉴엘은 7~10일 미국 라스베이거스에서 열리는 세계 최대 가전전시회 '2014 CES(Consumer Electronics Show)'에 참가한다고 2일 밝혔다. 기술가전·아트가전·스마트가전을 주제로 로봇청소기 10종...
네이버에서 보기 🔎 | 관련기사 보기 | 이 언론사 내 검색

[CES 현장] 'Made in Korea' 모뉴엘을 아세요? '따뜻한 IT'로 외국언론 홀렸다
한국경제 | 2014.01.10 (금) 오전 9:42 ‹
사진= 9일(현지시간) 모뉴엘의 'CES 2014' 중앙홀 부스에 전시 중인 '버블'(왼쪽) 제품 및 '버블' 제품 설명화면. 사진=김민성 기자 '버블' '마이플라워' '하이브리드 로봇청소기' 등 아이디어 제품 관람객 인기 '착한 제품...
네이버에서 보기 🔎 | 관련기사 보기 | 이 언론사 내 검색

【그림】 2014 CES 참가를 통해 언론 홍보 효과를 크게 올린 예 (모뉴엘)

업들이 신제품을 전시하기 때문에 신제품 동향, 경쟁기업들의 마케팅 전략 등을 파악할 수 있고 많은 바이어들과 상담하는 과정에서 바이어들의 생각 및 시장 흐름을 접하게 되며 또한 부대행사로 개최되는 각종 세미나 참석을 통해서도 시장정보를 얻을 수 있다. 이와 함께 자연스레 자사 제품에 대한 경쟁력도 함께 파악할 수 있게 된다.

　해외 유명전시회에는 세계 각국으로부터 영향력 있는 유력 바이어들이 대거 참가할 뿐 아니라 많은 일반인들도 찾아오기 때문에 전시회 참가를 통해 기업 브랜드를 강화하고 이미지를 집중적으로 홍보할 수 있다. 예를 들어 모터쇼의 경우, 수십만명에서 적어도 수만명의 참관객들이 몰려들기 때문에 많은 자동차 제조업체들이 모터쇼 참가를 통해 신차를 선보이고 자사 브랜드를 널리 알리고 있다. 전시회를 통한 홍보는 인쇄매체나 방송에

비해 비용도 상대적으로 적게 들뿐 아니라 홍보 효과도 훨씬 큰 것으로 조사되고 있다.

대기업들 뿐 아니라 중소기업들도 유명 해외전시회에 참가하므로써 언론을 상대로 홍보 기회를 잡을 수 있으며 이러한 언론 홍보는 추후 바이어와의 상담에 적극 활용할 수도 있다.

이외 많은 기업들은 해외전시회를 통해 직원들의 경험을 축적시키고 마케팅 능력을 함양시키기 위한 교육 훈련 차원에서 참석하기도 한다. 아울러 비록 전시회 참가가 기업 사정상 어렵더라도 그동안 꾸준히 참가해 온 전시회에 불참하게 되면 기존 거래선이나 경쟁 기업들로부터 부정적인 평가를 받을 수 있다는 우려를 불식시키기 위해 꾸준히 참가하는 기업들도 있다. 또한 지금까지 참가해 온 전시회에 어떤 이유로 불참한 후 나중 다시 참가할 경우, 지금까지의 부스 위치에서 불리한 위치로 배정받을 수도 있기 때문에 기업들의 전시회 불참을 주저하게 만들기도 한다.

7_신뢰성 있는 전시회를 보증하는 인증제도

　전시회 주최자들은 전시회 개최 후, 전시면적, 참가업체 및 참관객수 등 전시회 관련 데이터를 인터넷이나 자료발간을 통해 공개하고 있다. 그러나 상당 수 전시회는 이들 데이터 집계 기준이 모호하고 심지어는 과장 발표되기도 하여 예비 참가업체나 참관자들이 해당 전시회를 제대로 평가할 수 없는 경우도 흔히 있다. 이러한 문제점을 해소하기 위해 UFI (The Global Association of the Exhibition Industry, 세계전시산업협회)에서는 회원사가 주최하는 전시회에 대해 면밀한 평가를 거쳐 인증서를 발급하고 있다. 따라서 전시회를 활용하려는 사람들은 UFI가 발급한 인증을 통해 신뢰성 있고 객관적인 데이터를 획득할 수 있으며 이를 근거로 해당 전시회를 올바르게 판단할 수 있게 된다.

　UFI 인증을 받고자 하는 전시회는 국제전시회로서 최소한 2회 이상 개최되어야 하며 참가업체 중 외국업체가 최소 10% 이상, 또는 참관객 중 외국인이 최소 5% 이상이어야 한다. 아울러 가장 최근에 개최된 전시회에 대한 검증된 통계를 제출하여야 하며 UFI 인증을 위해 처음 검증을 받은 전시회인 경우, UFI 규정에 따라 다음번 전시회에서도 반드시 검증을 받아야 한다.

　한편 인증 받은 전시회가 UFI 공인 전시회로 존속되기 위해 주최자는 반드시 UFI 본부에 격회제로 해당 전시회에 대한 최신 감사 인증을 제공해야 한다. 유일한 예외는 3년에 한 번씩 개최되거나 혹은 이보다 빈번하지 않게 개최되는 전시회이다. 이런 전시회는 개최할 때 마다 매번 감사를 받아야 한다.

【표】 UFI 인증전시회 존속에 필요한 감사 횟수 조건

매년 열리는 전시회	격년제로 감사를 받아야 한다.
2년에 한번씩 열리는 전시회	4년에 한번씩 감사를 받아야 한다.
3년에 한번씩 열리는 전시회	매번 감사를 받아야 한다.

* 처음으로 전시회 감사를 받았다면 개최 주기에 관계없이 차기 전시회 때 반드시 감사를 받아야 한다.

만일 감사 인증이 UFI가 요구하는 최소한의 조건을 충족시키지 못하거나 해당 전시회 종료 이후 6개월 이내에 요구조건이 제출되지 않았을 경우, 해당 전시회는 UFI 공인 전시회로서 자격을 상실하게 된다. 특히, UFI는 누구의 간섭도 받지 않고 독자적으로 전시회에 대한 데이터를 감사하기 때문에 UFI 인증 전시회는 가장 객관적이고 공정하다는 평을 받고 있다. 또한 인증 전시회에 대한 엄격한 평가 및 심사 기준과 절차는 UFI 내부 규정에 명확히 정의되어 있다.

【그림】 UFI 인증 마크

2014년 9월 현재, UFI는 915개 전시회에 대해 인증하고 있으며 이중 한국에서 개최되고 있는 UFI 인증 전시회는 31건이다. UFI 인증 전시회는 UFI 홈페이지 (www.ufi.org)를 통해 검색할 수 있다. 따라서 해외전시회 참가를 계획하고 있는 기업들은 전시회 선정 시, UFI 인증 취득여부를 확인하는 것이 바람직하다.

한편 우리나라에서도 한국전시산업진흥회가 인증 주최가 되어 2002년도에 3개 전시회에 대해 시범 인증이 실시되었으며 2003년과 2004년, 시범 도입 기간을 거쳐 2005년도에 인증제도를 정식 도입하였다. 그 후 전시산업발전법 시행에 따라 2009년부터 인증 주체가 한국전시산업진흥회로부터 산업통상자원부로 변경되었으며 『인증전시회』와 『국제인증

전시회』로 체계가 이원화되었다.

이중 『인증전시회』는 산업통상자원부로부터 인증제도 운영업무를 위탁받은 한국전시산업진흥회가 전시면적, 전시회의 내용, 참가업체 및 관람객 수 등을 검증한 전시회이고 『국제인증전시회』는 2회 이상 개최 실적이 있으면서 해외감가업체 수 10% 이상 또는 해외관람객 수 5% 이상 중 1개 이상을 충족시키는 전시회에 한해 인증서를 부여하고 있다. 다만, 현행 국내에서 실시되고 있는『국제인증전시회』는 국제기준과의 통일성을 유지하고 상호 비교를 위해 UFI 인증요건을 따르고 있으나 여기서 말하는『국제인증전시회』가 곧『UFI 국제인증전시회』는 아니다.

구 분	인증 전시회	국제 인증 전시회
국문	산업통상자원부	산업통상자원부
영문	ENDORSED EXHIBITION MOTIE MINISTRY OF TRADE, INDUSTRY & ENERGY	INT'L ENDORSED EXHIBITION MOTIE MINISTRY OF TRADE, INDUSTRY & ENERGY

【그림】우리나라 인증 및 국제인증전시회 마크

2003년도 현재, 산업통상자원부로부터 인증을 받은 국내 전시회는 총 101개 이고 이중 국제인증전시회로 인증된 전시회는 83개 전시회이며 자세한 명단은 한국전시산업진흥회 홈페이지 (www.akei.or.kr)을 통해 파악할 수 있다.

【그림】인증전시회들은 홍보물이나 홈페이지에 인증 사실을 밝히고 인증마크를 활용한다.

 따라서 공신력 있는 정부기관이나 국제 단체가 표준화된 기준에 의거하여 도출된 인증 데이터는 전시회 이용자들에게 해당 전시회에 대한 올바른 판단 근거로 활용되고 있을 뿐 아니라 전시회 주최자들에게는 인증을 통해 타 전시회에 대한 비교우위를 홍보하고 효율적인 경영관리와 질적 성장을 도모할 수 있도록 해주고 있다. 또한 정부 및 각 지방 자치단체에게는 이들 인증 데이터가 지원 전시회 선정 뿐 아니라 전시산업 육성정책 수립을 위한 기초자료로도 활용되고 있다.

8_유형별 전시회 구분

비즈니스 목적으로 개최되는 전시회는 일반적으로 품목과 성격별로 구분된다. 품목별로 구분하면 전문전시회와 종합전시회로 분류할 수 있으며 그중 전문전시회는 특정산업 분야 또는 전문품목으로 한정하여 개최되는데 주로 제조업체나 유통업체들이 참가하고 방문객들 주류는 바이어들이다. 전시기간은 3~5일이 가장 많다. 철저한 상거래 목적으로 개최되며 요즘 개최되고 있는 전시회는 거의 대부분이 전문전시회이다. 더구나 최근에는 전문전시회가 점차 세분화되어 개최되고 있다. 예를 들어 종전에는 모든 전자, IT 및 전기 관련 제품을 통합하여 「전자전」이라는 이름으로 개최되었으나 현재는 가전제품전, 음향기기전, 조명전, 정보통신전, 방송기자재전 등 세부품목으로 분류되어 전문성을 더욱 강화하고 있는 추세이다.

한편 종합전시회는 특정산업이나 품목에 국한하지 않고 백화점식으로 다양한 산업분야와 종합품목을 전시하며 전시기간도 보통 1~2주로 길고 개별업체들이 주로 참가한다. 참관객들은 전문바이어들도 있으나 대부분 일반대중들이며 주로 현장 판매를 목적으로 참가한다. 1982년부터 1994년까지 격년으로 개최되었던 서울국제무역박람회 (SITRA)가 대표적인 종합전시회이다. 해외종합전시회로는 중국수출입상품교역회 (칸톤페어), 이집트 카이로국제박람회 및 파나마국제박람회등이 있다. 그러나 중국수출입상품교역회 등 몇몇 종합전시회를 제외하고는 전문성 결여와 개별 바이어들의 관심업체 참가가 많지 않기 때문에 종전만큼 성가를 얻지 못하고 있다. 이런 이유로 서울국제무역박람회도 폐지되었다.

【그림】 중국수출입상품교역회 (칸톤페어)는 세계적인 종합전시회이다.

다음으로는 세계박람회 (EXPO)를 들 수 있다. 세계박람회는 상거래를 목적으로 바이어와 상담을 한다든가 방문객들을 상대로 현장 판매하기 위해 참가하기 보다는 자국이나 자사의 산업, 과학, 기술, 문화 및 예술 등 전 분야를 망라하여 홍보를 목적으로 참가한다. 주로 국가단위로 참가하며 미래 지향적인 전시 주제하에 일반대중에게 발전 방향을 제시하는 비상업적 박람회이다. 따라서 바이어들 보다는 일반대중들이 많이 찾는다. 세계박람회 개최를 위해서는 세계박람회기구 (BIS)로부터 승인을 받아야 하며 세계박람회는 등록세계박람회와 인정세계박람회로 구분된다. 등록세계박람회는 주류박람회로 매 5년마다 개최되며 인류 발전을 포함하는 광범위한 주제 (예 : 상해엑스포—Better City, Better Life)를 선택하여 6주 이상 6개월 이하 기간으로 개최된다. 개최국은 부지만 제공하고 참가국이 자국관을 건설하여 참가하는데 면적에는 제한이 없다. 005년 아이치엑스포, 2010년 상하이엑스포가 개최되었으며 2015년에는 밀라노엑스포가 개최될 예정이다.

한편 인정세계박람회는 등록박람회 사이에 1회 개최되며 개최기간도 3주 이상 3개월 이하로 등록세계박람회에 비해 짧고 인류 활동 중 특정 부분을 지칭하는 명확한 주제 (예 : 여수엑스포—살아있는 바다, 숨 쉬는 연안)를 선택하여 개최된다. 또한 인정세계박람회에서는 개최국이 국가관을 건설하고 참가국은 임대료를 부담하며 개최면적도 25ha 미만으로 한정된다. 우리나라에서는 1993년 대전과 2012년 여수에서 인정세계박람회를 개최한 바 있으며 아직까지 등록세계박람회를 유치한 적은 없다. 그러나 일부 전시주최자들은 국제박람회기구의 승인을 받지 않고 전시회 명칭에 엑스포란 명칭을 붙이기도 한다.

【그림】 상해엑스포 (왼쪽)은 등록세계박람회. 여수엑스포는 인정세계박람회이다.

한편 전시회를 성격별로 구분하면 무역전시회 (Trade Show), 일반전시회 (Public Show)와 혼합전시회 (Combined Show) 등이 있다. 무역전시회는 바이어나 그 분야 전문가 및 초청장 소지자만 입장이 허락되며 미국의 경우 개최되는 모든 전시회의 50% 가량이 무역전시회 이다. 무역전시회는 대부분 유료입장이며 미국에서 매년 주요 도시를 순회하며 개최되는 Bio전은 입장료가 수백에서 수천달라까지 한다.

일반전시회는 입장에 제한이 거의 없어 바이어들은 물론이고 일반대중들에게도 문호 가 개방된다. 현장에서 직매가 허용되는 경우가 많으며 참가기업들도 소매업자나 최종소 비자를 접촉하려는 제조업체들이 대부분이다. 미국에서 개최되는 전시회의 13%정도가 일반전시회이다. 수출을 목적으로 해외전시회에 참가하는 것이라면 일반전시회는 참가하 지 않는 것이 바람직하다.

【그림】 바이어나 전문가들에게만 입장이 허용되는 전시회가 있고 일반인들에게도
입장이 허용되는 전시회가 있다.

마지막으로 무역전시회와 일반전시회를 합한 혼합전시회가 있다. 혼합전시회는 통상 바이어만 입장이 가능한 별도의 Business hour나 Business Day를 두고 나머지 기간 (시간)대에만 일반인들에게 입장을 허락하기도 한다. 또는 전시회가 개최되고 있는 여러 전시관 중, 일부 전시관에만 일반인의 입장을 허락하기도 한다. (예 : 서울국제식품산업대전－일반인에게 국내관 입장을 허용하나 국제관 입장은 불허한다.) 그러므로 전시회 참가 목적에 따라 전시회 품목과 성격을 감안하여 적합 전시회를 선정해야 한다.

9_해외전시마케팅 교육 프로그램

　　최근 해외전시회 참가에 대한 기업들의 수요가 확대됨에 따라 수출지원기관들을 중심으로 해외전시마케팅 실무과정을 개설하여 강의를 제공하고 있다. 이러한 프로그램은 2~3일 연속강의로 진행되기도 하고 1주일에 한번 씩 여러 주에 걸쳐 정기적으로 강의가 이루어지기도 한다. 일부 협회나 조합에서는 수시로 회원사들을 대상으로 해외전시전문가를 초빙하여 2~4시간 과정으로 교육 프로그램을 운영하기도 한다. 현재 해외전시마케팅 과정 정기 강의가 개설되어 있는 기관은 「KOTRA 글로벌연수원」, 「한국무역협회 무역아카데미」, 「경기중소기업종합지원센터 연수원」과 한국전시산업진흥회와 서울과학기술대학교이 공동운영하고 있는「전시전문인력양성센터」 등이다.

　　KOTRA 글로벌연수원에서는 1년에 5~6회씩 해외전시에 대한 전반적인 이해를 제고시키고 전시부스의 설계 및 운영 그리고 해외전시 참가 전략 수립 및 마케팅 방안을 모색하기 위해 「해외전시마케팅 과정」을 개설하고 있다. 40명 선착순 모집하며 교육기간은 총 2일, 10시간 반 과정으로 수강료는 30만원이다. (문의처 : 02-3497 1198, 1188 www.kotraacdemy.com)

　　한국무역협회 무역연수원에서도 유사 교육 프로그램을 운영하고 있다. 프로그램명은 「전시회를 활용한 마케팅 기법」이며 교육내용은 전시참가기획과 목표수입, 바이어 초청을 위한 사전마케팅전략, 전시부스 운영전략, 효과적인 바이어 응대 및 전시성과 분석, 후속조치 등으로 2일, 12시간 과정으로 이루어져있다. 정원은 30명이며 수강료는 회원사 10만원, 일반은 24만원이다. (문의처 : 한국무역협회 무역아카데미 02-6000 5378 www.tradecampus.com)

【표】 KOTRA 「해외전시마케팅 과정」 일과표

일정	시간	강의 주제	시간
1 일차	10:00~12:00	impactive presentation skill	2H
	13:00~15:00	해외전시 참가 전략 수립 방법	2H
	15:00~17:00	해외전시 On-Site Marketing 및 사후관리	2H
2 일차	10:00~11:00	전시란 무엇인가? (전시마케팅 이해)	1H
	11:00~12:00	메시지를 디자인 하라! (전시부스의 설계 및 운영	1H
	12:00~13:00	Globallization & Promotion (현장에서의 다양한 홍보활동)	1H
	14:00~16:30	해외전시 참가지원제도 활용법 및 성공실패 사례	2.5H

【표】 무협 무역아카데미 「전시회를 활용한 마케팅 기법」 일정표

일정	시간	교육 과목	주요 내용
1 일차	10:00~13:00	해외전시 참가기획과 목표수립	무역전시회의 개요
			무역전시회 참가 기획
			무역전시회 참가 목표 수립
			무역전시회 정보수집과 선정
	14:00~17:00	바이어 초청을 위한 사전마케팅 전략	표적바이어 선정
			표적바이어의 유형별 인센티브
			사전 마케팅 수단
2 일차	10:00~13:00	효과적인 전시부스 전략	전시부스 설치와 디자인
			전시부스 인력 선발 및 교육
			전시회 기간 중 부스 및 인력관리
	14:00~17:00	효과적인 바이어 응대, 전시성과 분석, 후속조치	효과적인 바이어 응대
			전시회 성과부석 및 후속조치
계	12시간		

경기중소기업종합지원센터 연수원에서는 전시박람회를 활용한 해외마케팅기법을 1년에 두차례, 2일 과정으로 개설하고 있는데 해외전시회 참가에 대한 전반적인 이해 및 마케팅기법을 학습하고 해외전시회의 성공사례까지 살펴보는데 개설 목적을 두고 있다. 교육비는 교재비 및 중식비 포함하여 26만원이다. 교육비 반환요청서 작성 시 일부 환급 받을 수 있다. (문의처 : 경기중소기업종합지원센터 연수원 031-259 6062 www.gbedu.or.kr)

【표】 경기중소기업지원센터 「전시회박람회를 활용한 해외마케팅기법」 일정표

일정	시간	주요 내용
1 일차	09:00~12:00	해외전시 참가기획과 목표수립
	13:00~16:00	고객을 부르는 매력적인 사전/사후전략
	16:00~18:00	해외전시회 참가 지원세도
2 일차	09:00~12:00	메시지를 디자인하라!
	13:00~15:00	전시 물류, 포장, 통관 명쾌하게 이해하기
	15:00~18:00	성공과 실패사례를 통한 미래를 예측한다.

전시전문인력양성센터에서는 매년 상하반기 각 1회씩 15주 과정 (워커샵 포함)으로 주 1회 2시간씩 「전시리더십과정」과 「전시전문가융합과정」을 개설하고 있다. 각 과정 20명 내외로 이루어지며 수강료는 20만원이다. 「전시리더십과정」은 전시콘텐츠 및 유관기업, 정부, 학계관계자 및 예비창업자를 대상으로 하며 「전시전문가융합과정」은 전시콘텐츠 및 유관기업, 정부, 학계실무자 및 관심자를 대상으로 개설한다. (문의처 : 전시전문인력 양성센터 02-944 6672 www.ecem.or.kr)

【표】 「전시리더십과정」 및 「전시전문가융합과정」 커리큘럼

회차	전시리더십과정	전시전문가융합과정
1	오리엔테이션	오리엔데이션
2	빅데이터 시대의 전시마케팅 전략	성공적 전시회 기획 및 개발
3	전시기업의 지속가능경영과 경쟁력	전시회 마케팅 믹스
4	국내 전시회 국제화 방안	프리젠테이션기법
5	워크샵	워크샵
6	전시기업의 비즈니스 혁신	SNS 전시마케팅
7	리더를 위한 성공프리젠테이션	마케팅툴로서의 전시디자인
8	전시세무와 경영	비즈니스 협상기술
9	전시리딩기업의 경영전략	전시회 예산관리
10	해외전시산업진출 성공전략	전시장치시스템의 트랜드 및 활용 방안
11	전시회 특성과 경향	전시통관과 국내외 전시물류
12	성공적 전시커뮤니케이션을 위한 장치 디자인	인터렉티브 전시화 UX 활용
13	전시비즈니스 방향 및 비전	전시회에서의 모바일 솔루션
14	정부의 전시산업지원 정책 및 방향	해외전시회의 성공적 활용 전략
15	수료식	수료식

10_해외전시회 관련 참고 도서 소개

수출중소기업들이 해외전시회 정보부족과 준비 및 사후관리 소홀로 많은 인력과 시간, 예산을 투입하면서도 소기의 성과를 올리지 못하고 있는 것을 극복할 수 있도록 체크 포인트를 중심으로 ▲ 좋은 전시회를 선정하는 방법, ▲ 전시회 참가 준비단계 및 행사진행 방법, ▲ 사후 활동방향 등 효율적인 마케팅기법을 소개함. 전시회 참가 노하우와 주의사항은 저자의 경험을 토대로 사례 위주로 제시했고 우리나라 해외전시회 참가지원 제도에 대해서도 설명함. 부록으로 KOTRA 추천 해외 유명전시회 정보도 수록함.

【총 299쪽 도서출판 두남, 22,000원】

『주요목차』

　제1장 해외마케팅 방안

　제2장 전시회 관련 기초 지식

　제3장 전시회 참가 목적과 기대 효과

　제4장 좋은 전시회 찾는 방법

　제5장 전시회 참가 절차 및 준비

　제6장 해외전시회 참가 지원제도

　제7장 전시회 참관

　부록

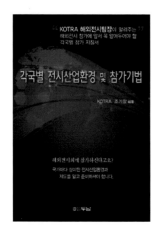

　　우리 기업들이 막상 유망한 해외전시회에 참가하려고 해도 각국마다 전시산업 환경은 물론이고 제도, 절차, 상관습 등이 상이하여 사전에 이를 제대로 알지 못하고 참가하게 되면 예기치 못한 여러 난관에 부딪치게 되는 경우가 많음.

　　따라서 우리나라 기업들이 자주 참가하는 주요 21개국의 전시산업 환경을 비롯하여 참가신청, 전시품 준비 및 운송, 부스장치, 용역 채용, 바이어 발굴 및 상담 시 유의사항 등 참가 전 반드시 알아야 할 사항을 자세히 설명함. 또한 참가유망전시회, 전시 관련 기관 및 사이트, 믿을 만한 전시 주최자, 전시장치업체, 운송업체와 용역 알선업체 명단도 수록하였음.

【총 494쪽 도서출판 두남, 30,000원】

『주요목차』

* 수록국가 : 남아공, 네델란드, 독일, 러시아, 미국, 베트남, 브라질, 스위스, 스페인, 싱가포르, UAE, 영국, 이탈리아, 인도, 일본, 중국, 캐나다, 타이완, 태국, 프랑스, 홍콩 등 21개국

제1장 전시산업 주요 현황

제2장 전시회 참가신청

제3장 전시품 준비 및 운송

제4장 부스 장치

제5장 용역

제6장 바이어 발굴

제7장 상담 시 유의사항

제8장 전시회 참가 시 유의사항

제9장 전시품 처리 및 유의사항

제10장 현지 활동 시 유의사항

　　우리 기업들의 전시품 준비와 운송 소홀로 전시회 참가를 망치는 경우가 많다는 점에 착안해 해외전시회 기한에 맞춰 안전하게 전시품을 운송해 최적의 상품을 출품하고 다시 본국으로 반송할 수 있는 방법을 제시함. ▲ 좋은 운송회사를 찾는 방법과 유의사항, ▲ 주요국 인증제도와 부보 방법, ▲ 부스 디자인 및 디스플레이 방법, ▲ 운송비 절감 방안 등이 알기 쉽게 기술되어 있음. 이외 해외전시회 참가와 관련 유익한 정보와 사례가 첨부되었고 국내외 운송사 및 국제 특송회사 리스트를 부록으로 수록하였음.

【총 314쪽 도서출판 두남, 17,000원】

『주요목차』

제1장 전시품 준비
제2장 전시품 포장법
제3장 좋은 운송회사 찾는 법과 유의사항
제4장 전시품 운송 및 절차
제5장 전시품 운송에 필요한 서류
제6장 주요국 인증제도
제7장 운송방법 및 운임
제8장 국별 전시품 운송 및 통관 유의사항
제9장 부보 방법
제10장 전시품 전시장 반입 및 반출
제11장 부스 디자인 및 디스플레이 방법
제12장 전시품 처리 및 철거 방안
제13장 운송비 절감 방안
제14장 전시품 운송 및 부보 관련 예상 사례

　　우리 기업들이 해외전시회에 여러 번 참가하고도 성과를 거두지 못했던 사유를 분석, 해법을 제시함. 아울러 해외전시회에서 진행된 상담이 수출로 연결될 수 있도록 사후 관리법과 성과분석 방법 등을 세시하고, 거래를 활성화하는데 필요한 지원프로그램과 수출과정에서 수반되는 위험을 최소화하는 방법을 설명했음. 이 책은 전시회 참가 경험이 많지 않은 수출초보기업들을 위한 체크 포인트 위주로 기술됐으며, 국내 기업들의 해외전시회 활용실태와 해외전시회에 대한 오해와 흔하게 발생하는 오류도 함께 기술하였음.

【총 213쪽 가을문화, 20,000원】

『주요목차』
　제1장 사후관리 노하우
　제2장 수출로 이어지는 지름길
　제3장 수출 위험 희피 안전망
　제4장 우리기업과 해외전시회

2장

전시회 준비과정

11_글로벌역량진단 (GCL-TEST)를 먼저 받아보자

　　해외전시회는 가장 효과적인 해외마케팅수단인 것으로 알려져 있어 많은 수출기업들이 해외전시회 참가를 원하고 있다. 그러나 지금까지 내수만 해오던 기업 또는 수출경험이 미천한 기업들이 충분한 준비없이 해외전시회에 참가하게 되면 예산과 시간 낭비로 끝나는 경우가 많다. 해외전시회는 어느 정도 수출 역량이 갖추어진 기업들에게 적합한 프로그램이다. 따라서 자신의 기업이 해외전시회에 참가할 만큼 역량을 보유하고 있는지를 파악하기 위해 KOTRA가 수출 희망기업들을 대상으로 실시하고 있는 글로벌역량진단 (Global Competence Level Test : GCL Test)을 먼저 받아보는 것이 좋다. 글로벌역량진단은 기업 스스로의 역량을 평가하는 것으로 KOTRA 회원기업이면 누구든지 무료로 참가 가능하다.

　　KOTRA가 글로벌역량진단을 도입한 목적은 수출지원기관별로 분산된 중소기업지원사업을 체계화하고 기업역량에 따른 사업을 구축·운영함으로써 중소기업 지원성과를 극대화 하며 기존 공급자 위주의 사업 프로그램을 수요자 위주로 개선하여 역량별·성장단계별 맞춤형 컨설팅 서비스를 제공하기 위함이다.

　　글로벌역량진단을 받고자 원하는 기업들은 자사의 현재 상황에 맞추어 내수기업용과 수출기업용 중 택일하여 진단을 받게 된다. 내수기업용 진단서는 수출의지, 기초지원, 수출인프라, 마케팅 등 4개 역량별 총 30개 문항으로 구성되어 있으며 수출기업용 진단서는 수출준비, 활용, 심화 등 8개 역량별 총 30개 문항으로 구성되어 있다. 진단 결과 총점을 기준으로 해당기업이 내수 3단계, 수출 4단계 등 총 7 단계 중 어느 단계에 위치해 있는지 확인해 준다.

【그림】전체 성장단계 구성 (총 7단계)

【표】수출기업용 vs 내수기업용 GCL-Test 주요 구성 비교

수출기업용		내수기업용	
성장단계	역량분류(문항수)	역량분류(문항수)	성장단계
글로벌초보기업	중장기 플랜·마인드(3)	수출의지·전략(8)	초보내수기업
	수출 인프라(4)	기초자원(7)	
글로벌유망기업	전문인력 및 자금(6)		
	글로벌 고객과 외사소통(3)	수출인프라(7)	관심내수기업
글로벌선도기업	글로벌 판촉, 마케팅(4)		
	글로벌 네트워크(3)		
	글로벌 시장전략(4)	마케팅·네트워크(8)	유망내수기업
글로벌강소기업	글로벌 제품전략(3)		
총 4단계	8개역량 30개문항	4개역량 30개문항	총 3단계

GCL Test를 통해 해당 기업의 각 역량별 수준을 분석하여 부족/보통/양호로 제시해준다. 아울러 주요 부족 역량 개선을 위한 맞춤형 사업으로 수출기업에게는 KOTRA와 유관기관에서 운영 중인 167개 중소기업지원사업 중 (여기에는 해외전시회 참가 사업도 포함되어 있음) 기업별로 가장 역량이 부족한 3개군에 대해 평균 15~20개 내외의 사업을 추천해준다. 또한 내수기업에게도 KOTRA와 유관기관에서 운영하고 있는 64개 지원사업 중 가장 부족한 역량 2개군에 대해 평균 10~15개 내외의 사업을 추천해준다.

【표】단계별 특징

■ 내수기업 분류 (3단계)

성장단계 (3단계)		단계별 특징
구분	점수	
초보내수기업	0~59	내수에만 주력하고 있는 기업으로 수출의지, 제품경쟁력, 마케팅 활용 등 전반적인 수출준비역량이 부족한 단계

성장내수기업	60~79	기초적인 수출준비 활동을 시작한 단계이나 보유역량이 제한적이므로 다양한 수출역량확보가 필요한 단계
유망내수기업	80~	다양한 수출준비 역량을 갖추고 있으며, 보다 심화된 역량을 갖춘다면 수출기업화 될 수 있는 유망단계

■ 수출기업 분류 (4단계)

성장단계 (4단계)		단계별 특징
구분	점수	
글로벌초보기업 (Start-up)	0~54	샘플수출 및 우연한 기회로 시작한 수출로 글로벌 역량을 일부 보유한 기업으로 상시 수출을 진행한다고 보기 어려운 단계
글로벌유망기업 (Take-off)	55~74	상시 수출을 진행하는 단계로서 해외마케팅 지원효과 및 수출확대 가능성이 높아 다양한 수준의 지원 프로그램 추천이 필요한 단계
글로벌선도기업 (Advanced)	75~84	시장개척 활동이 왕성한 단계로 해외마케팅 인력과 시장정보가 충분히 확보되어 있어 해외네트워크 구축 등 선별적인 심화수준 프로그램 지원이 필요한 단계
글로벌강소기업 (Remarkable)	85~	마케팅 인력 및 국내외 시장조사가 대부분 완료된 단계로 기술개발 및 브랜드 등 심화수준의 지원이 필요한 단계

글로벌역량진단을 받기 위해서는 KOTRA 홈페이지 접속 ▷ 지원사업안내 ▷ 해외시장개척지원 ▷ 글로벌역량진단사업 ▷ 사업신청하기 클릭하면 된다. 또한 역량진단 결과는 온라인 진단완료 시 마이KOTRA에서 실시간 확인이 가능하다. 진단 후 1주인 이내 KOTRA 수출전문위원이 유선컨설팅을 무료로 제공한다.

【그림】 글로벌역량진단 (GCL Test) 실시 과정

KOTRA는 해외전시사업 뿐 아니라 수출첫걸음지원사업, 지사화사업, 글로벌브랜드사업 등 주요 마케팅사업 수행 시 참가신청기업들을 대상으로 역량진단을 의무화하여 참가기업 선정에 반영하고 있다.

통계법 제33조 (비밀의 보호)	**kotra**	대한무역투자진흥공사(KOTRA)
통계작성과정에서 알려진 사항으로서 개인 또는 법인이나 단체의 비밀에 속하는 사항은 보호되어야 한다.	Korea Trade-Investment Promotion Agency	중소기업글로벌지원센터

KOTRA 글로벌역량진단 설문서 (수출기업용)

안녕하십니까?

대한무역투자진흥공사(이하 KOTRA)는 기업의 성장단계에 따른 맞춤형 서비스 고도화를 위해
『글로벌 역량(Global Competence Level) 진단 서비스』를 시행하고 있습니다.

GCL TEST는 수출 및 기업의 기본역량, 준비·활용·심화 역량으로 구분되어 진행되며,
아래의 내용을 작성하시면 기업의 성장단계에 따른 역량 현황과
해외마케팅 추천 서비스를 제공받을 수 있습니다.

글로벌 역량진단은 개별 기업의 진단용으로 활용되며
각종 수출지원 및 투자진출 프로그램을 진행하는데 있어서 활용될 예정입니다.

[응 답 요 령]

1. 설문 내용은 귀사의 인력, 기술, 내수, 수출 등 전반적 경영상황을 잘 파악하고 계신 대표이사 나 임원 및 관리자께서 작성하셔야 정확한 진단이 됩니다.

2. 설문내용은 기본정보, 글로벌역량 측정대상 정보(준비, 활용, 심화)로 구성되어 있으며, 해당 항목에 대해 빠짐없이 기록해 주시기 바랍니다.

3. 기타 궁금하신 사항은 KOTRA 중소기업글로벌지원센터 02-3460-7103로 문의 바랍니다.

작성자 성명		작성자 전화번호	
부서 및 직위		E-mail	

기업[개인] 정보의 수집 · 이용 · 제공 및 활용 동의서

가. 본사는 '글로벌역량진단 사업' 신청시 기재한 기업식별 정보 및 기업관련 정보를 수집, 이용, 조회하거나 해외마케팅 지원기관(중기청, 중진공, 무보, 신보 등) 등에게 제공하여 해외마케팅 지원 및 금융거래 등에 있어서 신용도 등의 판단을 위한 자료, 글로벌 역량진단 사업추천 관련 자료로 활용하거나 공공기관에서 정책자료로 활용하도록 하는 것에 대해서 동의합니다.

 1) 기업정보의 수집, 이용 목적
　 ○ 글로벌역량진단(Global Competence Level) 사업 참가
　 ○ 성장단계 확인 후 맞춤형 사업 및 컨설팅 추천을 위한 기업정보 수집

 2) 수집하는 정보 항목(필수항목)
　 ○ 기업식별 정보 : 기업명, 사업자 등록번호
　 ○ 기업관련 정보 : 주소, 대표자성함, 설립연도, 상시종업원 수, 매출액, 수출액, R&D 투자규모, 연구개발 인력 수, 매출액영업이익률, 손익분기점 환율, 기업유형, 주력업종, 주력 수출제품(성장단계 및 사업추천 등 원활한 의사소통 경로확보를 위한 정보)
　 ○ 개인정보 : 작성자성명, 전화번호, 부서 · 직위, E-mail주소

 3) 기업(개인)정보의 보유 및 이용기간 : KOTRA 회원 탈퇴시 까지
　 ※ 단, 법률이 정하는 바에 따라 탈퇴 후에도 일정기간 보유할 수 있습니다.

나. 본사는 글로벌 역량진단 사업과 관련하여, 기재한 기업정보가 KOTRA 고객관리시스템(CRM)에 이관되는 것을 동의합니다.

다. 본사는 글로벌 역량진단 참가 후 추천받은 사업에 대해서 KOTRA는 별도의 참가 신청 · 선정을 지원하지 않는 것에 대해서 동의합니다.

수집 · 이용 동의	본인은 위 목적으로 기업(개인) 정보를 수집 · 이용하는 것에 동의합니다.
제공 동의	본인은 위 목적으로 기업(개인) 정보를 제공하는 것에 동의합니다.
고유식별정보동의	본인은 위 기관이 위 목적으로 기업의 고유식별정보를 수집 · 이용 · 제공 · 조회하는 것에 동의합니다.(고유식별정보 : 사업자등록번호)

위 기관에 제출하는 역량진단 신청서 제출시 사실과 다르거나 허위의 자료를 제출하여 글로벌역량진단 사업을 신청한 경우 사업참가 제한이 있을 수 있습니다.

　　　　　　　　　　신청일　　　　　2014년　　　　　00월　　　　　00일

　　　　　　　　　　기업명

　　　　　　　　　　법인(주민)등록번호

　　　　　　　　　　신청자　　　　　　　　　　　　　　　　　　(인)

1개 문항이라도 작성이 안될 경우, 정확한 결과 산출이 어려우니, 반드시 전항목에 응답하여 주시기 바랍니다.

▶ 기업 현황 (2013년 기준)　*전년도 재무제표 참고하여 정확히 기재

기업명		대표자 이름	
사업자등록번호			
설립연도	_____ 년	상시종업원 수	_____ 명
매출액	_____ 억 원	수출액 (로컬수출액 제외)	_____ 만 달러
매출액대비 수출비중	_____ %(자동계산)	손익분기점 환율 *수출시 적자가 발생하지 않는 환율 수준	_____ 원/달러
해당 유형 전부 표시	유형1	중소기업( ), 중견기업( ), 대기업( ), 국내 대기업 계열사( ), 외국계기업( )	
	유형2	제조기업( ), 서비스기업( ), 수출중개기업(오퍼상, 에이전트 등)( ) *제조기업 : 제조상품의 생산 후 수출하는 기업 *서비스기업: 서비스업 제품의 생산 후 수출하는 기업 * 수출중개기업 : 제품을 직접 생산하지 않으나, 해외거래처와 수출을 중개하는 기업	
주력업종명 (표준산업분류 코드표참조)	(해당코드기입:)	주력 수출제품명 (KOTRA 품목분류 코드 참조)	(해당코드 기입:)
주력 수출제품 (또는 취급 제품) 특성	원자재( ) 소재( ) 단위부품( ) 모듈부품/반제품( ) 완제품( )		
주력 수출시장 (우선순위로 3개까지 기입)	1순위(____) 2순위(____) 3순위(____)		

Ⅱ. 글로벌화 준비(13)

☐ 중장기 전략, 글로벌 마인드(3)

1. 귀사는 수출을 진행하기 위한 **전사적 전략을 수립/실행**하고 있습니까?
   1) 수출전략 미수립
   2) 전략은 수립하였으나, 보완이 필요한 수준
   3) 전략은 수립하였으나, 실행 미흡
   4) 전략 수립 및 실행 양호

2. 귀사의 CEO 등 임원진의 **수출 확대 의지**는?
   1) 매우 낮음
   2) 대체로 낮음
   3) 대체로 높음
   4) 매우 높음

3. 귀사 임직원들이 귀사의 **수출 확대 투자노력을 기울이는 정도**는?
   1) 수출확대를 위한 투자계획이 전혀 없음
   2) 계획은 있으나 실제 투자 없음
   3) 소극적으로 투자 추진 중
   4) 매우 적극적으로 투자 추진 중

☐ 수출 인프라(4)

4. 다음 중 귀사의 **주요 수출방식**은?
   1) 수출 없음
   2) 국내(로컬)수출
   3) 직접 수출

5. 다음 중 귀사의 **주력 해외 거점**에 해당하는 유형은?
   1) 해외거점 없음
   2) 해외 에이젼트
   3) 해외 지사
   4) 현지 법인

6. 귀사는 수출에 필요한 **해외규격인증의 보유정도**는 어떠합니까?
   1) 없음
   2) 신청 중
   3) 다소 미흡
   4) 다소 양호
   5) 매우 양호

7. 귀사의 글로벌 홍보용 자료(영문카탈로그, 영문홈페이지 등)의 보유 수준은 어떠합니까?
   1) 전혀 없음
   2) 제작 준비 중
   3) 보유중이나, 업데이트와 활용도 미흡
   4) 보유 자료가 충분하며, 업데이트, 활용도 우수

□ **전문 인력 및 자금(6)**

8. 귀사의 **해외마케팅 업무**는 누가 **담당합니까?**
   1) 일반부서 직원
   2) 타업무 병행의 해외마케팅부 직원
   3) 해외마케팅 전담부서 직원

9. 귀사의 **수출 상담 가능한 외국어 구사 인력**의 보유 정도는 어떠합니까?
   1) 없음
   2) 1명
   3) 2명
   4) 3명
   5) 4명 이상

10. 귀사의 임직원 중 해외학위 보유 인력은 몇 명입니까?
    1) 없음
    2) 1명
    3) 2명
    4) 3명
    5) 4명 이상

11. 귀사 **해외마케팅 인력의 역량** 수준은 어떠합니까?
    (역량 : 국내외 네트워크, 무역실무지식, 해외고객/시장 정보 발굴 능력 등)
    1)매우 낮음
    2)대체로 낮음
    3)대체로 우수
    4)매우 우수

12. 현재 귀사의 **수출 운전자금 및 설비투자자금 조달 능력**은 어떠합니까?
    1) 매우 어려움
    2) 대체로 어려움
    3) 대체로 양호
    4) 매우 양호

13. 귀사의 **순 영업이익증가** 등을 감안한 향후 자금조달 계획은 어떠합니까?
    1) 현재보다 감소
    2) 현재 수준에서 정체
    3) 현재보다 다소 증가
    4) 현재보다 대폭 증가

활용 현황(7)

☐ 주요 글로벌 고객과의 의사소통(3)

14. 귀사는 해외시장(또는 고객) 발굴을 위한 정보를 수집하고 있습니까?
    1) 거의 하지 않음
    2) 가끔 필요할 경우에 한해 정보 수집
    3) 상시적으로 빈번히 정보 수집
    4) 상시적으로 매우 적극적인 정보 수집

15. 귀사는 주요 글로벌 거래처와 의사소통 채널을 보유·활용하고 있습니까?
    1) 전혀 없음
    2) 의사소통 채널 보유 중이나 업무에 미활용
    3) 의사소통 채널 보유하고 비상시적으로 가끔 활용
    4) 의사소통 채널 보유하고 상시적으로 적극적 활용

16. 수출 제품의 구상 및 의견수렴을 위해 글로벌 고객과 만나는 빈도는 어떠합니까?
    * 이메일, 유선, 대면 등 모두 포함
    1) 거의 없음
    2) 필요한 경우에 한해 가끔 만남(이메일, 유선, 대면 등)
    3) 주기적으로 만남(이메일, 유선, 대면 등)
    4) 상시적으로 매우 활발하게 만남(이메일, 유선, 대면 등)

☐ 글로벌 마케팅 활동(4)

17. 수출을 위한 귀사의 마케팅 활동 추진 수준은 어떠합니까?
    1) 현재 별다른 마케팅 활동 및 계획이 없음
    2) 현재 해외 마케팅활동을 추진 중이나 전반적으로 부진함
    3) 현재 해외 마케팅활동을 추진 중이며 대체적으로 활발함
    4) 현재 해외 마케팅활동을 매우 적극적으로 추진 중이며 향후 확대할 예정

18. 귀사는 해외마케팅을 위한 해외출장을 얼마나 자주 시행합니까?
    (1년 기준, 출장목적은 해외마케팅 및 수출관련 업무에 한함.)
    1) 시행 않음
    2) 매우 가끔
    3) 가끔
    4) 빈번히
    5) 매우 빈번히

19. 글로벌 시장에서 귀사의 브랜드 인지도는 어떠합니까?
    1) 글로벌 인지도 거의 없음
    2) 일부 소수그룹대상 인지도 보유
    3) 특정 다수그룹대상 인지도 보유 (보통 수준)
    4) 불특정 다수그룹대상 상당히 높은 인지도 보유

20. 귀사가 수출마케팅을 위해 해외전시회를 활용하는 정도는?
    1) 거의 활용하지 않음
    2) 가끔 활용함 (2~3년에 3회 미만)
    3) 비정기적이나 빈번히 참가, 활용함 (2~3년에 5회 이상)
    4) 정기적으로 적극적 참가, 활용함 (매년 1~2회 이상 정기적 참여)

☐ **글로벌 네트워크(3)**

21. 귀사의 글로벌 기업과의 네트워크 구축 정도는 어떠합니까?
   1)매우 미흡
   2)다소 미흡
   3)다소 양호
   4)매우 양호

22. 귀사가 현재 보유한 해외 거래선(바이어)가 수출 활동에 기여하는 정도는 어떠합니까?
   1) 매우 낮음
   2) 다소 낮음
   3) 다소 높음
   4) 매우 높음

23. 현재 보유중인 해외 거래선의 글로벌 경쟁력 수준은 어떠합니까?
   1) 매우 낮음
   2) 다소 낮음
   3) 다소 높음
   4) 매우 높음

☐ **글로벌 시장 전략(4)**

24. 현재 귀사의 수출경쟁력 수준을 평가해주십시오.
   1) 매우 미흡함
   2) 대체로 미흡함
   3) 경쟁기업과 동등한 수준
   4) 대체로 우수함
   5) 매우 우수함

25. 귀사의 해외 현지 A/S 인프라 확보 정도는 얼마나 우수합니까?
   1) 매우미흡
   2) 다소 미흡
   3) 다소 우수
   4) 매우 우수

26. 귀사의 글로벌 시장진출 전략이 기업의 경영성과를 달성한 정도는 어떠합니까?
   1) 매우 미흡
   2) 대체로 미흡
   3) 대체로 우수
   4) 매우 우수

27. 귀사의 글로벌 고객의 확보 정도는 어떠합니까?
   1) 매우 낮음
   2) 대체로 낮음
   3) 경쟁기업 대비 동등한 수준
   4) 대체로 높음
   5) 매우 높음

☐ **글로벌 제품(3)**

28. 수출 제품개발 시 글로벌 시장(또는 고객)의 수요(니즈) 반영 정도는?
   1) 글로벌 시장(고객) 수요를 거의 반영하지 않음.
   2) 글로벌 시장(고객) 수요를 적절히 반영하고자 노력함
   3) 글로벌 시장(고객) 수요를 매우 적극적으로 반영함

29. 귀사 제품에 대한 **글로벌 고객의 정기적 대량 주문** 정도는 어떠합니까?
   1) 거의 없음
   2) 가끔 발생함
   3) 자주는 아니나, 주기적 발생함
   4) 매우 빈번히, 주기적 발생함

30. 귀사의 **글로벌 시장용 제품 개발 활동**은 어떠합니까?
   1) 매우 미흡함
   2) 다소 미흡함
   3) 경쟁기업 대비 비슷한 수준임
   4) 다소 활발함
   5) 매우 활발함

※ 글로벌역량 진단 결과에 대한 **유선 컨설팅**이 필요하십니까?
   1) 예   2)아니오

※ **KOTRA**에 하고 싶은 말씀을 자유롭게 기재하여 주십시오

"모든 설문이 끝났습니다.
응답해 주셔서 감사드립니다."

KOTRA는 이번 설문을 통해 고객 여러분에게 맞춤형 서비스를 지원해 드리는
글로벌 비즈니스 플랫폼이 되도록 노력하겠습니다.

〈첨부 1. 표준산업분류 - 업종 및 코드〉

	제조업		
C10	식료품제조업	C22	고무제품 및 플라스틱제품 제조업
C11	음료제조업	C23	비금속 광물제품 제조업
C12	담배제조업	C24	1차 금속 제조업
C13	섬유제품 제조업; 의복제외	C25	금속가공제품 제조업; 기계 및 가구제외
C14	의복, 의복액세서리 및 모피제품 제조업	C26	전자부품, 컴퓨터, 영상, 음향 및 통신장비 제조업
C15	가죽, 가방 및 신발 제조업	C27	의료, 정밀, 광학기기 및 시계 제조업
C16	목재 및 나무제품 제조업; 가구제외	C28	전기장비 제조업
C17	펄프, 종이 및 종이제품 제조업	C29	기타 기계 및 장비 제조업
C18	인쇄 및 기록매체 복제업	C30	자동차 및 트레일러 제조업
C19	코크스, 연탄 및 석유정제품 제조업	C31	기타 운송장비 제조업
C20	화학물질 및 화학제품 제조업; 의약품 제외	C32	가구 제조업
C21	의료용 물질 및 의약품 제조업	C33	기타제품 제조업

	비제조업		
A	농업, 임업 및 어업	K	금융 및 보험업
B	광업	L	부동산업 및 임대업
D	전기, 가스, 증기 및 수도사업	M	전문, 과학 및 기술서비스업
E	하수·폐기물 처리, 원료재생 및 환경복원업	N	사업시설관리 및 사업지원 서비스업
F	건설업	O	공공행정, 국방 및 사회보장 행정
G	도매 및 소매업, 무역업	P	교육 서비스업
H	운수업	Q	보건업 및 사회복지 서비스업
I	숙박 및 음식점업	R	예술, 스포츠 및 여가관련 서비스업
J	출판, 영상, 방송통신 및 정보서비스업	S	협회 및 단체, 수리 및 기타 개인 서비스업

〈첨부 2. KOTRA 품목분류 및 코드〉

1	전기/전자	11	환경
2	기계/장비	12	광물
3	섬유/피혁	13	유리/광학
4	화학/고무/플라스틱	14	스포츠/레저
5	자동차/운송장비	15	문구/선물
6	IT	16	의료/건강
7	바이오	17	미용/생활용품
8	항공우주	18	가구/목재
9	나노	19	농수산물/식품
10	문화콘텐츠	20	기타

12_국내전시회로 갈것인가?
해외전시회로 갈것인가?

전시회에 처음 참가하려는 기업이나 경험이 적은 기업들은 국내전시회로 참가할 것인지 해외전시회로 참가할 것인지를 고민하게 된다. 같은 전시회지만 국내와 해외전시회는 각기 장단점이 있다. 특히 내수시장을 목표로 영업하는 기업이라면 굳이 해외전시회로 나갈 필요가 없겠지만 수출기업 또는 내수와 수출을 동시에 하는 기업이라면 고민은 더욱 깊어진다.

【표】 국내전시회와 해외전시회 참가 시 장단점

구분	국내전시회 참가 시	해외전시회 참가 시
장점	■ 참가비용이 저렴하다. ■ 준비기간이 상대적으로 짧다. ■ 비교적 부스 확보가 용이하다. ■ 내국인 및 해외바이어와 상담을 병행할 수 있다. ■ 전시장으로 인원파견이 용이하다. ■ 전시품 운송이 용이하고 관세 부담이 없다. ■ 전시품 사후 처리가 간단하다. ■ 전시회 신청절차가 간단하고 언어문제가 없다.	■ 많은 해외바이어들과 상담이 가능하다. ■ 중앙정부 및 지자체 예산지원을 받기 용이하다. ■ 많은 시장정보를 수집할 수 있다. ■ 해외시장에서 자사 제품의 경쟁력을 확인할 수 있다. ■ 직원들의 경험, 훈련의 기회로 활용할 수 있다.
단점	■ 해외바이어와의 상담기회가 많지 않다. ■ 전시회 자체가 부실하게 운영될 수 있다. ■ 중앙정부 및 지자체 예산지원을 받기 힘들다. ■ 해외시장정보 취득이 어렵다.	■ 참가비용이 많이 든다. ■ 준비기간이 길다. ■ 부스 확보가 어려울 수도 있다. ■ 전시품 사후처리 방안을 고려해야 한다. ■ 많은 인원파견이 곤란하다. ■ 언어문제 해결방안을 마련해야 한다.

우리나라의 전시회 개최건수는 2000년 132건에서 2013년 549건으로 4.3배 가량 증가하였다. 국내에는 세계 최고 수준의 12개 전시장이 있으며 이곳에서 거의 모든 품목 (분야)

의 전시회가 개최되고 있다. 그러나 이런 양적 확대에도 불구하고 2013년 현재 해외참관객 수는 전시회당 평균 620명으로 나타났으며 그나마 해외참관객수가 100명 이하인 전시회는 44.8%나 되고 5천명 이상인 전시회는 1.2%에 지나지 않는다. 따라서 대부분의 국내전시회는 수출과 관계없는 내수시장 위주의 전시회이거나 해외참가업체 및 참관객 수가 미미하여 해외시장 개척 가능성이 그리 크지 않은 전시회들이다. 그러나 일부 국내 전시회는 그동안 대형화, 국제화, 전문화를 꾸준히 추진한 결과, 이런 전시회에 참가한 기업들은 해외마케팅에서 성과를 올리기도 한다. 따라서 수출을 목적으로 전시회에 참가하는 기업이라면 가능한 UFI나 산업통상자원부의 인증을 받은 국내전시회 중심으로 참가할 것을 권한다. 특히, 수출할 수 있는 요건이 아직 충족되지 않았거나 전시회 경험이 없는 수출기업들은 비인증 국내전시회에 비해 해외바이어들이 많이 참관하는 인증 국내전시회에 참가하여 충분한 경험을 쌓고 해외전시회에 나가는 것이 바람직하다.

【표】 국내전시회별 평균 참관객수 현황

(단위 : 명)

구분	2009년	2010년	2011년	2012년	2013년	전년대비 증감률
총 참관객	31,120	31,603	32,651	32,328	32,890	▲1.7%
국내 참관객	27,807	31,765	32,045	31,723	32,270	▲1.7%
해외 참관객	598	660	606	605	620	▲2.5%

【표】 산업통상자원부 인증전시회 요건

내용	인증종류/인증부여기관	비고
① 전시회 정보 검증 (data audit)	① 인증전시회(산업통상자원부)	체계 이원화
② 요건 충족 - 2회 이상 개최 실적 (3회부터 인증) - 해외참가업체 수 10% 이상 - 해외참관객 수 5% 이상 중 1개 이상 충족	①+② 국제인증전시회(산업통상자원부)	

우리나라에서 실시되고 있는 인증전시회란 전시회 전시주최사업자가 보고한 전시면적, 참가업체 및 참관객에 대한 정보를 제 3의 독립적 검증기관이 표준화된 기준에 따라 객관적인 방법으로 조사, 확인 한 것을 인증기관이 공개하고 전시회 인증서를 발급하되 일정의 요건을 충족시킬 경우 국제전시회 인증마크를 부여하여 공인하는 것이다. 산업통상자원부의 국제인증전시회 요건은 UFI 인증전시회와 동일하나 산업통상자원부로부터 국제

인증전시회로 인증되었다하더라도 UFI 인증전시회와는 별개이다.

【표】 연도별 국내 인증전시회 개최현황

(단위: 건, %)

구분	'09	'10	'11	'12	'13
■ 인증신청 전시회수 (A)	59	78	85	86	101
- 국제인증 전시회수 (a)	48	64	74	76	83
- 인증전시회수 (b)	11	14	11	10	18
■ 국내전시회 개최수 (B)	422	479	552	560	569
○ 인증비율 (A/B) (단위 : %)	14.0	16.3	15.4	15.4	17.8

전세계 38개국 첨단 헬스케어 장비를 한눈에 「제30회 국제 의료기기·병원설비 전시회」개막(3.13)

복지부 주관, 국제 심포지엄 개최 및 수출·마케팅 협의체 발족

장수하는 것도 중요하지만 얼마나 건강하게 사는지가 어느 때보다 뜨거운 화두가 된 요즘, 최신 헬스케어 정보와 솔루션을 찾는다면, 3월 13일부터 16일까지 서울 삼성동 코엑스에서 열리는 '제30회 국제 의료기기·병원설비 전시회'에서 그 답을 구할 수 있다.

본 전시회는 한국 E&X, 한국의료기기공업협동조합, 한국의료기기산업협회 공동 주관으로 개최되는 국내 최대 및 세계 5위 규모*의 국제 의료기기 전시회로서,

* 삼성전자, GE, Toshiba, Hitachi 등 전세계 38개국 1,095개사 참가 예정

– 금년에는 혈당 측정기 등 가정용 제품부터 최근 각광받고 있는 유헬스 및 웨어러블 기기, 그리고 하이엔드 의료장비인 MRI, CT 등 첨단 영상진단시스템까지, 약 3만여 점의 다양한 제품들이 전시되며, 아울러 국내외 기업의 신제품들도 이번 전시회에서 대거 선보일 예정이다.

주관사인 한국 E&X에 의하면, 전시기간 중에 내국인 7만여명과 세계 70개국에서 3천여명의 해외 바이어가 내방할 것으로 예상되며, 1조 6천억원의 내수 상담과 5억 1천만불의 수출 상담을 통해 의료기기 산업의 수출증대에 크게 기여할 것으로 전망된다.

【그림】 세계 70개국 3천여명의 바이어가 내방하는 국내전시회도 있다.

13_국내 최고 전시포탈 사이트 GEP

GEP (Global Exhibition Portal)은 KOTRA와 한국전시산업진흥회가 운영하고 있는 우리나라 최고의 전시포탈 사이트이다. 현재 KOTRA는 해외전시 분야를 그리고 한국전시산업진흥회는 국내전시 분야를 관리하고 있다. 이중 해외전시 분야는『해외전시회 정보』,『전시산업정보』,『해외전시회 지원』및『전시가이드』등 총 4개의 하부 메뉴로 구성되어 있다.

【그림】국내 최고의 전시포탈 사이트인 GEP의 초기화면 (www.gep.or.kr)

『해외전시회 정보』에는 KOTRA 해외무역관이 엄선한 3500~4000개 가량의 전시정보가 수록되어 있으며 수시로 업데이팅 된다. 전시정보는 일반전시회, 추천전시회 및 개최중인 전시회로 분류할 수 있으며 전시회 기간, 국가, 도시 및 품명에 따라 검색이 가능하다. 수록된 전시회에는 『전시회 지명도』 및 『부스 배정 난이도』를 ★수로 표시하였으며 최근 3개년 참가국가, 참가업체 및 참관객수가 그래픽으로 나타나 있고 전시회 기본 정보 및 주최자 정보도 수록되어 있다. 아울러 전시회 참가 또는 참관 후 KOTRA 해외무역관이 작성한 르뽀 형식의 『해외전시현장정보』도 볼 수 있다.

항목	세부항목	항목	세부항목
전시회 정보	개최기간 개최주기 최초 개최연도 개최규모 개최도시 전시장	참가 비용	부스당 임차료 임차료 수준
전년도 개최결과	참가국수 개최국 참가업체수 외국참 가업체수 주요 참가국 한국업체 참가여부 전체 참관객수 외국 참관객수 전시 분야	주최자 정보	주최기관 담당자 주소 전화 팩스 홈페이지 이메일
전시회 평가	전시회 지명도 전시회 난이도	참고 정보	등록일 최종 수정일 조회수 출처

【표】 GEP 해외전시 항목별 수록정보

『전시산업정보』에는 전시산업안내, 전시사업자정보, 해외전시장정보 및 전시관련 기관 링크가 있다. 『해외전시회 지원』항목에는 KOTRA, 지자체, 개별 및 일류화선정업체별로 구분하여 각 지원 정보가 수록되어 있다. 또한 『전시가이드』에는 국내기업들이 많이 참가하는 해외전시회 주요 개최국 21개국[1] 들의 전시산업 환경 및 참가요령이 PDF 화일로 수록되어 있다.

---

1) 미국, 캐나다, 브라질, 중국, 일본, 홍콩, 대만, 베트남, 싱가포르, 태국, 인도, 독일, 영국, 프랑스, 이탈리아, 네델란드, 스위스, 스페인, 러시아, UAE, 남아공 등 21개국 수록

【표】 GEP 전시가이드 수록정보

항목	세부항목	항목	세부항목
전시산업 주요현황	- 전시회 개최 현황 - 전시장 현황	부스장치	
전시회 참가신청	- 전시힉 신청 임차 시 유의사항 - 주요 전시회 임차료	용역	- 용역 채용 시 유의사항 - 용역 비용
전시품 준비 및 운송	- 전시품 운송 및 통관 유의사항 - 현지 주요 전시 운송사 정보 - 직접 운반 시 현지 공항에서 유의사항 - 현지 통관 시 필요 서류 - 수입 신고 및 금지 품목	바이어 발굴	
		전시회 참가 시 유의사항	
		전시품 처리 및 유의사항	
		현지 활동 시 유의사항	

또한 『이것이 명품전시회다』에는 홍콩추계전자전 등 국내 기업들이 많이 참가하는 35개 세계 최고 전시회를 엄선하여 각 전시회별 육성전략과 성공요인을 자세하게 설명하고 있다.

【표】 수록 명품전시회 명단

프랑크푸르트 자동차부품 (박)	뒤셀도르프 국제의료기기 (박)	하노버 정보통신 (박)
베를린 국제가전 (박)	모스크바 국제 식품 (전)	모스크바 국제 건축자재 (전)
뉴욕 국제 자동차 (전)	뉴욕 국제 선물용품 (박)	라스베가스 소비전자제품 (박)
시카고 국제 가정용품 (막)	시카고 방사선 의료기기 (전)	올란도 국제 테마파크 (박)
플로리다 국제 의료기기 (전)	바젤 시계보석 (박)	바젤 교육기자재 (박)
바로셀로나 모바일 월드 콩그레스	스페인 국제관광 (박)	싱가포르 식품 및 호텔 (박)
두바이 정보통신쇼핑 (박)	두바이 의료용품 (박)	이탈리아 볼로냐 미용 (전)
이탈리아 밀라노 소비재 (전)	중국 국제 공작기계 (전)	중국 프랜차이즈 (전)
준중국 국제건설기계, 건설 차량 및 설비 (전)	상하이 국제 섬유직물 (전)	중국 수출입상품교역회
광저우 국제 자동차 (전)	프랑스 실내 인테리어 (박)	파리 항공우주 (박)
홍콩 추계전자 (전)	9월 홍콩 쥬얼리 & 젬페어	서울국제식품산업대전
라스베가스 국제 음악 (박)	싱가포르 정보통신 (박)	

14_ 해외전시정보를
제공하는 국내외 사이트

　종전에 해외전시정보는 주로 책자 형태로 발간되는 해외전시정보 디렉토리를 통해 얻을 수 있었으나 최근에는 인터넷의 발달로 국내외 어디에서나 해외전시정보를 쉽게 수집할 수 있다. 인터넷을 통한 해외전시정보는 수시로 업데이팅 될 뿐 아니라 풍부한 사진 및 동영상과 함께 책자 형태의 디렉토리 보다 훨씬 많은 정보를 제공하고 있으며 비교할 수 없을 정도로 검색이 빠르고 편리하다. 현재 국내에서 운영되고 있는 전시회 관련 사이트는 다음과 같다.

국내 사이트	운영 기관
	KOTRA www.gep.or.kr 약 3500개 가량의 해외전시정보와 국가별 참가요령, 전시회 현장르포 등 다양한 전시정보가 수록되어 있음.

국내 사이트	운영 기관
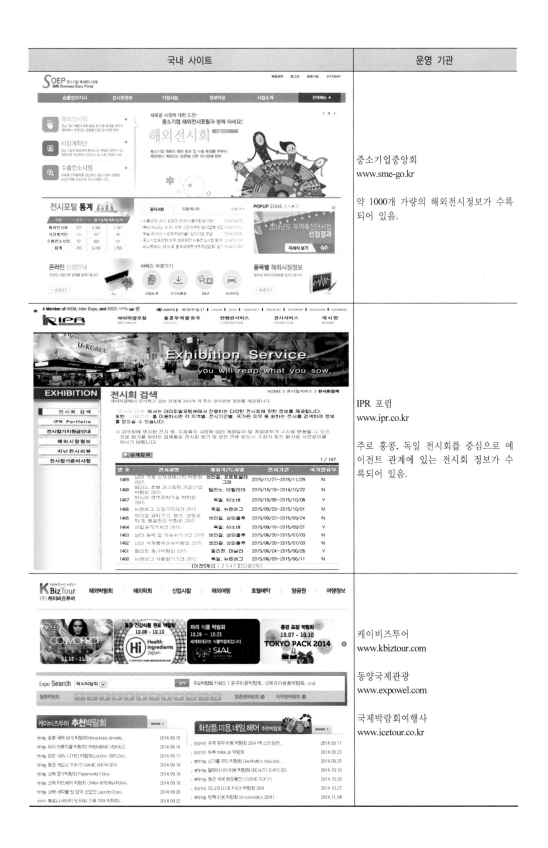	중소기업중앙회 www.sme-go.kr 약 1000개 가량의 해외전시정보가 수록되어 있음.
	IPR 포럼 www.ipr.co.kr 주로 홍콩, 독일 전시회를 중심으로 에이전트 관계에 있는 전시회 정보가 수록되어 있음.
	케이비즈투어 www.kbiztour.com 동양국제관광 www.expowel.com 국제박람회여행사 www.icetour.co.kr

해외사이트로는 전시전문기관, 전시주최자, 전시장운영자 홈페이지 등이 있는데 이들 사이트를 방문하면 전시정보를 수집할 수 있다.

해외 사이트	운영 기관
	독일 AUMA www.auma.de 독일전시산업협회 (AUMA)가 운영하는 사이트로 독일 및 전 세계 전시정보를 검색할 수 있다. 전시회 통계자료 및 트렌드 동향도 살펴 볼 수 있다.(영어 버전 제공)
	독일 m+a Expo DataBase 전시회 검색과 관련 정보 제공 매년 m+a Tradeshow Directroy 발간하고 있다.

해외 사이트	운영 기관
   	미국 TSNN (Trade Show News Network) www.tsnn.com 전시회 검색과 관련 정보 제공
	미국 EXHIBITOR www.exhibitoronline.com 전시회 관련 정보 제공 전시마케팅 방법 및 최신 트렌드 등을 소개하는 잡지 발간 

해외 사이트	운영 기관
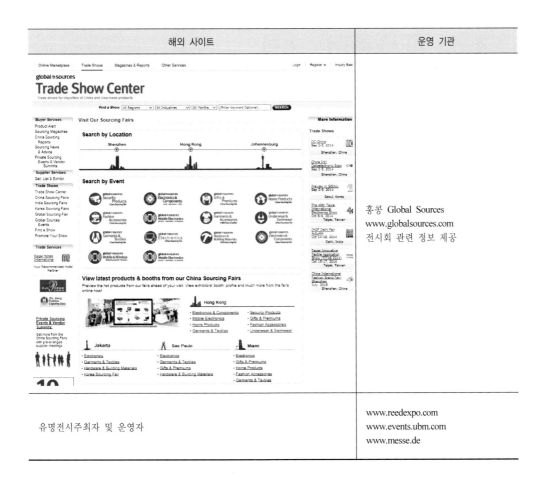	홍콩 Global Sources www.globalsources.com 전시회 관련 정보 제공
유명전시주최자 및 운영자	www.reedexpo.com www.events.ubm.com www.messe.de

15_좋은 전시회의 구성 요건

해외전시회에 참가하려는 기업들은 좋은 전시회를 발굴하여 참가하기를 원한다. 좋은 전시회란 좋은 성과를 기대할 수 있는 전시회이다. UFI (국제전시산업협회) 통계에 의하면 전 세계적으로 연간 3만건이 넘는 전시회가 개최되고 있다. 전시회 참가 계획 수립 시 가장 먼저 할 일은 이 많은 전시회중에서 어떤 전시회를 선택하여 참가할 것인가를 결정하는 것이다. 흔히들 남들 (경쟁사)이 많이 가는 전시회, 남들이 성과가 좋았다고 평가하는 전시회라면 나에게도 좋을 것이라고 생각하는 경향이 많다. 물론 인지도가 높은 전시회일수록 성과가 좋을 확률이 높겠지만 같은 전시회라도 출품하는 전시품, 참가업체의 참가 목적과 전략에 따라 상이한 결과를 초래한다.

① 우선 좋은 전시회란 주최 측이 출품 대상으로 선정한 주종 품목들이 자사가 출품하려는 전시품목과 일치하여야 한다. 의료기기전시회에 정수기를 출품한다던가 소비자전자제품전시회 (예: 라스베가스 CES)에 녹즙기를 출품하게 되면 좋은 성과를 기대하기가 어렵다. 차라리 이런 품목들은 가정용품전시회에 출품하는 것이 더 타당하다.

② 참가업체의 목적이 해당 전시회의 개최 성격과 목적에 부합되어야 한다. 참가 목적이 유력바이어를 발굴하여 수출을 확대하는데 있다면 참관객은 많지만 전문바이어들 보다는 일반인들이 대부분인 전시회에 참가해서는 안 된다. 오히려 참관객 수가 크지 않더라도 전문 바이어들이 많이 찾아오는 전시회에 참가해야 한다. 만일 내방객들에게 직매를 목적으로 전시회에 참가한다면 직매를 허용하고 일반인들이 대거 몰려드는 후진국 대도시에서 개최되는 전시회 (예: 카이로 국제박람회)에 참가하는 것이 좋다.

【그림】「소비자전자제품전시회 (CES)」라지만 녹즙기 출품은 성과 기대가 어렵다.
차라리 「시카고 국제가정용품박람회 (IHHS)」에 참가하는 것이 더 좋다.

③ **개최국 뿐 아니라 인근국 등 해외참관객들도 많이 방문하는 전시회도 좋은 전시회이다.** 예를 들어 두바이에서 개최되는 건축박람회인 『두바이 Big 5』의 경우, 주최국인 UAE 바이어보다는 사우디아라비아, 쿠웨이트, 요르단, 이라크, 이집트 등 중동, 아프리카 전역에서 바이어들이 몰려든다. 따라서 전시회를 선정할 때 개최국 이외 외국 바이어들이 많이 찾아오는지도 체크하도록 한다.

④ **신뢰도가 높은 전시주최자가 개최하는 전시회가 좋은 전시회이다.** 흔히들 주최자가 누구인지도 알아보지도 않고 참가신청을 하는 경우가 많은데, 반드시 주최사를 먼저 파악토록 한다. 세계적으로 유명한 전시회 주최사나, 전시장 운영자 또는 이들의 해외파트너가 주최한다면 일단 믿을 수 있다.

⑤ **정부, 지자체 또는 경제관련 기관 및 단체가 후원하거나 주관하는 전시회도 신뢰할 수 있다.** KOTRA의 경우, 연간 120건 내외의 해외전시회에 한국관 형태로 참가하는데 파견 대상 전시회는 무역관의 의견, 기업 및 관련 조합 대상 수요조사, 과거 성과 및 참가업체 만족도, 정부정책 등을 고려하여 엄선하기 때문에 전시회 선정 실수 가능성이 매우 낮다. 지자체에서도 관내지역의 산업 비중을 고려하여 품목에 맞는 지원 대상 전시회를 선정하므로 좋은 전시회라 할 수 있다.

⑥ **국내외 전시 관련 기관으로부터 인증 받은 전시회도 좋은 전시회라 할 수 있다.** 해

외전시회의 경우, UFI에서 일정 요건을 만족하는 전시회에 대해서는 철저한 검증을 거쳐 인증을 해주고 있다. 인증을 받은 전시회는 제3의 기관의 객관적인 검증을 거쳤기 때문에 주최측이 발표하는 각종 데이터를 신뢰할 수 있고 인증기관이 요구하는 최소한의 요건을 충족시키고 있기 때문에 성과를 기대할 수 있는 전시회라 할 수 있다.

⑦ **KOTRA가 추천하는 전시회인지 체크한다.** KOTRA가 운영하고 있는 전시포탈사이트 인 GEP에는 4천여건의 해외전시정보가 수록되어 있다. 이중에 각 무역관이 참가를 추천 하는 전시회는 별도 표시되어 있는데 참가를 고려하는 전시회가 KOTRA 추천전시회 목 록에 포함되어 있는지를 확인한다.

⑧ **접근이 용이하고 잘 알려진 전시장에서 개최되는 전시회인지도 살핀다.** 전 세계에 는 1,200개 가량의 전시장이 있는데 이중에는 유명 전시장도 있지만 시설이 낙후되고 규 모도 적어 국제 전시회가 개최되기에 부적합 한 곳도 많이 있다. 이런 곳에서 개최되는 전시회에 많은 유력 바이어들의 방문은 기대하기 어렵다. 따라서 해당 전시회가 개최되는 전시장의 인지도와 규모, 위치 등을 확인해본다.

⑨ **참가비 부담이 크지 않는 전시회인지 확인한다.** 아무리 좋은 전시회라 하더라도 참 가비가 너무 비싸 참가기업들에게 큰 부담을 주는 전시회, 부스 확보 자체가 어려운 전시 회, 참가기간 중 호텔 예약이 매우 어려운 전시회는 무리해서 참가하지 않는 것이 바람직 하다.

⑩ **개최국과 주변 국가의 경제 상황이 양호할 때 개최되는 전시회에는 많은 바이어들**

【그림】전시회 개최국 뿐 아니라 인근국들 중 전쟁, 테러, 소요사태가 발생하고 있다면
그 지역 전시회는 참가하지 않는 것이 좋다.

이 몰려든다. 경제가 활기를 띄고 있거나 종전(終戰)이나 자연재해 후 복구, 올림픽 및 월드컵 등 큰 행사 유치로 특수(特需) 예상되는 지역에서 개최되는 전시회는 좋은 성과를 기대할 수 있다. 반대로 경제위기 (예: 남유럽재정위기), 전쟁 (예: 중동사태) 및 내란 등으로 치안이 불안한 지역에서 개최되는 전시회는 참가하지 않는 것이 바람직하다.

16_좋은 전시회 찾는 노하우

    연간 전 세계에서 개최되는 3만건이 넘는 전시회들 중에서 자사에 적합한 가장 좋은 전시회를 찾아 참가해야 한다는 것은 아무리 강조해도 지나치지 않는다. 여기에서 『좋은 전시회』란 참가기업의 품목과 참가 목적에 부합되고 좋은 성과를 기대할 수 있는 전시회를 말한다. 여기에 참가비와 장치비 등 투입 비용이 적게 드는 전시회라면 금상첨하이다. 좀 더 구체적으로 말하면 좋은 전시회가 되기 위해서는 많은 구성 요건이 있겠지만 그 중에서도 ① 주최 측이 출품대상으로 선정한 대표 품목에 우리 회사의 전시제품이 포함되어 있는지, ② 우리 회사의 참가 목적이 해당 전시회의 개최 성격과 목적에 부합되는지, ③ 동종 업계에서 유명한 국내외 기업들이 많이 참가하는 전시회인지, ④ 접근이 용이하고 잘 알려진 전시장에서 개최되는 전시회인지, ⑤ 국내외 전시 관련 기관으로부터 인증을 받은 전시회인지와 ⑥ 끝으로 KOTRA가 추천하는 전시회인지가 가장 중요한 요건이라 할 수 있다.

    전시회에 대한 구체적인 정보없이 막연히 소문이나 기대만 갖고 참가했다가 별 성과없이 시간과 예산, 인력만 낭비하고 돌아오는 경우도 흔히 있다. 터키 이스탄불에서 개최되었던 「TurkChem」이라는 전시회는 직물 염색제 위주의 전시회였는데 1990년대 말, 국내의 한 건설용 화학제품 수출기업이 전시회 품목에 관한 정확한 정보를 모르고 개별 참가하여 상담다운 상담도 해 보지 못하고 떠난 적도 있다. 왜냐하면 이 전시회는 건설용이 아닌 섬유 관련 화학제품 전시회였기 때문이다.

【그림】 직물 염색제 위주 전시회인 TurkChem

　그렇다면 좋은 전시회를 찾는 방법은 무엇인가? 우선 전시회 정보를 수집할 수 있는 인터넷 사이트를 활용한다. 우리나라에서 운영하는 대표적인 전시회 관련 포탈 사이트로는 KOTRA가 운영하고 있는 GEP(www.gep.or.kr)이 있다. GEP의『해외전시회정보』메뉴에는 KOTRA 발굴, 추천하는 약 4천개의 전시정보가 수록되어 시기, 장소, 분야별로 검색이 가능하다. 수록된 전시회에는『전시회 지명도』및『부스 배정 난이도』를 ★ 수로 표기하였으며 최근 3개년 참가국가, 참가업체 및 참관객 수가 그래픽으로 나타나있고 전시회 기본정보 및 주최자 정보도 수록되어 있다. 아울러 전시회 참가 또는 참관 후 KOTRA 해외무역관이 작성한『해외전시현장정보』도 볼 수 있다. 또한 중소기업중앙회가 관리하는 www.sme-expo.go.kr에서도 중소기업청에서 지원하는 해외전시회 정보를 검색할 수 있다.

　이외 해외전시정보를 수집할 수 있는 유명 전시 사이트로는 독일 전시산업협회인『AUMA』가 운영하고 있는 www.auma.de (약 5천개의 전시회 정보 검색 가능)을 비롯하여 미국의 전시잡지회사인『Exhibitor Magazine』이 운영하고 있는 www.exhibitiononline.com 등이 있다.

　최근에는 해외 유명 전시주최사들이 한국에 에이전트를 두고 참가대상 국내 기업들에게 각종 정보를 제공하고 전시회 홍보와 함께 모집 활동을 활발하게 전개하고 있다. 따라서 이들 국내 에이전트를 통해 참가대상 전시회를 발굴하는 것도 바람직하다. 해외 전시주최사의 대표적인 국내 에이전트로는 메세프랑크푸르트코리아, IPR포름, KEM, 프로모살롱코리아 및 K-Fairs 등이 있다. 그러나 역시 KOTRA가 매년 발표하는 한국관 구성 단체 전시회가 가장 신뢰할 만한 좋은 전시회라 할 수 있다. 이들 전시회는 KOTRA 해외무역관

의 추천, 전시회 참가고객 만족도 평가 결과와 전시회별 수요조사, 전문전시회의 인증실
적 등을 반영한 전시회 평가와 수출품목 성장성, 현지시장 적합성 등 수출시장성 및 정책
평가 등을 감안하여 선정된 전시회이기 때문이다. 아울러 지자체, 각 조합이나 협회가 단
체로 참가하는 전시회도 나름대로 기준을 갖고 선정된 전시회이므로 첫 참가에 따른 위
험을 최소화할 수 있는 방법이다.

각 전시사이트를 통해 참가 예비 전시회를 발굴하였거나 단체관을 구성하여 해외전시
회 참가를 주관하는 기관이나 협회로부터 적합 전시회를 추천 받은 후에는 해당 전시회
홈페이지를 방문하여 전시품목, 전시회 개요 및 전년도 개최내역 등을 면밀히 체크한다.
해당 전시회의 주종 전시품목과 자사가 출품하려는 품목이 일치하는지를 먼저 확인 한
후에 가능하다면 최근 3~4년 동안 해당 전시회의 국내외 참가업체수, 국내외 참관객수,
개최 규모 등의 추이를 파악한다.

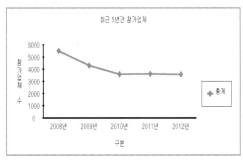 

【그림】최근 급격히 위축되고 있는 하노버정보통신전 (CeBit)

더구나 각 기업들이 개별적으로 발굴하여 참가하는 해외전시회도 처음 참가하는 전시
회라면 참가신청 전, KOTRA 무역관에 전시회 관련 정보와 참가 타당성 조사를 요청하는
것이 바람직하다. 또한 가능하다면 과거에 참가해 본 경험이 있는 국내업체를 찾아 전시
회 성격과 성과를 파악하는 것도 좋은 방법이다. 최근에는 민간 여행사에서 해외전시회
참관단을 모집하여 참관을 주선하는 상품도 많이 있으므로 전시회 참가 전, 직접 현지를
방문하여 참관해 보는 것도 실수를 줄일 수 있는 방법이라 할 수 있다. 그러나 아무리 좋
은 전시회라 하더라도 출품 회사의 제품 경쟁력이 떨어진다면 결코 만족할 만한 성과를
거둘 수가 없다는 점을 유념해야 한다.

17_해외전시회 선정 시 고려사항

UFI 통계에 따르면 전 세계에서 연간 3만여건의 전시회가 개최되고 있는 것으로 나타났다. 따라서 새로운 전시회를 찾고 있는 기업들은 이 많은 전시회 중 어느 전시회를 참가해야 좋은 성과를 올릴 수 있을지 고민이 되지 않을 수 없다. 물론 KOTRA가 관리하고 있는 전시포탈 사이트인 GEP을 방문하면 KOTRA가 추천하는 전시회를 별도 검색할 수도 있고 전체 수록된 전시회별『전시회 지명도』와『부스배정난이도』를 ★수로 표시해두고 있으므로 고평가된 전시회들을 중심으로 참가 전시회를 선정할 수도 있다.

【그림】UAE 주변국들의 건축프로젝트 시장 규모가 워낙 크기 때문에 두바이 건축박람회에는 인근국에서 엄청난 바이어들이 몰려온다.

그러나 참가기업이 자체적으로 선정하려고 한다면 최우선적으로 참가하려는 전시회가 자사의 전시회 참가 목적과 목표에 부합되는지를 살펴야 한다. 수출을 목적으로 참가하는 전시회라면 아무리 참관객이 많다 하더라도 참관객 대부분이 전문바이어가 아닌 일반인들인 경우, 큰 성과를 기대할 수 없기 때문이다. 또한 개최국 이외 해외에서 얼마나 많은 참가업체와 참관객들이 오는지도 파악해야 한다. 이것은 해당 전시회의 국제화 정도를 설명해주기 때문이다. 매년 11월에 UAE 두바이에서 개최되는『두바이 건축박람회 (Big 5)』는 주최국 참가업체 및 바이어들 보다는 인근국들에서 훨씬 더 많은 참가업체와 바이어들이 몰려드는 중동 최대 건축박람회이다. 따라서 이런 전시회는 우리 기업들에게 큰 인기를 모으고 있다.

아울러 최근 몇년간 참가업체와 참관객 수의 변화 추이를 살펴본다. 주최측이 발표하는 수치를 모두 신뢰할 수는 없겠지만 해당 전시회가 성장하고 있는 전시회인지 쇠락하고 있는 전시회인지를 갸름할 수 있는 데이터 이기 때문이다. 또한 이왕이면 UFI (세계전시산업협회) 와 같은 공신력 있는 기관에서 인증을 받았는지도 확인한다. UFI는 일정 요건[2]을 갖춘 전시회에 대해서만 인증 마크를 부여하고 있으며 2014년 9월 현재, 919개 전시회가 UFI 인증을 취득하고 있다. 따라서 이들 인증전시회는 적어도 수준급 전시회로 평가해도 무리가 없다. UFI 인증 전시회는 UFI 홈페이지 (www.ufi.org)에서 검색할 수 있다.

【그림】 UFI 인증전시회는 UFI 홈페이지를 통해 검색 가능하다.
한국에서 개최되는 UFI 인증전시회 명단 (오른쪽)

---

2) UFI 인증을 받기 위해서는 해외 참가업체수가 전체 참가업체수의 최소 10% 이상이어야 하거나 해외참관객수가 전체 참관객의 5% 이상이어야 한다.

그러나 종전까지 지명도 있는 전시회라 하더라도 현재 개최국의 정치, 경제 및 치안 상황도 살펴야 한다. 몇 년 전 재정위기 상황에 빠진 남유럽 국가에서 개최되는 전시회라든지 인근지에서 전쟁이나 소요사태로 인해 사회적으로 불안한 국가에서 개최되는 전시회라면 당연히 참가를 재고하여야 한다. 또한 종전까지 글로벌 기업들이 대거 참가하는 유명 전시회라 하더라도 이런 저런 이유로 유명 기업들이 참가하지 않아 위상이 흔들리고 있는 전시회라면 역시 참가에 신중을 기해야 한다.

세빗 위상 '흔들'..삼성도 불참 검토

입력시간 | 2007.03.15 11:00 | 양효석

올해 메이저 업체 대거 불참

[하노버=이데일리 양효석기자] 세계 최대 정보기술(IT) 전시회로 역사를 이어온 '세빗(CeBIT)' 전시회의 위상이 급락하고 있다.

LG전자, 노키아, 모토로라, 소니, 필립스 등 메이저 업체들이 올해 대거 불참을 선언한데 이어, 올해까지 참석한 삼성전자 마저 내년에는 불참여부를 검토하기로 했기 때문이다.

박종우 삼성전자(005930) 디지털미디어(DM)총괄 사장은 14일(현지시간) 독일 하노버에서 기자들과 만나 "삼성전자가 세빗과 몇년간 전시회 참여 계약이 이뤄져 올해까지 참여했으나, 내년에도 참여할지는 생각해봐야 한다"고 말했다.

박 사장은 "최근 통신업체들은 3GSM에 집중하고 컨슈머업체들은 이파(IFA) 전시회에 집중하고 있어, 세빗이 IT업체만으로 성황을 이루기에는 힘든 측면이 있다"고 설명했다.

박 사장은 또 "독일 정부나 세빗 전시회 주최측이 초창기 성황을 이루다보니 추가적인 인프라 구축에 소홀한 면도 있고, 전시회 기간중 호텔비가 비싸거나 주변 볼거리 부족으로 외면 당하는 측면도 있다"면서 "과거 반도체사업부 근무시절에는 이렇게 열악한 지역에서 전시회를 하는 것을 처음봤다는 생각조차 했다"고 밝혔다.

때문에 세빗도 지난 2002년 참가업체들의 외면으로 자취를 감춘 '컴덱스'의 전철을 밟는 게 아니냐는 우려감이 나오고 있다.

1986년부터 시작된 세빗은 2001년 전세계 170여개국, 8000여개 정보통신업체들이 참가할 정도로 성장했다. 그러나 이듬해 참가업체 수가 7200개사에서 2003년 6600개, 2004년 6200개, 2005년과 2006년에 각각 6100개로 줄어드는 등 해마다 감소 추세를 보이고 있다.

【그림】 CeBit (하노버정보통신전)의 위상이 흔들리고 있다는 기사

그리고 종전 해당 전시회에 참가했던 적이 있는 국내기업, 현재 거래하고 있는 현지 바이어들과 관할지역 KOTRA 무역관의 의견을 들어보는 것도 중요하다. 특히 처음 참가하는 전시회라면 다음과 같은 사항도 고려하여 참가 여부를 결정한다.

【표】참가 전시회 선정 시 추가 고려해야 할 사항

구분	고려사항
√	종전 어떤 기업들이 얼마나 그리고 어떤 규모로 참가하였는가?
√	전시회가 해당 개최국에서 어느 정도 위상을 차지하고 있는가?
√	국내에 에이전트가 있는 전시회인가?
√	어떤 부대행사가 개최되고 있는가?
√	유사 전시회와 비교할 때 전시회 참가비는 적정한가?
√	중앙정부나 지자체로부터 예산지원이 가능한 전시회인가?
√	원하는 만큼의 부스 면적 확보가 가능한 전시회인가?
√	몇 회째 전시회인가?
√	별도의 Business Hour나 Day를 운영하고 있는가?
√	전시회 개최 기간 중, 전후 인근지에서 유사 전시회가 개최되고 있는가?

18_해외전시회 참가 예산 수립 전 고려사항

국내중소기업들은 해외전시회에 한번 참가하려면 통상 1천만원에서 2천만원 가량 많은 경비가 필요한 것으로 조사되었다. 해외전시회가 가장 효과적인 해외 마케팅 수단이라는 점에 대해서는 이론이 없지만 다른 수단에 비해 많은 비용이 투입되기 때문에 국내중소기업들이 선뜻 나서지 못하는 이유도 여기에 있다.

따라서 최소한의 비용으로 해외전시회에 참가하기 위해서는 예산 수립 전 몇가지 고려해야 할 사항이 있는데 우선 해외전시회에 개별참가 할 것인지 단체로 참가할 것인지를 정해야 한다. 두가지 방법 모두 장단점이 있는데 우선 개별참가의 장점으로는 본인이 원하는 전시회를 자체적으로 선정하여 참가할 수 있다는 점이다. 단점은 단체참가에 비해 많은 예산이 투입되며 특히 전시회 참가를 위해 모든 과정을-전시회 신청, 전시품 발송, 항공 및 현지 숙식 및 교통편, 통역원 채용 등-본인이 직접 수행하여야 한다.

【그림】 한국관 형태로 참가하게 되면 KOREA 브랜드 활용이 가능하다.

한편 단체참가의 장점으로는 예산이 절감될 수 있고 파견기관에서 전시회 참가 과정 상당 부분을 대행해주므로 참가업체는 전시품 및 상담 준비에만 몰두하면 된다. 특히 KOTRA 파견 단체전시회인 경우, KOTRA 현지 무역관의 지원을 받을 수 있으며 한국관(Korea Pavilion)으로 참가하므로써 KOREA 브랜드를 활용할 수 있다. 반면 단점으로는 단체가 파견하는 전시회로만 국한되므로 정작 본인이 참가하려고 하는 전시회가 포함되지 않을 수도 있으며 경쟁률이 높은 전시회는 탈락 가능성도 있다. 또한 개인 행동이 제약되거나 국내경쟁사와 같이 참가할 수도 있다. 그러나 무엇보다도 국가관 형태로 단체 참가하게 되면 품목별 전문관으로 배치되지 않고 『한국관』아래 모두 모여 참가하게 되므로 전문바이어들의 방문이 제한될 수도 있다.

다음은 부스 형태이다. 조립식 부스로 참가하게 되면 예산이 절감되고 주최사가 부스까지 모두 제공하므로 부스 설치에 대해 별도 신경을 쓸 필요가 없으나 획일적인 부스 형태로 참여할 수 밖에 없게 된다. 그러나 독립식 부스는 자사의 특성을 살릴 수 있고 개성있는 부스 설치가 가능하며 따라서 참관객 집객 효과가 높아진다. 이외 일부 전시회의 경우, 독립식 부스는 부스 위치 배정에서 유리할 수도 있다. 반면 독립식 부스는 부스 설치에 많은 비용을 필요로 하며 일정 규모 이상의 부스를 임차해야 한다. 특히 참가업체가 직접 전문장치업체를 선정하여 계약해야 하며 정해진 기한 내 부스가 설치될 수 있도록 전시장에 먼저 도착하여 확인 감독해야하는 번거러움이 있다.

【그림】조립식 부스는 예산절감이 가능하지만 획일적이며 독립식 부스는 예산이 많이 들지만 개성을 살릴 수 있다.

요즘은 중앙정부 뿐 아니라 지자체에서도 관내 기업들의 해외마케팅을 위해 단체 뿐 아니라 개별적으로 해외전시회에 참가하는 경우에도 예산을 지원해주고 있다. 따라서 해외전시회 참가 시 외부 예산을 지원 받을 것 인가를 결정해야 한다. 외부 예산을 지원받게 되면 아무래도 어느 정도 예산 절감의 효과를 볼 수 있겠지만 외부 예산은 지원기관의 예산 집행 지침에 따라 그 용도가 정해져 있으며 사후적으로 증빙서를 제출해야 한다. 특히, 단체로 참가하는 경우, 단체관 장치에 많은 비용을 투입하는 경우도 있어 참가기업 분담금이 올라가 개별적으로 참가 할 때 보다 더 많은 예산이 소요될 수 도 있다.

INVOICE

수　신 : KOTRA // 조기창 팀장님 귀중
발　신 : (주)인하여행사 // 부장 박휘찬 드림(tel : 02-786-5549 // fax : 02-761-2797)
일　자 : 26. DEC. 2013

1	성　명 NAME	1. CHO/KI CHANG　MR (예약된 영문이름을 확인하시기 바랍니다)					
2	출장기간 PERIOD	05. JAN. 2014 - 13. JAN. 2014　▶ 6박9일					
3	항 공 사 CARRIER	대한항공(KE)					
4	항공일정 ITINERARY	날　짜	항공편수	출 발 지	도 착 지	출발시각	도착시각
		05 JAN	KE 017	인　천	로스앤젤레스	15 : 00	09 : 00
		11 JAN	KE 012	로스앤젤레스	인　천	23 : 50	06 : 20 + 2
5	좌석등급 CLASS	일 등 석	비즈니스석		일 반 석 ●	단 체 석	
6	참가경비	< 2014 라스베가스 CES 박람회 참가경비 안내 > ① 항공경비 : ₩3,060,000(일반석 왕복 / 공항세, 유류세, TAX, 보험 포함) ② 버스비용 : ₩150,000(로스앤젤레스공항 ↔ 라스베가스공항 왕복기준) ③ 여행보험 : ₩15,000(해외여행자보험 최대1억원 기준)					
7	총입금액	₩ 3,225,000					
8	비 고	1. 부가세법 시행령 제 57조에 의거 여행사의 해외로 송출되는 인원에 　대한 세금계산서 발행이 면제됩니다. (부가세 금액 불 포함입니다) 2. 상기 아래의 계좌로 12월27일(금요일)까지 입금을 해주시기 바랍니다. 　신한은행 / 305 - 05 - 019240 / 예금주 : (주)인하트래블					

[주] 인 하 트 래 블
서울시 영등포구 여의도동 36-4 오른빌딩9층
대 표 이 사 임 동

【그림】유명 전시회 기간 중에 항공임이 평소에 비해 거의 2배로 뛴다.

다음은 파견인원 수를 고려해야 한다. 개별 세일즈 출장이나 시장개척단 참가 시에는 통상 1개사 당 1명이 파견되는 경우가 대부분이지만 전시회는 사전 약속을 하고 부스를 찾아오기 보다는 사전 약속 없이 방문하기 때문에 일시에 다수의 바이어를 상대해야 할 때도 있다. 따라서 해외전시회에는 1개사 당 2명 이상을 피견하는 경우도 흔하다. 2명 이상이 파견되면 동시 다발 바이어 방문 시 응대가 가능하고 분업을 통해 업무의 효율화를 기할 수 있게 된다. 그러나 유명 해외전시회는 개최기간 중 항공임과 호텔비등이 크게 오르기 때문에 2명 이상 파견 시 그만큼 예산 확대 요인으로 작용하게 된다.

19_해외전시회 참가 소요예산 분석

해외전시회 참가비용은 개별해외세일즈 출장, 시장개척단, KOTRA 지사화사업, 구매상담회 등 어떤 다른 해외마케팅 수단에 비해 큰 것이 일반적이다. KOTRA 조사에 의하면 국내 기업들의 해외전시회 참가 총 경비는 1천만원에서 1천5백만원 정도로 높게 나타나고 있으며 자산 규모별로 살펴보았을 때 100억 이상인 기업들은 해외전시회 참가경비가 3천만원 이상 든다고 가장 많이 답변하였다.

【표】 해외전시회 항목별 참가 예산

비목	세부예산	비목	세부예산
국외여비	- 항공임 - 숙박비 - 식비 - 일비	운영비	- 통신비 (전화, 인터넷, 팩스, 특사배달 등) - 소모품비 - Utility 사용비 (전기, 전화, 인터넷, 청소, 수도, 가스, 압축공기 등)
임차료	- 전시장 (부스) 임차료 - 차량 및 비품 (전시대, 의자, 테이블, 사무용기기, 오디오/비디오 등) 임차료	마케팅 및 광고선전비	- KOTRA 해외시장조사 대행비 - 전시회 디렉토리 광고료 - 전문잡지 광고료 - 판촉물 구입 - 현지 세미나 등 부대행사 참가비
지급수수료	- 통역원 - 안내원 - 전시품 통관료	도서인쇄비	- 회사 카타로그 제작비 - 바이어 초청장 - 자료 구입비
운송비	- 전시품 발송비 - 현지 운송 및 통관비	해외활동비	- 바이어 접대비 - 리셉션, 세미나 개최 및 참가비
장치비	- 부스 장치비 - 국내 장치지원물 제작비		

해외전시회 참가를 위해서는 직접경비로 임차료, 장치비, 운송비가 있으며 간접경비로

출장자 국외여비, 지급수수료, 운영비, 마케팅 및 광고선전비, 도서인쇄비 및 해외활동비가 필요하다. 비목별로 살펴보면 다음과 같으며 일반적으로 직접경비가 전체 소요 경비 중 50~80%정도의 비중을 차지한다.

■ 국외여비

국외여비로는 항공임, 숙박비, 식비 및 일비로 구성되는데 유명 전시회 기간 중에는 항공임과 숙박비가 크게 오른다. 유럽, 미국 및 홍콩에서는 전시회 기간 중 숙박비가 평소에 비해 2~3배 급등하며 그나마 빈방을 구하지 못해 전시장에서 멀리 떨어져 있는 호텔을 이용할 수 밖에 없는 경우도 있다. 따라서 다른 출장 때와는 달리 해외전시회 참가 시에는 국외여비를 충분히 책정해야 한다. 항공임을 절감하기 위해서는 다른 지역을 경유하는 항공편을 이용할 수 있겠으나 육체적으로 매우 피곤할 수 있다는 점을 감안해야 한다. 호텔도 미리 확보해두는 것이 필요하다.

【그림】 홍콩전자전 기간 중 숙박비가 크게 오른다는 기사

■ 임차료

전시회 참가비용중 가장 큰 비중을 차지하며 조립부스로 참가하는 경우, 보급형부스로 참가할지 프리미엄급 부스로 참가할지를 결정한다. 또한 전시기간 중 사용할 전시대, 가

구, 사무용기기, 오디오/비디오 등 집기 임차료도 감안하여야 하며 예산 절감을 위해 한국에서 전시품과 함께 필요 비품을 발송하는 방법도 고려해 본다.

■ 지급수수료

해외전시회에서 기간 내내 통역원 (안내원)을 채용하는 비용도 만만치 않다. 통역비는 국가에 따라 상이하나 통상 일일 150~300달러 수준이다. 파견요원이 영어구사가 가능하다면 한국 통역 보다 영어가 가능한 현지인을 채용하면 비용을 줄일 수도 있다.

【표】 주요 국가별 일일 통역료 (8시간 근무 기준) 〈별도 표시 없으면 US$〉

미국	캐나다	일본	중국	홍콩	싱가포르	UAE
250	220	200	120	200	200	200
베트남	이탈리아	스위스	스페인	프랑스	러시아	브라질
150	250유로	320	250유로	220유로	200	220

■ 운송비

전시품은 시간 여유를 갖고 임차 부스 면적을 감안하여 적당한 양을 발송토록 한다. 파견자가 직접 휴대할 수 있는지도 고려하고 전시품 반송비용을 절감하기 위해 현지 처리하는 방안도 검토한다.

■ 장치비

독립부스로 참가하는 기업에게 필요로 하는 비용이며 전시품의 성격에 따라 비용을 많이 투입하여 장치를 고급화할 수도 있고 개성을 살리되 장치비를 최소화 하는 경우도 있다.

■ 운영비

부스 운영에 필요한 통신비, 소모품비, Utility 비용이다. 큰 비중을 차지하지는 않지만 예산 절감을 위해 웬만한 소모품은 한국에서 갖고 가는 것이 바람직하다.

■ 마케팅 및 광고선전비, 도서인쇄비, 해외활동비

필요시 예산에 반영하되 비상시를 대비하여 예비비를 별도로 책정해둔다.

일반적으로 임차료, 장치비 및 운송비 등은 중앙정부나 지자체로부터 예산 지원을 받을 수 있으므로 요건을 갖추어 기한 내 신청토록 한다.

20_조립부스와 독립부스의 장단점

조립부스 (Walk on Stand)는 전시주최자가 참가업체에게 전시면적과 함께 부스 및 기본 집기 까지도 제공하는 형태로 국내 중소기업들이 주로 활용한다. 조립부스는 참가업체가 따로 부스를 설치 할 필요가 없고 독립부스에 비해 참가비가 저렴하다는 장점이 있다. 특히, 조립부스는 전시주최사가 직접 제공하는 관계로 통상 전시회 개막일 전날 전시장에 도착해보면 신청한 조립부스가 이미 완공되어 있다. 또한 최근에는 조립부스도 보급형부스와 함께 보다 비싼 가격으로 프리미엄급부스라 하여 사용자재와 조명시설을 고급화하고 기본집기 확대 및 다양한 부가서비스를 제공하기도 하는데 이와 같이 판매 가격에 차이를 둠으로써 참가업체가 원하는 부스 타입을 고를 수 있도록 선택의 폭을 늘려주는 추세이다.

【그림】 같은 조립부스라 하더라도 기본형과 프리미엄급으로 구분 판매한다.

더구나 최근에는 국내전시주최사들을 중심으로 조립부스라 하더라도 종전 일률적인 단순 패쇄 형태에서 개방형으로 세련되고 고급스런 자재를 사용한 부스를 제공하고 있다. 조립부스로 참가한 기업들은 전시회 종료 후, 부스에 손상을 입히지만 않았다면 철거 책임없이 전시장에서 전시품과 함께 철수하므로 번거로움을 피하고 시간을 절약할 수 있다. 따라서 대부분의 국내기업들은 국가관이 아닌 개별참가 시 행정업무 간소화와 비용 절감을 위해 조립부스를 이용하는 경우가 대부분이다.

【그림】 서울국제식품산업대전의 조립부스 (왼쪽)과 전형적인 조립부스 (오른쪽)

【표】 홍콩전자전은 조립부스 형태에 따라 판매 가격이 상이하다.

Other Product / Theme Sections			
Format of Participation	**Facilities Provided**	**Booth/Space Area**	**Booth Service Fee**
(A)Standard Booth			
9-sqm Standard Booth A	• Fascia • Carpet • 3-side wall partitions, 2.5m ht. in white colour • 6m wooden display shelves (0.3mD) • 3m lockable cabinets (0.75mH) • 3 23W energy saving lamp longarmed spotlight • 3 sockets (800w) • 1 square meeting table • 3 black leather chairs	3m(W) x 3m(D) x 2.5m(H)	HK$34,060 / US$5,090
9-sqm Standard Booth B	• Fascia • Carpet • 3-side wall partition, 2.5m ht. in white colour • 3 steps display platform • 6m wooden display shelves (0.3mD) • 4m lockable cabinets (0.75mH) • 3 23W energy saving lamp longarmed spotlight • 3 sockets (800w) • 1 square meeting table • 3 black leather chairs	3m(W) x 3m(D) x 2.5m(H)	HK$36,870 / US$5,490
Remarks : No application for 3.5mH booths is allowed for booths under fire curtain and at specific location			

(B) Premium Booth		
Model Serial No.	**Format of Participation**	**Booth Service Fee**
LT-A-9	9-sqm Premium Booth A	HK$42,380 / US$5,990
LT-B-9	9-sqm Premium Booth B	HK$42,770 / US$6,055
LT-C-9	9-sqm Premium Booth C	HK$44,620 / US$6,320

그러나 조립부스는 모양이 통일되어 있어 각 참가기업들이 기업과 전시품에 따라 개성 있게 꾸밀 수 없기 때문에 참관객들의 시선을 끌기가 어려우며 대부분 전시장 내 주변 또는 구석으로 배치되므로 참관객들을 끌어들이기가 독립부스에 비해 불리하다. 조립부스로 참가하는 경우에도 기본적으로 제공되는 집기－대부분 Information Desk, 상담테이블, 의자, 기본 조명 등이 제공된다.－이외 추가 집기나 Utility (전기, 전화, 인터넷, 가스, 수도, 압축공기 등)는 별도로 신청하고 비용을 부담해야 한다.

【표】 서울국제식품산업대전 기본부스 제공 내역

조명	부스당 형광등 1개, 스포트라이트 4개 설치
바닥	파이텍스로 시공 (부스 바닥색상 : 회색, 전지장 통로 바닥색상 : 붉은색)
안내데스크	업체당 1조 (의자 1개 포함)
상담테이블/의자	부스 규모별 차등－1부스 참가시 상담테이블 1개, 의자 3개
전기	부스당 1Kw 제공

반면 독립부스 (Space Only)는 전시주최자가 참가업체에게 전시면적만 제공하고 부스는 참가업체가 장치업체를 선정하여 설치하여야 한다. 따라서 참가기업이 개성을 살려 얼마든지 고급스런 부스로 설치할 수 있기 때문에 참관객들을 끌어 모으는데 훨씬 유리하다. 따라서 독립부스는 대기업이나 전시회 참가 경험이 풍부한 기업들이 많이 활용한다. 전시주최사들도 독립부스를 전시장내 주요 통로나 앞부분에 배치하는 경향이 많으므로 부스 위치면 에서도 혜택을 볼 수 있다.

그러나 독립부스로 참가하기 위해서는 참가 규모가 전시주최사가 요구하는 최소한의 면적 이상이 되어야 하며 (통상 2부스 이상) 참가사가 직접 부스장치업체를 선정하고 부스 디자인과 설치를 의뢰하여야 한다. 따라서 조립부스에 비해 훨씬 많은 비용을 투입해야 하며 전시부스를 전시회 개최 전까지 완공시키는 것도 참가업체 책임이다. 부스 운영에 필요한 각종 비품, 가구, Utility 도 참가업체 부담으로 별도 준비해야 한다. 아울러 전시회 종료 후에는 참가업체 책임하에 부스를 기한 내 철거해야 한다. 특히, 장치업체 선정이 잘못되어 기한 내 부스 설치가 이루어지지 못하는 경우도 있으므로 주의해야 한다.

21_해외전시회 개별참가와 단체참가 간 차이점

관광을 목적으로 해외여행을 떠날 때, 여행사를 이용하지 않고 여행자가 직접 관광지를 선택하고 항공편과 숙박 예약, 현지 일정을 수립하는 개별여행이 있고 여행사 프로그램을 이용하여 단체로 떠나는 방법이 있다. 개별여행과 단체여행이 각기 장단점이 있고 주로 이용하는 층이 서로 다르듯 해외전시회 참가도 비슷하다.

즉, 해외전시회 참가방법도 개별참가와 단체참가가 있다. 개별참가와 단체참가는 각기 장단점이 있어 어느 방법이 더 좋다고 말할 수는 없으나 일반적으로 해외전시회 참가 경험이 많은 기업들은 개별참가를 선호하고 참가 경험이 많지 않은 기업들은 단체참가를 주로 이용한다.

개별참가는 기업들이 참가를 원하는 전시회를 자체 선정할 수 있고 조립식부스와 독립식부스 중 기업 실정에 따라 마음대로 고를 수 있으며 출장 일정도 필요한대로 수립할 수 있다. 또한 비용 절감을 위해 가장 저렴한 형태의 조립식 부스를 신청할 수도 있고 특히 자사 제품에 가장 부합되는 전시관으로 신청할 수 있다는 장점이 있다. 즉, 자동차 바디용품을 수출하는 기업이라면 자동차부품전시회의 여러 품목 중 자동차 바디용품이 집중적으로 전시되는 관으로 신청함으로써 해당 품목 전문 바이어들을 더 많이 만날 수 있다.

그러나 개별참가 시에는 참가기업이 전시주최자를 찾아 직접 참가 신청해야 하고 참가에 필요한 모든 행정절차는 물론이며 전시품 운송사 선정, 항공편 및 숙박 예약 그리고 현지교통편, 통역채용도 본인이 직접 해결해야 한다. 또한 전시품 지연도착, 통관불허, 도

【그림】 라스베가스 자동차 부품전시회 (AAPEX)에 개별 참가한 업체

난 등 예상치 못한 사고가 발생하더라도 출장자 스스로 판단하고 해결책을 찾아야 한다. 물론 한국전시산업진흥회나 지자체로부터 해외전시회 개별참가에 따른 예산 지원을 받을 수 있으나 대체적으로 단체참가보다 경쟁률도 높고 지원금 용도가 정해져 있으며 지원금 액도 크지 않을 뿐 아니라 전시회 참가 후 지원금 지출에 따른 증빙자료를 지원해 준 기관에 제출해야 한다. (대체적으로 해외전시회 개별참가의 경우 지원금은 후불로 지급된다.) 또한 KOTRA와 같은 단체 파견기관으로부터 전시회 기간 중 현지 지원을 받을 수 없다는 단점도 무시하지 못한다. 특히 인지도가 높은 인기 해외전시회에는 개별 참가 신청 시 부스 배정 받기가 매우 어려울 수 있고 불리한 위치로 부스를 배정 받을 수도 있다.

반면, 단체로 참가할 경우, 중앙정부나 지자체로 부터 예산지원을 받아 예산이 절감될 뿐만 아니라 전시회 종료 후, 지원받은 예산에 대해 번거롭게 참가업체가 증빙자료를 제출할 필요도 없다. 특히 파견기관에서 부스신청, 장치, 전시품 운송 뿐 아니라 항공, 숙박과 현지교통편까지 제공하므로 참가업체는 전시회 참가에 따른 전시품 준비에만 몰두하면 된다. 아울러 단체참가는 한국관을 구성하여 참가하게 되므로 『KOREA』라는 브랜드를 활용할 수 있다. 최근에는 한국관이 세련되고 고급 자재를 사용하기 때문에 전시상품이 훨씬 고급스러운 느낌을 줄 수 있다. 특히, KOTRA 파견 단체전시회에서는 현지에서 KOTRA의 지원을 받을 수 있을 뿐만 아니라 귀국 후에도 사후지원을 받을 수 있다는 장점이 있다. 그리고 단체파견 전시회는 파견기관에서 기업들의 수요와 만족도, 예상성과 등을 고려하여 엄선한 전시회이기 때문에 잘못된 전시회 (즉 성과를 기대하기 어려운 전시회)에 참가할 확률이 개인이 정해서 가는 전시회보다 훨씬 작다고 할 수 있다. 또한 단체로 참가하게 되면 전시품 운송비, 출장자 항공요금 및 호텔비들이 개별적으로 참가할 때 비해 저렴할 수 있으나 단체 전시회 파견 주관기관이 지정한 운송사나 여행사를 반드시 이용하도록 강요하지 않는다. (즉 단체파견 전시회에 참가하더라도 참가기업이 개별적으로 운송회사와 여행사를 별도 선정하여 이용해도 된다.)

그러나 단체참가 전시회는 단체로 참가하다 보니 아무래도 개인행동에 제약을 받게 되며 특히 각 기관에서 파견하는 전시회 횟수가 한정되어 있어 특정 기업이 참가하고 싶은 전시회가 파견 전시회 명단에 포함되어 있지 않을 수도 있다. 또한 인기있는 전시회는 경쟁률이 높아 참가업체로 선정되지 않을 수도 있고 설사 참가하게 된다 하더라도 같이 가고 싶지 않은 국내 경쟁사와 함께 참가할 수도 있다. 또한 배정된 단체관 (한국관) 규모가 크지 않을 경우, 참가기업이 원하는 만큼의 부스를 배정 받지 못하는 경우도 흔히 있다[3]. 특히, 단체참가 전시회의 가장 큰 단점은 국내 참가업체 부스 모두가 한국관이라는 같은 공간 내에 배치되기 때문에 특정 전문분야별로 부스가 배치되지 않는다는 점이다. 즉 자동차부품전시회의 경우, 바디용품, 엔진용품, 조명용품, 애프터마켓용품 등 분야별로 전시관이 구성되어 있다 하더라도 한국관이라는 공간 안에 모두 모여 참가하게 되므로 내방 바이어들이 분산될 수도 있다. 이러한 단점에도 불구하고 단체참가는 파견기관에서 모든 행정을 대행해 주기 때문에 전시회 참가 경험이 많지 않은 중소기업들에게는 큰 인기를 얻고 있다.

【그림】 품격 높은 한국관 (단체 참가)

---

3) KOTRA 파견 해외전시회의 경우, 1개사 1개 부스 배정을 원칙으로 하며 부스에 여유가 있고 품목 특성상 필요하다면 최고 4개 부스까지 배정이 가능하다.

개별이든 단체든 해외전시회 참가를 위해 중앙정부나 지자체의 예산 지원을 받고자 원하는 기업들은 우선 자신의 기업이 지원 대상 자격이 되는지 먼저 살피고 해당 기관이 제시한 모집 기간 내 요구 서류를 제출하여 신청 기회를 놓치는 일이 없도록 유념해야 한다. 특히, 이러한 예산지원 전시회 참가는 경쟁률이 대부분 높기 때문에 각 기관의 참가업체 선정 우대 조건을 잘 파악하여 다른 기업들 보다 가점을 받을 수 있도록 평소 준비를 철저히 해두는 것이 중요하다.

22_KOTRA 단체참가 해외전시회 지원제도

중앙정부의 단체 해외전시회 참가지원과 관련하여 산업통상자원부는 KOTRA를 통해, 중소기업청은 중소기업중앙회를 통해 지원하고 있다. 그중 KOTRA는 산업통상자원부로부터 위임받아 국내 중소기업의 신흥시장 및 전략시장 진출을 지원하기 위해 한국관을 구성하여 연간 100회가 넘는 세계 유명 전시회에 참가하고 있다.

【표】 KOTRA 파견 단체참가 해외전시회 지원현황

구 분	'08	'09	'10	'11	'12	'13	'14
국고지원(억원)	107	220	106	101	105	142	163
수행 전시회수(회)	117	139	90	95	101	115	125
참가업체수(개사)	2,275	2,612	1,854	1,918	1,947	1,413	

* 2013년 8월말 현재

KOTRA 주관 단체참가 전시회 선정방향은 정부정책에 따라 매년 변경되나 최근에는 중국시장 지원을 강화하고 중남미, 중동, 아프리카 등 전략시장 개척과 첨단융합, 환경에너지 등 신산업 분야 전시회 지원을 지속하며 FTA 활용을 활성화하는 방향으로 해외전시회를 선정하고 있다. 아울러 해외주최사가 국가관을 인정하지 않는 전시회와 최근 3년간 2회 이상 평가결과가 저조했던 전시회는 선정을 제한하고 있다. 또한 부스의 안정적인 확보와 참가기업들에게 충분한 준비기간을 부여하기 위해 차년도 개최 전시회와 차차년도 개최 전시회를 대략 4:6 비율로 나누어 선정하고 있다.

KOTRA는 신청 접수된 단체 참가해외전시회들을 대상으로 전시회 만족도[4], 전시회 유

망성[5]), 수행기관 평가[6]), 정책평가[7]), 정책우대 가점[8]) 등의 평가항목들로 구성된 해외전시회 선정기준표에 의거 평가 후, 산업통상자원부와 협의를 거쳐 단체참가 해외전시회 선정위원회에서 최종 선정하고 있다.

KOTRA가 단체로 파견하는 해외전시회는 수행기관에 따라 3가지 형태가 있다. KOTRA가 단독으로 수행하는 전시회는 P1, KOTRA와 공동수행기관 (예: 조합, 협회, 민간전시주최사 등 수출유관기관)이 함께 수행하는 전시회는 P2, KOTRA가 관여하지 않고 수출유관기관이 단독으로 수행하는 전시회를 P3라고 한다. 특히 P2 전시회의 경우, KOTRA와 공동수행기관은 협약을 체결하고 업무분장에 따라 기관별로 역할을 수행하는데 참가업체 모집, 운송사 및 여행사 선정 등 국내에서 발생되는 사안은 공동수행기관이 주도적으로 수행하고 현장지원 및 사후관리 등 해외에서 발생되는 사항은 KOTRA가 주도적으로 수행한다. 이와 함께 장치업체은 두 기관이 공동으로 선정한다.

각 기업들은 통상 전시회 개막 약 5~6개월 전부터 참가 신청을 해야 하며 참가비용 (임차료, 장치비, 전시품 운송료, 공동수행기관 관리비)의 최대 50%까지 국고 지원이 가능하다. 다만, 국가전략, 지원성과의 극대화를 위하여 일부전시회는 산업통상자원부와 협의하여 70%까지 지원할 수 있다.

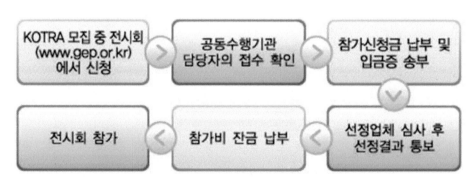

【그림】 KOTRA 단체 파견 해외전시회 참가 신청방법

---

4) 기수행 사업에 (종전 참가전시회) 대해 한국전시산업진흥회에서 측정한 전시회 만족도 점수 반영 (신규사업의 경우 평균치 반영)

5) 개최규모, 전시회 참가업체 수, 방한바이어 수, 참가기업 수요조사 반영

6) 기수행 사업에 대해 한국전시산업진흥회가 측정한 사업평가지수, 사업수행실적 등 반영 (신규사업의 경우 평균치 반영)

7) 산업별 품목중요도 (산업통상자원부 평가)

8) UFI 인증 +2점

참가를 희망하는 기업은 수행기관 (KOTRA, 협회, 조합 및 단체)에 ① 해외전시회 참가신청서, ② 전시품목 상세서, ③ 신청기업의 카탈로그 또는 제품설명서 (영문 및 국문자료), ④ 사업자등록증사본, ⑤ 기업 신청 시 가점처리 사항의 증빙서류, ⑥ 해외전시회 참가를 위한 각서 및 ⑦ 기타 수행기관과 KOTRA가 협의하여 정하는 서류 등을 제출하여야한다. KOTRA와 공동수행기관은 공동수행기관 평가 기대성과, 제조기업여부, 정부기관 인증서 취득 여부, 사전예약 여부, 전시품목의 현지 시장성, 무역관 평가 기대성과, 수요조사 참가 여부 등을 종합적으로 고려하여 최종 선정한다.

산업통상자원부 예산을 지원받아 참가하는 단체파견 해외전시회의 경우, 수행기관 (조합, 협회 등 수출유관기관)은 참가업체 모집에 있어 비회원사도 차별없이 참가할 수 있도록 조치해야 하며 지역 시·도 또는 관할지역과 관계없이 전국을 대상으로 참가기업을 모집하여야 한다. 해외전시회 참가기업은 동일 전시회에 참가할 수 있는 횟수를 연속 4회 이내로 제한하지만 KOTRA와 수행기관이 합의할 경우에는 제한을 두지 않는다. 수행기관은 해외전시회 참가기업 선정결과를 참가기업 모집 마감 후 21일 이내에 신청기업체 이메일로 통보하고 탈락기업에게는 탈락 결정 이후 빠른 시일내에 해외전시회 참가신청금을 환불해준다. 그러나 해외전시회 참가기업으로 선정된 기업이 해외전시회에 불참한 경우에는 참가신청금을 환불하지 않으므로 신중히 신청해야 한다.

한국관내 부스배정은 해외전시회 참가기업당 1부스를 원칙으로 하되, ▶기계류 또는 가구류 등 부피가 큰 품목을 전시하는 경우 ▶ 참가기업 유치가 부진하여 대기업을 유치하는 경우 ▶ 기타 KOTRA에서 필요하다고 인정하는 경우에는 최대 4부스 (36㎡)까지 배정

【그림】 KOTRA 단체파견 해외 전시회 국가관

할 수 있다. 또한 한국관내 참가업체의 부스위치 배정은 품목군별 배정을 원칙으로 하되 대부분 추첨을 통해 배정한다. 수행기관은 전시회 지원성과를 높이기 위해 참가기업 선정 후 참가기업을 대상으로 해당전시회에 대한 사전 업무협의회와 설명회를 최소 1회 이상 개최한다.

【표】 KOTRA 해외전시회 참가기업 선정기준표

〈유관기관 공동수행 전시회 (P2)〉

기준항목	배점	평가기관	평가기준
공동수행기관 평가 기대성과	25	수행기관	유망(22-25), 보통(18-21),저조(14-17)
제조기업 여부	10	수행기관	제조기업(10), 미제조기업(8)
정부기관 인증서 취득 여부	10	수행기관	취득(10), 미취득(8)
사전예약 여부	5	수행기관	예약(5), 미예약(3)
전시품목의 현지 시장성	35	KOTRA	유망(31-35), 보통(26-30), 저조(21-25)
KBC 평가 기대성과	10	KOTRA	유망(9-10), 보통(7-8), 저조(5-6)
수요조사 참가 여부	5	KOTRA	참가(5), 미참가(3)
합계	100		

〈KOTRA 단독수행 전시회 (P1)〉

선정기준	중국	일본	구주	아대	중남미	CIS	중아	북미
전시품목의 현지 시장성	40	35	30	40	40	40	40	30
정부기관 인증서 취득	10	10	15	25	5	15	5	-
제조기업 여부	10	15	15	20	5	15	10	10
KBC 평가 기대성과	10	10	10	-	20	10	15	10
해당전시회 참가	5	-	-	-	-	-	5	-
전시회 참가횟수	-	-	-	-	15	-	-	-
현지시장 수출경험	-	-	10	-	-	-	-	10
신규참가여부	-	10	-	-	-	-	10	20
중국어 구사가능 인력보유	5	-	-	-	-	-	-	-
참가 예약신청	5	5	5	5	5	5	5	10
수요조사 참가	5	5	5	-	-	5	-	-
본사평가 기대성과	10	10	10	10	10	10	10	10
계	100	100	100	100	100	100	100	100

23_한국전시산업진흥회 개별참가 해외전시회 지원제도

　　정부에서는 한국관을 구성하지 않고 개별기업이 독자적으로 해외전시회에 참가하는 경우에도 예산을 지원해 주고 있다. 2014년의 경우, KOTRA는 산업통상자원부로부터 전년보다 두배 이상 늘어난 26억 2천만원의 국고 예산을 확보하여 해외전시회 개별 참가지원 사업을 『한국전시산업진흥회 (www.akei.or.kr) 관련문의 : 02-574 2037』에 위탁하여 운영하고 있다.

　　현재 지원대상은 2012년 또는 2013년 기준 수출실적이 100만불 미만인 기업의 경우, 산업부와 중기청이 선정한 단체참가 해외전시회를 제외한 모든 해외전시회 참가 시 지원가능하며 수출실적이 100만불 이상인 기업은 이러한 제한을 받지 않고 어느 해외전시회나 신청이 가능하다. 다만 어떤 경우든 수출실적에 관계없이 동일 전시회로 타 정부기관이나 지자체로부터 지원금 중복 수령은 불가능하다.

　　개별기업 당 지원한도는 600만원이나 중남미, 아프리카에서 개최되는 해외전시회 또는 부피가 큰 전시품 업체의 경우에는 700만원까지 지원할 수 있다. 지원금의 용도를 살펴보면 조립부스로 참가하는 경우, 부스비의 70%, 편도 해상운송비 (1부스 당 1CBM)와 해외마케팅비 (50만원 한도)로 그리고 독립부스로 참가하는 경우, 부스비의 100%, 편도 해상운송비 (1부스 당 1 CBM)와 해외마케팅비 (50만원 한도)로 집행 할 수 있다. 또한 지원금은 전시회 참가 후 종료일 기준 2주 내에 소정 서류와 증빙서를 제출하면 검토 후 지원금을 교부해주는 사후지원방식을 채택하고 있다.

위탁 운영기관인 한국전시산업진흥회에서는 연 2회 (12월~2월/4월~6월) 신청접수를 받아 지원 대상 기업을 선정하고 있다. 다만, 상반기 선정업체는 하반기에는 지원 받을 수 없다. 또한 지원 대상 업체로 선정된 후 당초 신청했던 전시회를 다른 전시회로 변경할 수 없다. 한국전시산업진흥회에서는 홈페이지를 통해 연락처를 남기면 사업신청공고 시 별도로 연락을 주는 해외전시회 개별참가지원 사업 알림서비스를 제공하고 있다.

【그림】 한국전시산업진흥회 홈페이지 (www.akei.or.kr)의 해외전시회 개별참가
지원사업 알림 서비스

신청방법은 온라인 신청과 서류우편 제출을 동시에 해야 하며 어느 하나만으로 신청하게 되면 탈락이다.

【그림】해외전시회 개별참가 지원사업 신청 절차

한편 2014년에 신설된 해외마케팅비는 50만원 한도내에서 KOTRA가 유료로 제공하는 바이어 찾기, 맞춤형 시장조사, 원부자재 공급선 조사 및 해외업체 검색 서비스 등을 위해 집행할 수 있다.

해외전시회 개별 참가지원 대상으로 선정된 업체가 전시회 참가 이후 성과 입증시에는 차기 동일전시회에 한해 심사 없이 자동으로 연속 지원 받을 수도 있다. 이러한 혜택을 받을 수 있는 기업은 선정 전시회에 지속적으로 참가를 희망하는 기업, 목표 대비 성과 달성이 우수한 기업, 결과보고서를 우수하게 작성한 기업 또는 전시회 종료 6개월 후 사후 계약 성과 및 수출액 증빙자료를 제출한 기업이다.

아울러 한국전시산업진흥회에서는 신시장 전시회 (중화권, 중동, 아프리카, 아시아 <일본 제외>, 중남미 CIS 및 동유럽 개최 전시회)와 우리나라와 FTA를 체결한 국가 (칠레, 싱가포르, EFTA－스위스, 노르웨이, 아이슬란드, 리히텐슈타인－, AESAN, 인도, EU, 미국, 터키, 캐나다 <2014.9월 현재>)에서 개최되는 전시회에 참가하는 기업, 녹색기술산업, 첨단융합산업 및 고부가서비스산업 등 신산업품목 관련 기업, 고용창출우수기업, 국내생산시설 보유기업에게는 선정 시 우대하고 있다.

【표】신산업 품목 관련 기업

구분	품목
녹색기술산업	신재생에너지, 탄소절감에너지, 고도 물 처리, LED응용 그린수송시스템, 첨단 그린도시
첨단융합산업	방송통신융합산업, IT융합시스템, 로봇응용, 신소재/나노융합, 바이오제약(지원), 의료기기, 고부가식품산업
고부가서비스산업	글로벌 헬스케어, 글로벌 교육서비스, 녹색 금융, 콘텐츠/소프트웨어, MICE/관광

이외 각 지자체에서도 관내 수출기업들이 개별적으로 해외전시회를 참가하는 경우, 별도 예산 지원을 해주고 있는데 세부 내역 및 신청절차는 각 지자체 홈페이지에 자세히 기술되어 있다.

【표】 한국전시산업진흥회 개별참가 해외전시회 지원대상 심사기준표

구분	배점	평 가 내 용	점 수	
해외전시회 참가계획	15	○ 신청전시회 참가 신청 여부	신청	5
			미신청	0
		○ 신청전시회 참가 계획 (참가목적, 참가준비)	높음	10
			낮음	5
신청전시회 참가 필요성	15	○ 참가성과 예상 ○ 최근 참가실적 ○ 최근 전시회 정보	매우 높음	15
			높음	10
			낮음	5
			매우 낮음	0
수출 잠재력	30	○ 기업 일반현황 (영업이익률, 부채비율, 수출 및 해외진출 상황)	높음	10
			낮음	5
		○ 전시품 국제경쟁력	높음	5
			낮음	0
		○ 특허증, 실용신안등록증 등 국내외 특허 ○ UL, CE, ISO 등 해외수출규격 인증 ○ 수출유망중소기업지정증, 벤처·프론티어기업 지정서 등 국내 공공기관의 기술품질 인증서 ○ 신뢰성 인증기업, 우수산업디자인상품 ○ 환위험관리 우수기업 인증서 (중소기업청장)	5건 이상	15
			3건 이상	10
			1건 이상	5
			없음	0
해외전시회 참가실적	10	○ 최근 3년간 참가실적	높음	10
			낮음	5
정책호응도	20	○ 최근 3년간 정부(지자체) 포상 및 수출탑 수상 실적	3건 이상	10
			1건 이상	5
			0건	0
		○ 수요조사 참여 여부	참여	10
			미참여	5
지원금 수혜횟수	10	○ 최근 3년간 산업통상자원부 해외전문전시회 개별참가 지원사업 지원금 수혜 횟수	없음	10
			1회 이상	5
			3회 이상	0
합계	100			

※ 인증서는 현재 유효한 것에 한하며, 의장 및 상표등록증은 인정하지 않음
※ 유효기간이 없는 인증서의 경우 발행일 기준 최근 3년('07년~'09년)이내 내역만 인정
※ 법인사업자의 경우는 법인 명의와 대표자 명의(특허, 인증서, 수상내용 등)를 인정하며,
　개인사업자의 경우는 대표자 명의(특허, 인증서, 수상내용 등)를 인정
※ 3년간의 실적이 없는 경우, '최근연도'의 실적만 기입

24_지자체별 해외전시회 지원제도 (단체참가)[9]

지자체	연락처	주요지원내용
서울특별시	서울산업진흥원	2014년 단체참가 지원계획 없음.
부산광역시	부산경제진흥원 www.bepa.kr	■ 지원내용 - 전시회 참가 부스비 (업체당 600만원 한도) - 상품운송비, 통역비 등 참가기업 선택 (업체당 100만원 한도) ■ 신청자격 - 전년도 수출 총액 2천만불 이하인 부산소재 중소기업 ※ 전년도 수출 총액 2천불 초과 기업은 자기비용으로 참가 가능
인천광역시	인천경제통상진흥원 www.iba.or.kr	■ 지원내용 - 업체당 400만원 범위 내 부스임차/장치비, 전시품 운송비 (편도 1cbm), 통역비 (50%) ■ 신청자격 - 전년도 수출실적 3천만 달러 이하 업체
대구광역시	대구광역시 국제통상과 ☎ 053 803-3291	■ 지원내용 - 부스임차료, 장치비, 편도운송료, 통역비 *전시회별 지원내역 변동 가능 ■ 신청자격 - 관내 본사 또는 공장 소재 중소제조업
광주광역시	광주광역시	■ 지원내용 - 조립부스료 80%, 물품운송 (편도) 및 통역 100%, 왕복항공료 일부 (신규참가 70%, 3년이내 50%) ■ 신청자격 - 수출 2천만불 이하 지역중소기업
대전광역시	대전비즈 www.djbiz.or.kr	■ 지원내용 - 부스임차료, 통역료 및 편도 운송비 (1~6백만원 지원) ■ 신청자격 - 대전지역에 본사 또는 공장 소재 중소 제조업체

---

9) 2014년도 기준임.

지자체	연락처	주요지원내용
울산광역시	울산경제진흥원 www.uepa.or.kr	■ 지원내용 - 부스임차비, 장치비, 물품운송비, 통역비 등 지원 ■ 신청자격 - 사업자등록증 상 울산에 소재지를 둔 중소기업체
경기도	경기중소기업 종합지원센터 www.gsbc.or.kr	■ 지원내용 - 전시회 참가에 소요되는 부스 임차료, 부스장치비, 해상 편도운송 　비의 50% (5백만원 한도) 지원 ※ 운송비는 1CBM이내 　운송 부담률 (편도) ■ 신청자격 - 사업장 (본점 포함) 또는 공장이 도내에 소재한 중소기업 중 2013 　년 수출금액 2천만불 이하 기업
강원도	강원도 해외마케팅 지원시스템 http://trade.gwd.go.kr	■ 지원내용 - 부스임차료, 통역비, 홍보비 등 ■ 신청자격 - 직전년도 수출 1천만불이하 기업으로 도내 공장 등록기업 　* 단, 일부사업은 도내 등록된 무역대행 기업도 가능 - 강원도 기업제품 (도내 생산 농수산물포함)을 수출하고, 수출액이 　강원도로 집계되는 무역대행 기업
충청남도	충남경제진흥원 www.cepa.or.kr	■ 지원내용 - 업체당 매회 800만원 한도 - 기본부스 1개 임차료, 편도 운송료, 통역비 (50만원 내) 전시회 참 　가자 1인 왕복 항공료 40% 별도 지원 ■ 신청자격 - 도내 본사·공장 소재 중소기업기본법 제2조 규정 제조업체
충청북도	충북글로벌 마케팅시스템 http://kr.cbgms.net	■ 지원내용 - 전시부스 및 장치 임차, 통역, 바이어발굴 및 섭외 - 편도운송비, 행정 지원, 시장동향정보 등 - 지원범위: 연 5회, 회당 1천만원 이내 ■ 신청자격 - 중소 제조업체 및 무역업체 (연수출 2천만달러 이하)
전라북도	경제통상과 www.jeonbuk.go.kr	■ 지원내용 - 표준 부스임차료 100% : 업체 소재 시군 30% 부담 - 시/군 지원 예산 없을 경우 해당 부분 전라북도와 업체가 50%씩 　부담, 사전 해당 시/군 확인 요망 - 통역료 50% : 1개사/1인, 1일/USD 200 기준 (전시회 기간 동안) - 추가 장치비 일부 ■ 지원제외대상 - 동일 박람회를 유관 수출지원기관과 중복하여 지원받는 기관 - 자사 명의가 아닌 해외에이전트 (대리점, 해외지사) 명의로 참가 시 - 기업명과 부스명이 상이할 경우
전라남도	전남 수출정보망 www.jexport.or.kr	■ 지원내용 - 부스임차비 100%, 통역고용비 100%, 항공료 50%(1인) ■ 신청자격 - 도내 농수산식품 생산농가 및 수출 (무역)기업
제주 특별자치도	제주특별자치도 중기종합지원센터 www.jejusbc.or.kr	■ 지원내용 - 부스임차료, 기본장치비 : 100%(5백만원 한도) 항공료(1인), 　통역비 : 50% ■ 신청자격 - 제주도내 수출희망업체

지자체	연락처	주요지원내용

경상북도	국제통상과
	www.gb.go.kr
		■ 지원내용
		  - 편도 운송료, 통역료, 전시장 부스 설치비 등
		    * 업체부담 : 편도 운송료, 왕복 항공료, 체재비 등
		■ 신청자격
		  - 본사 및 공장이 경북도내 소재한 중소기업체
		  - 참가제한 : 업체당 연간 5회 이내
		    (道 우수기업 선정·지정업체 6회 이내)
		* 단, 특별사업 등 기타 사유 발생으로 추진하는 사업은 예외로 인정
		하여 추가 참여 가능

경상남도	경남 해외마케팅
	사업지원시스템
	http://trade.gndo.kr
		■ 지원내용
		  - 부스 또는 상담장 임차료 (설치비포함), 통역비 50% 지원,
		    편도항공료 (1사 1인)
		■ 신청자격
		  - 본사 경남도내 소재인 수출중소기업

25_지자체별 해외전시회 지원제도 (개별참가)[10]

지자체	연락처	주요지원내용
서울특별시	서울산업진흥원 www.sba.seoul.kr	■ 지원내용 - 최대 400만원 한도 내에서 해외전시회 참가비용 (부스임차비, 장치비 및 운송비) 70% 지원 ■ 신청자격 (2가지 모두 충족) - 서울소재 중소기업 (사업장 또는 공장 등 주된 사업장) - 2013년 수출 2천만불 미만 (수출실적 없는 기업 신청가능)
부산광역시	부산경제진흥원 www.bepa.kr	■ 지원내용 - 기본부스 임차비와 전시품 운송비를 1사당 총 600만원 한도 내에서 지원 • 부스 임차료 : 기본부스 임차비 80%(업체당 1부스) • 전시품 운송비 : 왕복 50% 또는 편도 100% (50만원 한도, 전문 운송업체를 통한 해상운송에 한함 ■ 신청자격 2013년도 수출 총액 2천만불 이하인 지역 중소기업/향토기업으로, 재무제표를 보유한 기업 - 본사/지사 또는 제조시설이 부산에 소재한 중소 제조업체 - 부산에 제조시설을 보유한 중소 제조업체로부터 제품 수출을 위임받은 부산 소재 무역업체 - 자사브랜드로 판매중인 제품을 해외전시회에 출품하는 부산 소재 비제조업체
인천광역시	인천경제통상진흥원 www.iba.or.kr	■ 지원내용 - 지원한도액 : 업체당 1회, 400만원 범위 내 소요실비 • 부스임차료 및 장치비 • 전시품 발송비 (인천→ 전시장 1cbm), 통역비 (50%) • 단 상기 지원사항 외 제비용 (전시품 반송비, 체류비 등)은 개별업체 부담 ■ 신청자격 인천지역에 본사 또는 공장을 소재한 중소업체(단, 전년도 수출실적 3천만불 이하 업체)

10) 2014년도 기준임.

지자체	연락처	주요지원내용
대전광역시	대전비즈 www.djbiz.or.kr	■ 지원내용 - 기본부스 임차료와 장치비 80%한도 / 최대 6백만원 한도 ■ 신청자격 - 대전지역에 본사 또는 공장 소재 중소 제조업체
울산광역시	울산경제진흥원 www.uepa.or.kr	■ 지원내용 - 부스임차료, 운송비, 통역비, 편도항공료(1인), 800만원 한도 ■ 신청자격 - 울주군내 중소기업
경기도	경기중소기업 종합지원센터 www.gsbc.or.kr	■ 지원내용 - 부스임차료, 장치비, 해상편도운송료를 기업당 400만원 한도 ■ 신청자격 - 본사 또는 공장이 경기도에 소재한 중소기업 중 2012년도 수출액이 2천만불 이하인 기업
충청남도	충남경제진흥원 www.cepa.or.kr	■ 지원내용 (세종시) - 전시회별 매회 800만원 범위 内 • 기본부스(9㎡, 기본장치 포함) 1개 임차료 전액 • 항공료 지원 : 참가자 1인 왕복 항공료의 40% • 통역료 지원 : 현지 통역료 50% • 물류비지원 : 전시품 편도 운송료(1CBM) 한도 ■ 신청자격 (세종시) - 세종특별자치시에 본사 또는 공장 (제조시설)을 둔 중소기업 ■ 지원내용 (충청남도) - 매회 500만원 이내 범위 <업체 당 연 2회 (최대3회)> - 기본부스 (Shell Scheme, 기본 장치 포함) 1개 임차료의 70% - 전시회 참가자 1인 왕복 항공료의 40% ■ 신청자격 (충청남도) - 道內에 본사나 공장이 등록되어 있고 중소기업기본법 제2조 규정의 중소 제조업체
전라북도	전북 글로벌마케팅 시스쳄 http://gms.jbba.kr	■ 지원내용 - 업체당 500만원 한도 - 부스임차료 (추가장치비포함), 운송비, 홍보비 (박람회 관련), 해외시 장조사비 (개최지역) ■ 신청자격 - 도내소재 중소 제조업체 및 전북상품 수출대행업체
전라남도	전남 수출정보망 www.jexport.or.kr	■ 지원내용 - 부스임차비, 장치비, 운송료 등 * 기업당 10백만원 이내 지원 ■ 신청자격 - 전년 수출실적 1천만불 이하 중소기업 (자동차부품, 소비재 등 위주, 수출가능성 높은 신규 전략품목)
경상남도	경남 해외마케팅 사업지원시스템 http://trade.gndo.kr	■ 지원내용 - 부스임차료 (1개사 연 2회, 총 500만원 이내) ■ 신청자격 - 도내 무역중소기업

26_단체참가 해외전시회의 장단점

    해외관광 여행을 떠나는 방법에도 전문여행사가 모집하는 관광상품을 이용하여 단체로 가는 것과 이를 통하지 않고 개인적으로 가는 방법이 있다. 단체관광은 전문여행사가 항공권 구입, 현지에서의 식사 및 숙박, 교통편 제공뿐 아니라 관광, 소핑 안내까지 해주므로 별도 준비할 것 없이 개인용품만 챙겨 여행사를 따라 다니기만 하면 된다. 반면 단체로 움직이기 때문에 개인행동이 제약을 받으며 특히 일정을 마음대로 변경할 수도 없다. 따라서 단체관광은 해외여행 경험이 없거나 현지어 구사가 잘 안되는 장·노년층이 주로 이용한다.

    해외전시회 참가도 마찬가지다. 단체로 참가하게 되면 파견기관이나 단체에서 전시회 선정 및 참가 신청을 비롯하여 전시품 운송사 및 여행사 선정, 현지에서의 교통편, 통역알선 등 각종 준비사항을 대행해주므로 참가업체는 전시품과 상담 준비에만 몰두하면 된다. 또한 단체로 참가하게 되면 전시품 운송비를 포함하여 항공권, 현지 숙박비 등이 개인적으로 참가하는 경우에 비해 상대적으로 저렴해지며 현지 이동시에도 단체로 움직이기 때문에 훨씬 편리하다. 단체 파견 해외전시회 중에는 중앙정부나 지자체로부터 예산 지원을 받을 수 있다는 장점도 있다. 그밖에 전시회 참가 준비를 위한 『참가업체 매뉴얼』에 수록된 주요 정보를 파견기관이나 단체에서 요약 정리하여 정보를 제공하기 때문에 많은 시간을 내어 별도로 번역하여 숙지할 필요도 없다.

    더구나 단체 파견 전시회는 여러 유사 전시회 중 가장 성과가 기대되는 유망전시회로 엄선되기 때문에 잘못된 전시회 선정으로 인한 낭패를 크게 줄일 수 있다. 대부분의 단체 파견 전시회는 참가경쟁률이 높기 때문에 파견기관이나 단체에서 참가신청업체를 객관적으로 심사하여 참가여부를 결정한다. 따라서 자사가 전시회에 참가사로 선정되었다는 것은 그만큼 참가 성과가 기대될 수 있는 자격을 갖추었다는 것을 의미한다. 특히 KOTRA 단체 파견 해외전시회는 참가기업 및 유관기관을 대상으로 실시한 수요조사, 해당무역관의 추천, 과거 참가성과 및 고객만족도, 정부의 경제정책 등을 감안하여 유망전시회로 부족함이 없다.

아울러 단체가 아닌 개별적으로 참가 신청을 해서는 부스를 배정받을 수 없는 경우도 흔히 있기 때문에 단체 파견 전시회를 이용하기도 한다. 또한 오랫동안 단체로 참가해 온 전시회라면 부스 위치 배정에서도 유리할 수 있고 개별참가에 비해 조기에 대규모로 참가 신청을 하기 때문에 대부분 할인 혜택을 받게 된다. 단체 파견 해외전시회는 국내 유사(관)기업들이 파견되기 때문에 기업들간 정보교환과 상호 협력분야 개발도 가능하고 인적 네트워크 구축에도 도움이 된다. 이외 단체 파견전시회는 주관기관이 중심이 되어 한국관 또는 단체관 형태로 참가하기 때문에 참가기업들은 부스 설치에 따로 신경을 쓸 필요도 없고 대부분의 한국관은 개별기업들이 조립부스 형태로 참가하는 것보다 고급스러울 뿐 아니라 「KOREA 브랜드」 효과도 함께 얻을 수 있다는 장점이 있다.

【그림】 한국관으로 단체 참가하게 되면 KOREA 브랜드를 활용할 수 있다.

그러나 단체 파견 해외전시회 참가도 많은 단점을 갖고 있다. 우선 기관이나 단체가 파견하는 전시회는 수백건에 지나지 않아 정작 각 기업이 참가하려는 전시회가 그 명단에 빠져있는 경우가 아주 흔하다. 기업이 참가하려는 특정 해외전시회가 단체 파견 대상 전시회에 포함되어 있지 않다면 개별적으로 참석할 수 밖에 없다. 또한 인기 유망 해외전시회는 경쟁률이 높아 탈락 가능성도 있으며 설사 자사가 전시회 참가업체로 선정되었다 하더라도 기업이 원하는 만큼의 부스를 할애 받지 못할 수도 있다. 대부분의 단체 파견 전시회는 1개사 당 1개 부스 배정을 원칙으로 하기 때문이다.

단체 파견 해외전시회는 한국관 또는 단체관이라는 이름으로 여러 기업들이 전시장 내 한 공간에 밀집되어 있기 때문에 같이 참가하고 싶지 않은 경쟁사와 비슷한위치에서 참가할 수도 있고 개인행동이 제약될 수도 있다. 그러나 단체 파견 해외전시회의 가장 큰 문제점은 단체관 (국가관)을 전시주최사들이 단체관 (국가관)으로만 구성된 전시장이나 특정 분야 전시장으로 배치 할 경우, 전문바이어들은 그들이 관심을 갖고 있는 전문품목 전시관 위주로 방문하기 때문에 부스 내방률이 크게 떨어질 수 있다는 점이다.

KOTRA가 단체 파견 전시회에 참가한 기업들을 대상으로 조사한 설문에 의하면 이와 같은 단점에도 불구하고 많은 중소기업들은 단체 참가를 선호하는 이유는 『주관기관의 지원 시비스 (80.2%)』▷『KOREA 브랜드 이미지 활용 가능 (66.2%)』▷『개별참가 대비 저렴한 직접경비 (부스장치, 운송비 등) (63.8%)』▷『부스 확보 용이 (62.6%)』▷『단체 참가로 인한 출장비 (항공, 숙박 등) 경감 (40.46%)』▷『우수한 한국관 장치(33.8%)』▷『엄선된 유명 전시회 참가 가능 (31.4%)』▷『전시회 참가 경험 및 인력부족 (12.0%)』순으로 나타났다.

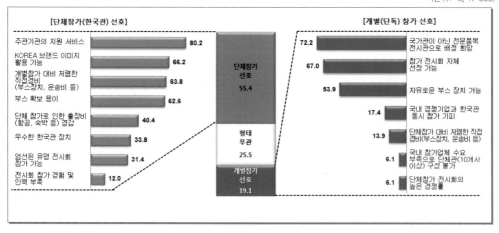

【그림】 단체 및 개별참가 선호 요인

27_KOTRA 파견,
해외전시회가 좋은 점

KOTRA는 1962년 설립 이래, 매년 수 많은 해외전시회에 참가하면서 국내 어느 무역 지원기관이나 단체에 비해 오랜 기간인 50여년의 전시회 참가 노하우를 보유하고 있다. KOTRA는 산업통상자원부로부터 위임받아 국내 중소기업의 신흥시장 및 전략시장 진출을 지원하기 위해 한국관을 구성하여 연간 100회 내외의 세계 유명 전시회에 참가하고 있다.

【표】 KOTRA 파견 단체참가 해외전시회 지원현황

구 분	'08	'09	'10	'11	'12	'13
국고지원(억원)	107	220	106	101	105	142
수행 전시회수(회)	117	139	90	95	101	115
참가업체수(개사)	2,275	2,612	1,854	1,918	1,947	1,413*

* 2013년 8월말 현재

KOTRA는 신청 접수된 단체 참가해외전시회들을 대상으로 전시회 참가선호도, 수출품목 및 수출시장의 성장성, 국가정책 기여도 등의 평가항목들로 구성된 해외전시회 선정기준표에 의거 평가 후, 산업통상자원부와 협의를 거쳐 단체참가 해외전시회 선정위원회에서 최종 선정하고 있다. 또한 몇 년전 부터는 일부 전시회의 경우 가능한 많은 부스 확보와 조기신청에 따른 참가비 절감 그리고 국내기업들에게 충분한 준비기간을 제공하기 위해 개최 2년을 앞두고 미리 선정하여 발표하고 있다.

KOTRA가 모집하여 국고지원으로 단체 파견하는 해외전시회 참가 시 장점은 창립이래

50년 이상 해외전시회 참가를 통해 축적된 KOTRA의 많은 노하우를 활용할 수 있다는 점이다. KOTRA는 해외무역관, 관련 조합, 협회 및 단체 그리고 국내기업들의 의견과 수요조사를 통해 성과 위주로 참가 전시회를 엄선한다. 또한 KOTRA가 전시회 참가에 필요한 운송회사, 호텔, 현지교통편과 통역을 알선해주고 있으며 세련된 한국관을 구성하기 때문에 전시회 참가 경험이 없는 수출기업들은 상담 준비에만 주력하면 된다. 또한 KOTRA 해외무역관은 현지 시장정보와 상담요령을 사전 제공하며 사전 마케팅 활동을 통해 주요 바이어들과의 상담도 지원한다. 또한 전시회 기간 동안 관련 세미나, 설명회, 구매상담회 등 부대행사를 병행 개최하며 전시회 기간 중에는 본사 파견 직원과 무역관 직원이 전시장에 상주하여 참가 기업들의 요구에 즉각 지원하는 시스템을 갖추고 있다. 그리고 전시회 종료 후에도 성약될 때 까지 철저한 사후 서비스를 제공하고 있다. 아울러 일부 전시회의 경우, 인근지 무역관에서도 바이어를 유치하여 국내 참가기업들에게 상담 기회를 제공하고 있다. 이밖에 국가관 형태로 참가하게 되면 『코리아 브랜드』를 활용할 수 있어 상담에도 많은 도움이 된다.

21개 韓 IT 기업, 세계 최대 모바일 전시회 참가
코트라, MWC에 한국관 구성

머니투데이 김평화 기자 | 입력 : 2014.02.23 16:09

코트라는 24일부터 4일 간 스페인 바르셀로나에서 '모바일 월드 콩그레스 2014' (MWC, Mobile World Congress)에 한국관을 구성해 참가한다고 23일 밝혔다.

행사에는 국내 모바일 강소기업 21개사가 참가할 예정이다. 역대 최대 규모다. 모바일 장비, 통신기기, 솔루션과 액세서리, 앱 서비스 등 다양한 IT 기업이 참가해 한국관을 운영하게 된다.

참가기업 21개사 중 주니코리아(LTE 소형 기지국), 아리텔(LTE 소형 기지국), 브로콜리(필름형 LTE 증강 안테나), 알에프엠와이어리스(기지국 장비 및 홈 중계기), 콘텔라(LTE 초소형 기지국), 위텔레콤(LTE 모뎀 및 모듈), HSM(스마트폰 거치대) 등 7개사는 지난해에 이어 올해도 참가한다. 이 기업들은 당시 현장 미팅을 통해 연결된 기업과 현재 기술 테스트 단계를 거치고 있는 상태다. 2년 연속 참여를 통한 지속적인 성과 창출이 기대된다.

코트라 관계자는 "국내 대기업은 물론 세계적인 IT 거물들이 대거 참석하는 MWC에서 보다 효과적으로 국내 IT 중소기업들이 바이어와 상담할 수 있도록 사전 준비를 철저히 했다"고 밝혔다.

코트라 마드리드 무역관은 전시회를 찾는 해외 기업들의 수요를 사전 조사해 협력 분야를 발굴했다. 그 결과 유럽 각국을 포함, 인도, 에콰도르, 멕시코 등 전 세계 22국 100여개사와 한국관 참가 기업의 미팅이 예정된 상태다.

【그림】 MWC 한국관 참가기업에게 세계 22개국 100여개사와 별도 미팅 주선
예정이라도 보도한 기사 (머니투데이 2014.2.23)

KOTRA 주관 해외전시회에 참가한 기업들은 한국관 장치 수준, 통역·안내 등 현장지원, 부대행사 (컨퍼런스, 세미나) 참가 안내 및 지원, 사전 마케팅 지원 (현지시장 및 바이어 정보 제공)등에서 비교적 높은 만족을 보이고 있는 반면 정부 지원(금액)수준, 사후관리에서 보완을 요구하고 있다.

【그림】 KOTRA 단체파견 해외 전시회 국가관

따라서 KOTRA는 보다 심도 깊은 해외전시회 참가 지원 서비스를 참가기업들에게 제공하기 위해 뉴욕, LA, 프랑크푸르트, 도쿄 및 상해무역관 등 총 19개 무역관에 전시사업 지원 전담요원을 두고 있으며 앞으로도 전시 전담직원 주재 무역관 수를 계속 늘려나갈 예정이다. 이와 함께 기존 참가전시회의 경우, 부스 위치 개선을 위해 주최측과 지속적으로 교섭해 나갈 예정이다.

【그림】 KOTRA 단체파견 해외 전시회는 국내 참가기업들을 위해 별도 설명회를
개최하고 전담직원이 현장에서 밀착 지원한다.

향후 KOTRA는 해외전시회 사업비를 꾸준히 늘려나가 참가기업 분담률을 낮추어 주고 의료바이오, 나노, 문화서비스 및 환경 에너지와 같은 신성장동력산업과 관련된 전시회 비중을 확대해 나가며 아울러 기존 한국기업들이 독자적으로 잘 참가하고 있는 전시회는 협회나 조합과 같은 민간기관에 대폭 이양하고 KOTRA는 신흥시장이나 FTA 체결국에서 개최되는 신규 유망전시회 위주로 파견할 계획이다.

28_해외전시회 참가 예산 절감법

해외전시회는 가장 효율적인 해외마케팅 수단 중 하나이지만 비용이 많이 든다는 단점이 있다. 특히, 유명 전시회 기간 중에는 호텔비는 물론이고 항공임까지 천정부지로 올라 참가업체들에게 큰 부담이 되고 있다. 해외전시회 참가에 필요한 예산은 직접경비와 간접경비로 구분된다. 직접경비는 부스임차료 (참가비), 장치비, 전시품운송비, Utility 사용비 (전기, 전화, 인터넷, 가스, 수도, 압축공기, 지게차 사용료 등), 가구 및 사무용기기 임차료,

【그림】 라스베가스 자동차 부품전시회이 SEMA는 회원에 가입하면 회원사 임차료 혜택들 받을 수 있다. (회원사 US$ 19.95/sf, 비회원사 US$ 34.95/sf)

통역 및 업무보조 인력채용에 따른 경비 등이며 간접경비는 출장자 항공임, 숙박비, 식비 및 기타 잡비 등이다.

전시회 예산 가운데 가장 큰 비중을 차지하는 부스임차료를 절감하기 위해서는 전시주최자가 제공하는 각종 할인 혜택을 최대한 활용하는 것이다. 조기신청 할인제도, 회원할인제도, 참가규모에 따른 할인제도 및 종전 참가업체들에게 제공되는 할인제도 등이 있는데 특히 조기신청 할인제도나 회원할인제도를 적극 활용한다. 일부 전시회에서는 회원에 가입하면 회비에 비해 더 큰 할인 혜택을 부여하기도 한다.

장치비 절감을 위해 독립부스 보다는 조립부스로 참가하는 것이 좋으며 기계류나 부품과 같이 장치 수준에 별 영향을 받지 않는 품목이라면 가능한 한 단순한 형태의 부스로 참가하여 장치비를 절감토록 한다.

【그림】 자동차부품과 같은 하드웨어 품목은 단순 부스로 참가하므로써 예산을 절감할 수 있다.

운송비 절감을 위해 전시품은 참가 부스 규모에 맞추어 운송토록하며 여러 운송회사로부터 견적서를 받아 비교하여 운송사를 선정하되 너무 가격만 보고 정하면 서비스가 부실할 수도 있다는 점에 유의한다. 특히 일부 국내기업들 중에는 임차 부스 규모에 비해 너무 많은 전시품을 운송하여 제대로 전시도 못하고 국내로 반송하는 등 예산 낭비를 하는 경우도 종종 있다. 아울러 부피와 무게가 많이 나가는 전시품은 정식 통관하여 전시회 종료 후, 현지에서 처리하는 것도 운송비를 절감할 수 있는 방법이 된다. 또한 항공회사에서 허용하는 최대한 범위 내에서 출장자가 직접 휴대해서 갖고 가기도 한다.

전시비품이나 각종 소모품도 현지에서 임차하거나 구입하는 것 보다 한국에서 갖고 가는 것이 바람직하다. 예를 들어 라스베가스 자동차부품전시회에서 3일 동안 32인치 LED TV 임차료가 800달러나 되는데 이 경우 차라리 국내에서 구입하여 전시품과 함께 보내는 편이 훨씬 저렴하다. 그 외 샘플 및 카탈로그 비치대도 접이식으로 구입하여 운송회사를 통해 발송하는 것이 예산을 절약할 수 있는 방법이다. 군이 현지에서 구입할 계획이라면 전시장내에서 구입하는 것 보다 전시장 밖 (시내 전문점이나 슈퍼마켓) 에서 구입토록 한다.

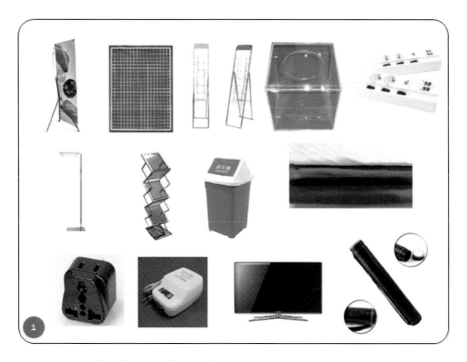

【그림】 예산 절감을 위해 한국에서 갖고 가는 것이 바람직한 소품

전시회 기간 중 투숙할 호텔도 미리 예약하는 것이 예산절감에 도움이 된다. 전시회 개막일을 몇일 앞두고 방이 나가지 않으면 호텔들이 할인된 가격으로 방을 오퍼하기도 하나 자칫 전시회 개막일까지 방이 안 나오면 구할 수 없는 경우도 있으니 주의해야 한다. 전시회 기간 중 호텔이 동이나는 경우에는 교민들이 운영하는 게스트하우스를 이용하는 것도 한 방법이다. 호텔에 비해 가격이 저렴하고 한식으로 식사가 제공되므로 예산 절감과 함께 식사 문제도 해결할 수 있다. 통역비 역시 전시회 참가기업들에게 큰 부담이 된다. 통역비 수준은 지역에 따라 상이하나 가능한 영어를 구사할 수 있는 직원을 파견하여 현지에 체류하는 한국인보다는 통역비가 저렴한 영어 가능 현지인을 채용하도록 한다.

그리고 무엇보다 중앙정부 또는 지자체에서 해외전시회 참가 기업들에게 단체참가와 개별참가로 구분하여 많은 예산지원을 해주고 있으므로 그 지원 요건 (대부분의 지자체에서는 관내 소재 중소기업 중 전년도 수출실적이 2천만불 이하인 기업으로 한정한다.)과 기간에 잘 맞추어 신청하여 최대한 지원을 받도록 한다. 또한 최근에는 동일 해외전시회 참가와 관련 중앙정부와 지자체 중 어느 한곳에서만 예산을 지원받을 수 있도록 제한을 두고 있으므로 (중복지원 불가) 중앙정부와 지자체중 어느 곳으로 부터 예산지원을 받는 것이 용이하고 그 혜택이 큰지 면밀한 검토를 거쳐 신청토록 한다.

29_해외전시회 파견인원 몇 명으로 할 것인가?

해외전시회 참가 시 상담요원으로 몇 명을 현지에 파견할 것인지를 결정해야 한다. 해외전시회는 무역사절단이나 수출상담회와는 달리 약속된 시간에 관계없이 동시에 다수의 바이어들이 부스를 방문하는 경우가 많기 때문에 1명 보다는 여러 명을 파견하는 기업들도 많이 있다. 1명만 파견해서는 부스를 비울 수도 없고 동시에 여러 상담을 진행할 수도 없기 때문이다. 2명 이상이 파견되면 동시에 여러 건의 상담도 가능하고 업무분장에 따라 상담요원, 안내요원, 시장조사요원 등으로 구분하여 현장 활동을 할 수 있으며 전시회 기간 중 잠깐씩 교대로 휴식을 취할 수도 있다. 아울러 2명 이상 파견되면 핸드캐리 (직접 휴대)할 수 있는 수화물의 양이 늘어나 운송비가 절감될 수 있다. 또한 전시회 참가 도중 예상치 못한 일이 발생하였을 때는 상호 협의하여 대책을 마련할 수도 있다. 특히, 2개 부스 이상 큰 규모로 참가하는 기업들은 가능한 2명 이상을 파견하는 것이 바람직하다.

【그림】 한국에서 여러 명을 관리요원으로 파견 한 참가기업 (2개 부스로 참가)

해외전시회에 몇 명을 파견할 것인가는 ▶ 예상되는 방문객 수, ▶ 전시회 참가규모, ▶ 현지에서의 활동 예정사항에 따라 결정하면 된다. 그러나 방문객 수도 그리 많지 않고 1개 부스로 참가하여 부스 규모가 협소한데 여러 인원을 파견하게 되면 예산낭비를 초래 할 뿐 아니라 상담에도 오히려 거추장스러울 수 있다. 특히, 전시회 기간 중에는 호텔 숙박비와 항공임이 크게 오르기 때문에 과연 복수로 파견하는 것이 회사에 이익이 될 것인지를 신중히 결정한다. 꼭 보조인원이 필요하다면 한국에서 파견하는 것보다 현지에서 채용하는 방법도 있다. 흔하지는 않겠지만 해외에 지사를 보유하고 있거나 현지 파트너를 두고 있는 기업이라면 이들을 파견 또는 차출하여 본사 파견직원을 지원하도록 한다. 또는 KOTRA 지사화 사업에 참여하고 있는 중소기업은 참여 무역관 관할지역 내 해외전시회에 참가하는 경우라면 지사화 담당 현지직원에게 현장 지원을 요청할 수 있다. KOTRA 무역관에서는 지사화 업체가 관할지역 내 해외전시회에 참가하는 경우, 지사화 전담직원을 파견하여 최대한 밀착지원을 해주지만 출퇴근이 불가능할 정도로 먼 거리 소재 전시장에서 개최되는 전시회라면 해당 지사화 참가업체가 전담직원의 체재비와 교통비를 부담해야 한다.

【그림】 참가규모에 비해 너무 많은 관리요원 (3명)을 파견한 기업 (왼쪽)
1개 부스 참가 시에는 1~2명이 적합하다.

여러 명이 파견되는 경우에는 각자 담당 역할을 사전에 확실히 정해두는 것이 좋다. 담당 품목별로 바이어 상담을 전담하는 것도 바람직하고 또는 교대로 상담하면서 다른 사람은 부스 내에서 전시품 시현을 하거나 전시장 전체를 둘러보면서 시장조사, 참가업체들의 Display 기법을 파악하기도 하고 세미나 등 부대행사에 참가하기도 한다. 또는 다른 파견요원이 전시장에서 상담하는 동안 다른 요원은 전시장에서 만났던 바이어와 보다 구체적인 상담을 위해 바이어 사무실이나 회사를 직접 방문해보기도 한다. 최근에는 경영 승계를 위해 CEO가 자녀들을 대동하여 전시회에 참가하기도 하고 신입직원들에게 교육과 경험의 기회를 주기 위해 상사나 선배들을 보조하도록 파견하기도 한다.

해외전시회에 2명 이상을 파견하는 기업은 주최측이나 파견 주관기관에 인원수를 정확히 통보하여 인원수 만큼 전시장 출입증을 수령하도록 한다.

【그림】 전시회 기간 중 파견요원은 입장 배지를 항상 소지해야 하며 지사화사업
참가업체는 전시회 기간 중 전담요원의 밀착 지원을 받을 수 있다.

【그림】 한복을 입은 안내요원

주요국별 현지 안내요원 (통역이 아님)의 일일 용역비용은 (표)와 같다. 안내요원으로는 가능하다면 현지 유학 (연수)중인 한국 대학생을 채용하는 것도 바람직하다. 일부 국내 참가기업들은 현지 안내원을 채용하여 한복을 입혀 바이어들의 눈길을 끌기도 한다.

【표】 주요국별 전시회 현지 안내요원 일일 용역비 (일일 8시간, 2013년 기준)

국가명	비용 (US$)	국가명	비용 (US$)
네델란드	180 유로	영국	150~200 유로
독일	150~200 유로	이탈리아	150~200 유로
러시아	100~150	인도	150~200
미국	180	일본	200
베트남	70	중국	80
브라질	150	캐나다	220
스위스	200	타이완	150~180
스페인	150~200 유로	태국	150
싱가포르	150	프랑스	150~200 유로
UAE	100	홍콩	150

30_전시회 파견직원이 갖추어야 할 자격

아무리 좋은 전시회에 경쟁력 있는 상품을 출품했다 하더라도 좋은 성과를 올리기 위해서는 충분한 자격을 갖춘 사람이 전시회에 파견되어야 한다. 우선 출품한 상품에 대해 해박한 지식과 경험, 언어 구사능력 그리고 의사 결정권을 갖춘 사람을 내보내야 한다. 한 사람이 이러한 모든 자질을 갖추지 못하였다면 의사 결정권을 갖은 CEO나 임원과 언어 구사능력과 실무 지식을 갖춘 직원을 동시에 파견하는 것도 바람직하다.

또한 파견자는 성격이 외향적이고 사람들과 어울리기 좋아하는 사교적인 사람이라면 금상첨화다. 전시장에서는 기존 알고 있는 바이어를 만나는 경우도 있지만 처음 만나는 바이어들이 대부분 이므로 신뢰감이 무엇보다 중요하다. 세련된 메너로 자신의 의사 표시를 명학하게 표현할 줄 알아야 한다. 설사 영어나 현지어가 유창하지 못하더라도 의사 소통에는 지장이 없어야 하며 영 언어에 자신이 없다면 다소 부담이 되더라도 통역을 활용해야 한다.

일부 파견 직원들은 전시부스에 바이어가 찾아오지 않는 경우, 무료하게 졸고 있거나 바이어가 부스 안으로 들어와도 별 반기지 않는 태도를 보이기도 한다. 근엄하게 앉아 있는 것보다는 호감이 갈 수 있도록 편하게 바이어 맞을 준비를 한다. 바이어가 부스 안으로 들어오면 반갑게 맞이하며 서두르지 말고 일단 바이어가 여유를 갖고 전시품을 둘러보도록 한다. 그러면서 바이어가 묻는 질문에 성실히 답변을 해주는 자세가 중요하다. 바이어가 어느 정도 관심을 표명하면 자리에 앉도록 권하면서 명함을 주고 받는다. 명함은 상대방이 보기 쉽도록 나를 기준으로 거꾸로 된 상태로 전달하고 상대방의 명함을 공손히 받아 잘 보관한다. 상대방 명함에 낙서를 한다든가 접거나 꾸기지 않도록 한다.

전시회 파견자는 상대방에게 서두르는 듯 한 인상을 주어서는 안 된다. 우선 상대방의 말을 먼저 듣고 묻는 말에 답변을 하면서 대화를 유도해 나간다. 처음부터 상담일지를 꺼내들고 주문 이야기를 하지 않는다. 특히 바이어의 외모나 몇 마디 나누어 보고 바이어가 그 상품에 대해 잘 모르거나 주문할 가능성이 낮다고 판단하여 무례하게 대하는 파견자는 파견 자격이 없는 사람이다.

바이어를 처음 만나 너무 경직적인 자세를 보인다거나 경솔한 행동 모두 피해야 한다. 자연스럽고 유머러스하게 그러나 예의를 갖추어 대화를 이어간다. 따라서 전시회 파견 전에 개최국이나 인근국의 상관습, 비즈니스 예절, 민족성 등을 미리 파악하는 것이 중요하다. 바이어의 요구사항이나 질문에 대해서는 확실한 것만 Yes를 하고 제대로 못 알아들었을 경우, 천천히 다시 말하도록 요청한다. 상담 과정에서 오고 간 대화는 상담일지에 꼼꼼히 기록해 둔다.

【그림】부스 앞에 서서 바이어 맞을 준비를 하고 있는 전시회 파견자들

전시장에서 상담을 하다보면 바이어로부터 예상치 못한 질문이나 요구조건을 제시 받는 경우도 흔히 있다. 따라서 파견자는 임기응변에 능해야겠지만 그 자리에서 답변이나 결정 내리기가 곤란한 경우에는 추후 알려주겠다고 자연스럽게 빠져 나온다. 따라서 해외 전시회 파견자는 전시회 참가 경험이 풍부해야 하며 이러한 인력은 단 시일 내에 양성되지 않기 때문에 기업에서는 신입직원 중 성장 가능성이 높은 직원들을 엄선하여 선배 경험자와 전시회에 함께 파견하여 많은 경험을 쌓도록 하는 것이 중요하다.

개별적으로 해외전시회에 참가하는 경우, 전시품 통관이나 도착이 늦어지거나 전시 기간 중 전시품이 분실되는 등 예기치 못한 사고가 발생하기도 한다. 또한 항공편 결항이나 지연 등으로 일정에 차질이 빚어질 수도 있고 출장 기간 중 소지품 분실 사고가 발생할 수도 있다. 전시회 파견자는 이와 같이 예상 못한 사건이나 사고 발생 시 침착하게 수습할 수 있는 자질도 갖추어야 한다.

또한 전시회 파견자는 시장정보 취득에 적극적이어야 한다. 전시회는 단순히 수출상담만 하는 곳이 아니라 자사 제품 홍보, 시장조사, 인적 네트워크 구축 등 여러 부수적인 성과를 올릴 수 있기 때문에 전시회 기간 중 다양한 활동을 전개할 수 있는 자세를 갖추어야 한다.

한국을 출발하여 수 시간의 비행기를 타고 해외전시장에 도착하여 바로 전시품을 진열하고 앞으로 통상 3~4일간 연속 상담을 하기란 여간 피곤한 일이 아니다. (스위스 시계 보석 박람회인 바젤월드는 개최기간이 8일이나 된다.) 시차 적응도 제대로 되지 않은 상태에서 몇일씩 밀폐된 공간에서 여러 명의 바이어들을 상대하기 위해서는 무엇보다도 건강하고 정신력이 강해야 한다. 상담에 열중하다 보면 식사도 거르거나 식사 시간을 놓치는 경우도 많이 있다. 몇일씩 한국 음식을 접하지 못하고 현지식이나 패스트푸드로 끼니를 해결해야 하는 경우도 있다. 정작 밤에는 시차로 인해 잠은 안 오고 낮에는 비몽사몽한 상태에서 바이어들과 상담을 이어가야 한다. 이러한 악조건을 극복하면서 소기의 상담 성과를 올리기 위해서는 우선 건강하고 이런 고생을 즐길 자세가 되어 있는 직원을 파견하는 것이 중요하다.

【그림】 11) 해외전시회 파견자는 적극적인 성격의 소지자여야 한다.

최근 해외전시회에서 통역이나 안내원을 채용 할 경우, 이들을 무례하게 대한다건가 당초 계약과는 다른 일을 시키거나 시간을 초과하여 근무토록 해서는 안 된다. 남성 출장자의 경우, 이성인 통역이나 안내원에게 성희롱 빌미를 주지 않도록 각별히 유념토록 한다. 그리고 전시회를 마치고 귀국해서는 한 건이라도 더 오더를 받겠다는 철저한 사후관리와 함께 끈기 있는 자세가 중요하며 추후 이직과 부서 이동을 대비하여 상담 내역에 대해 꼼꼼히 기록을 남기도록 한다.

---

11) 사진 출처 : 주얼리신문

31_국내 전시에이전트를 활용하라

세계 10위권의 경제대국으로 성장한 대한민국 시장을 겨냥하여 최근 많은 해외전시주최사들이 국내에 에이전트 (대행사)를 두고 국내 기업들을 상대로 자신들이 개최하는 전시회 참가 또는 참관단으로 유치하기 위한 활동을 적극으로 수행하고 있다. 더구나 해외전시회에 참가 또는 참관하는 국내기업들이 크게 늘어남에 따라 점점 더 많은 해외전시주최사들의 국내대행사들이 생겨나고 있다.

따라서 해외전시회 참가 또는 참관를 계획하고 있는 국내기업들은 해외전시주최사를 통해 직접 참가, 참관 신청을 할 수 있겠지만 언어, 시차문제 등을 극복하기 위해 국내 대행사로부터 서비스를 받는 것도 바람직하다. 해당 대행사와 연계되어 있는 (즉 전시주최사와 대행 계약이 체결되어 있는) 전시회에 대한 정보, 참가신청, 부스 배정, Utility 및 비품 임차, 호텔 예약 등 전시회 참가에 필요한 각종 맞춤형서비스를 무료로 받을 수 있으므로 매우 편리하다.

【표】국내 주요 해외전시주최 대행사

대행사명	연락처	홈페이지
아이피알포럼	02 551 7070	www.ipr.co.kr
메쎄프랑크푸르트 코리아	02 775 2280	www.messefrankfurt.co.kr
라인메세	02 798 4343	www.rmesse.co.kr
케틱	02 794 9044	www.ketic.co.kr/mmi
한독상공회의소	02 3780 4643	www.korea.ahk.de
kem	070 4106 9404	kem@koexma.com (e-mail)
주한프랑스국제전시협회 (프로모살롱)	02 564 9833	www.promosalons-coree.com
K Fairs	02 555 7153	www.kfairs.com

우선 각 대행사들의 홈페이지를 방문하여 그들이 대행하고 있는 전시회 명단에서 참가 희망 전시회를 선정한다. 보다 구체적인 정보가 필요할 경우에는 해당 대행사에 요청하면 각종 자료를 받아 볼 수 있다. 그리고 대행사를 접촉하여 그들이 제공할 수 있는 서비스 가 무엇인지를 파악한다. 특히 부스 확보나 배정에서 영향력 있는 대행사를 활용하게 되면 개별적으로 주최사를 직접 접촉하는 것 보다 쉽게 해결 될 수도 있다.

아이피알포럼은 홍콩무역발전국 (HKTDC)의 한국 대표부로서 국제마케팅 컨설팅 서비스를 제공하고 있다. 이와 함께 아이피알포럼은 Deutsche Messe AG 등 25개 유명 국제전시 주최사와 대행 계약을 체결하고 있으며 전 세계 120여개 파트너와 협력 사업을 수행하고 있다. 2013년 기준, 주로 홍콩, 싱가포르 및 독일 전시회를 중심으로 연간 320여개의 전시회에 국내기업들의 참가를 지원하고 있다.

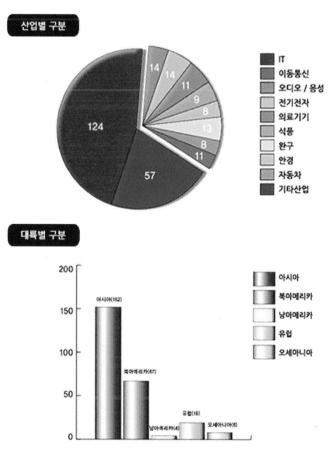

【그림】 아이피알포럼 지원 전시회 분류 (2013년 기준)

메쎄프랑크푸르트는 세계 최고의 전시 전문기업으로서 전 세계에 14개 지사 및 49개 에이전트를 통한 글로벌 네트워크를 갖추고 있다. 메쎄프랑크푸르트 전시회는 뛰어난 국제성과 전문성을 자랑하는 최고의 브랜드 전시회이며 섬유, 소비재, 기술산업 등 다양한 분야에 걸쳐 연간 120여개에 이르는 전시회를 성공적으로 주최하고 있다. 메쎄프랑크푸르트 코리아는 메쎄프랑크푸르트 그룹의 한국 법인으로서 메쎄프랑크푸르트 주최 전시회에 한국기업의 참가 안내 및 정보를 제공하고 있다.

라인메쎄 역시 세계적인 전시회 주최자인 독일 쾰른메쎄와 메쎄뒤셀도르프의 한국 공식 대표부이다. 2005년 주한독일상공회의소의 전시팀이 분리 독립한 회사로서 20년 국내 및 해외전시회 기획 경력을 보유하고 있다. 독일 쾰른메쎄와 메쎄뒤셀도르프는 세계 최고의 전시회 주최자로서 매해 평균 5만여개의 참가업체와 350여만명의 참관객을 유치하고 있다. 특히 독일 쾰른메쎄는 전세계에서 4번째로 큰 전시장 소유주이며 imm, anuga, IDS,

Reed Exhibitions (www.reedexpo.com)

본사는 영국 런던에 위치하고 있으며, 29 개국에서 4700여 이상의 무역전시회를 주최하는 명실공히 세계 최대의 전시 주최자이다. Reed 그룹은 포천지 선정 세계 500대기업에 선정되기도 하였으며 전시회 및 미디어, 출판 방송등에 있어 연간 1,000점 이상 출판하는 등 사업을 다각화 하고 있다. 프랑스에서 개최되는 깐느영화제도 Reed에서 주관하고 있다. 전 세계 지사에 모두 2,000여명의 직원이 근무하고 있으며 주요 전시회는 NEPCON Serise(13개국 개최), ISC, Mediacast 등이 있다. 한국내 대리점인 K.Fairs는 Reed의 해외 전시부분을 업무 협약하여 국내 출발을 하고 있으며 Kormarine, Nepcon과 같은 Reed의 한국내 전시회도 자사와 함께 진행하고 있다.)

E. J. Krause Associates Inc (www.ejkrause.com)

1984년에 설립된 E. J. Krause & Associates, Inc. (EJK)는 세계 전시산업의 선두주자 중 하나이다. 미국 Bethesda에 본사가 있으며, 4개 대륙에 16개의 지사를 두고 있는 EJK는 16개 산업 분야에서 800여 전시회를 개최하고 있다. 특히 정보통신과 생명공학 등 첨단 IT 관련 전시회를 개최하고 있다. 한국에서는 Expocomm을 주최하고 있다

WES EXPO (www.wesexpo.com)

WES Expo(WES Worldwide Expo Services)는 1994년에 설립되어 중국 내 제조 및 무역회사들을 80개가 넘는 전세계 전시회에 독점적으로 연결해주고 있으며 중국 지역에서 고객 및 운영, 심출적이고 면밀한 전시산업 시장 분석과 상담을 고객들에게 제공하고 있습니다.

WES Expo Services는 자동차, 자동차 전자, 건축 자재, 미용, 통신, 전자, 식품, 냉난방공조, 하드웨어, 기계, 보안 및 하도급(이외 다수) 같은 산업분야에서 당신의 곁에서 처음부터 끝까지 도움을 주는 지정된 국제적 지향 팀을 정규화 된 계정인원들을 제공합니다.

WES Expo Services는 행사와 프로젝트 관리에 대한 모든 책임을 이행하고 각 전시회에 대한 판촉 활동의 광범위한 범위를 수행하며, 전세계 박람회와 열린 전세계 시장을 여는 강력한 세일즈 및 조정 팀과 극동 클라이언트를 제공하고 있으며, 단체관 뿐만 아니라 개인 사업자를 조정하고 운영하고 있습니다.

【그림】 K Fairs 해외 파트너 현황 (K Fairs 홈페이지 발췌)

photokina 등 70여개의 전시회를 개최하고 있고 세계 80여개국의 해외대표부와 11개 지사를 갖고 있다. 독일 메쎄뒤셀도르프 역시 interpack, drupa, Medica 등 독일에서만 연간 40여개의 전시회를 개최하고 있으며 중국, 인도, 싱가포르, 러시아, 브라질 등 해외에서도 연간 100여개의 전시회를 개최하고 있는 글로벌 기업이다.

kem은 주로 중동, 아시아 등 신흥시장에서 개최되는 전시회의 대행사 역할을 수행하고 있으며 주한프랑스국제전시협회 (프로모살롱)는 프랑스에서 개최되는 전시회에 특화하여 서비스를 제공하고 있다. 이외 국내전시주최사들 중에는 해외전시주최사의 에이전트 역할을 하기도 하는데 일례로 대표적 국내전시주최사인 K Fairs는 Reed Exhibition, E J Krause Associates, Wesexpo의 한국 에이전트이다.

32_목표를 세워서
전시회에 참가하라

올림픽에 나갈 때 우리나라는 금메달 몇 개, 은메달 몇 개를 획득하여 세계 10위권안에 들겠다 또는 월드컵에서는 세계 8강안 들어가겠다는 목표를 세워 훈련하고 실전에 임하게 된다. 이러한 목표와 각오로 뛰어야 소기의 성과를 올릴 수 있기 때문이다. 물론 이런 목표는 열심히 하면 달성 가능한 것이어야지 현재의 기량으로 월드컵 결승전에 진출하겠다거나 올림픽에서 4위안에 들겠다는 목표를 세웠다면 그것은 황당한 목표라고 할 수 있다.

대부분의 국내기업들은 해외전시회 참가목적이 ▶ 수출상담계약, ▶ 기존거래처 강화, ▶ 신규거래선 확보, ▶ 파트너 발굴 및 투자유치, ▶ 신제품 소개, ▶ 시장조사, ▶ 기업의 브랜드 이미지 강화, ▶ 신기술 및 산업동향 정보 수집 등에 있다. 이러한 목적에 따라 목표를 달성해야 하는 것은 해외전시회도 마찬가지다. 많은 예산과 시간 그리고 인력을 투입하여 준비하는 것이므로 구체적인 목표를 세우고 해외전시회 참가를 준비해야 한다. 실제 해외전시회에서 사전에 목표를 세우고 참가하는 것과 사전 목표 없이 참가하는 것은 그 결과가 크게 달라진다. 최근 미국 전시산업연구센터 (CEIR) 조사 결과도 구체적인 목표를 세우고 전시회를 참가하는 기업들이 별다른 목표 없이 참가하는 기업들 보다 더 많은 성과를 내고 있는 것으로 나타났다. 그러나 올림픽이나 월드컵과 마찬가지로 해외전시회 참가목표도 달성 가능하고 현실적이어야 하며 구체적이어야 한다.

이러한 해외전시회 참가목표는 전시회 참가 시작 단계부터 수립하되 참가업체의 해외전시회 참가 경험, 출품제품의 경쟁력, 참가 규모, 전시회 주최지의 시장 규모 및 경쟁상황 등을 고려하여 설정되어야 한다. 현실을 무시한 채 너무 높은 목표를 설정하게 되면 달성 자체도 어려울 뿐 아니라 전시회 참가 후 성과분석 시에도 객관적인 사실을 왜곡시켜 추후 더 이상 해당 전시회 참가를 하지 않을지, 한시적으로 중단할지, 규모를 축소해서 참가할지 아니면 현재 규모대로 계속 참가할지 혹은 규모를 확대하여 참가할지 결정을 제대로 내리지 못하게 된다. 많은 해외전시회 초보 기업들은 투입된 많은 예산과 인원, 전시회에 대한 막연한 기대감으로 처음 참가하는 전시회임에도 불구하고 목표를 너무 높게 책정하여 참가 한 후, 기대에 미치지 못하면 전시회 탓, 파견기관 탓 등 그 원인을 외부로 돌리고 쉽게 그 전시회를 포기하는 경향이 있다. 반대로 전시회 목표를 너무 과소하게 책정하게 되면 더 큰 성과를 올릴 수 있었음에도 불구하고 현실에 안주하게 되어 더 발전을 기대할 수 없게 된다. 따라서 목표는 구성원 모두가 최선을 다하면 달성할 수 있도록 구체적이고 현실성 있게 설정하되 전시회 참가 전원이 공유토록 한다. 전시회 목표가 많은 경우에는 한꺼번에 모두 달성하기가 어려우므로 우선순위를 정해 노력의 정도를 조절할 수도 있고 목표를 몇가지로 한정하여 거기에만 집중해 볼 수도 있다.[12] 전시회 참가목표가 수립되었다면 그 목표를 달성하기 위한 전략과 방안이 강구되어야 한다. 처음 참가하는 전시회라면 목표 수립과 달성 방안 마련이 쉽지 않겠지만 종전 참가했던 전시회라면 종전 부족했거나 아쉬웠던 전략과 방안을 객관적으로 분석하여 보완하고 대비책을 마련토록 한다.

【표】전시회 참가목표 예

① 00건의 신규바이어 발굴
② 00건의 기존 바이어 접촉
③ US$ 000의 상담액 창출
④ US$ 000의 계약액 창출
⑤ 00건의 경쟁상품 정보 및 자료 수집
⑥ 0건의 부대행사 참가
⑦ 0건의 유통망, 유관기관 (예: KOTRA 무역관) 방문
⑧ 0건의 언론노출
⑨ 00건의 설문조사
⑩ 0건의 우수 전시회 Display 사례 수집

그리고 전시회 참가 후, 설사 그 목표를 달성하지 못했다면 그 요인이 무엇인지를 객관적으로 분석하여 다음에는 그런 실수를 저지르지 않도록 철저한 준비와 대책을 마련해야 한다.

---

12) 박람회가 1등 기업을 만든다. (송성수 저, 박영사) P87인용

【그림】해외전시회 참가 목표는 구체적이고 달성 가능해야 한다.

　아울러 예산절감 목표도 같이 고려해야 한다. 매번 수천만원의 경비를 들여 여러번 참가하는 전시회라면 그동안 낭비 요인은 없었는지 예산의 과부족 요인이 있었다면 어디에서 발생했는지를 꼼꼼히 따져본다. 특히 예산수립 과정에서 종전 대비 예산 절감의 여지가 발견되었다면 절감대책을 세우고 전시회 참가 후 결산 시, 당초 계획대로 절감이 되었는지를 확인한다.

【표】예산 낭비 요인 예시

항목	예산 낭비 요인
임차료	- 조기신청, 회원가입 등을 통한 절감 노력을 기울이지 않음
장치비	- 전시품을 고려하지 않고 지나치게 호화로운 장치 - 다수 장치업체의 견적서를 비교하지 않았거나 서투른 네고
운송비	- 참가 부스 규모에 비해 너무 많은 전시품 운송 - 다수 운송업체의 견적서를 비교하지 않았거나 서투른 네고
도서인쇄비	- 지나치게 많은 홍보물 제작
출장비	- 너무 늦은 호텔 및 항공권 예약

【표】예산 절감목표 및 방안

항목	종전 집행액	이번 예산	절감목표	절감방안
임차료				
장치비				
운송비				
도서인쇄비				
출장비				
지급수수료				
통신비				
해외활동비				

33_참가신청 및 좋은 위치 부스 받는 방법

　종전 해외전시회 참가신청은 대부분 팩스로 신청을 받았으나 최근에는 더 이상 팩스로 받지 않고 오직 이메일과 인터넷 신청만 받는 추세이다. 대부분 해외전시회의 참가비는 카드 결제와 은행 송금 모두가 가능하다. 참가예비기업이 직접 참가신청을 해도 되지만 최근에는 많은 해외전시주최사들이 한국에 지사나 에이전트를 두고 있으므로 이들을 통해 신청하게 되면 맞춤형 서비스를 제공받을 수 있다.

　전시회 관련 정보 문의는 통상 전시회 개최 6개월 전부터 하는 것이 좋다. 다만 너무 일찍부터 상세한 정보를 요구할 경우 담당자가 정확하게 배정되어 있지 않아 부정확한 정보를 받을 수 있는 소지가 있으니 주기적으로 연락할 것을 권장한다. 참고로 주최 측과의 지속적인 관계를 유지했던 참가기업에게 담당자에 따라 할인을 해주는 경우도 있다.

　전시회에 참가하는 기업들이라면 모두 좋은 위치의 부스를 받기 원한다. 같은 비용을 투입하여 참가하는 전시회라도 부스 위치에 따라 성과 차이가 크게 난다. 그러나 좋은 위치의 부스는 그 수가 한정되기 때문에 경쟁이 치열할 뿐만 아니라 특히 유명 전시회인 경우에는 좋은 부스로 배정받기가 하늘에서 별 따기 만큼이나 어렵다. 이런 전시장은 좋은 위치의 부스를 배정받는 것보다 나쁜 위치의 부스를 받지 않도록 하는 것이 오히려 더 쉬울 수도 있다. 나쁜 위치의 부스란 메인 전시관들에서 멀리 떨어진 별관, 임시 설치 전시관, 지하나 2~3층에 위치한 부스 등이다.

　전시주최사들이 부스를 배정하는 원칙은 우선 품목군별로 전시관을 배정하는 것이 가장 일반적이다. 또 일부 전시주최사들은 국내관과 국제관으로 구분하여 부스를 배정하기도 한다. 이외 선착순 배정, 전시면적을 많이 예약한 고객 순으로 배정, 참가기업들에게 1순위, 2순위, 3순위 순으로 결정토록 자율권을 주어 배정하기도 하고 기업지명도를 고려하여 배정하거나 주최자가 일방적으로 배정하기도 한다.

특히, 선착순으로 배정하는 전시회는 참가업체들이 부스 예약을 전시회가 끝나자마자 해놓고 전시장을 떠나기도 한다. 특히 한국기업은 이미 모든 업체의 부스 배정이 완료된 시점에 신청하는 경우가 많아 부스 위치 선정 시 불이익을 보는 경우가 많다. 따라서 최초 참가업체는 가급적 전시회 주최측에서 참가업체 모집을 시작할 때부터 즉시 참가의사를 표명하고 기한 내 참가신청서를 제출한 후 임차료를 납부하는 것이 바람직하다. 또한 설사 당장 부스 배정을 받지 못하더라도 일단 대기자 명단 (Waiting List)에 올려놓고 기다리도록 한다. 기다리다 보면 부스 배정을 받게 되는데 처음에는 아주 불리한 위치의 부스를 배정 받게 되고 계속 참가하다 보면 좀 더 나은 부스로 점차 업그레이드 하게 된다.[13] 따라서 이왕 참가하기로 결정한 전시회라면 서둘러 신청하는 것이 부스 배정에서 유리하다.

또 다른 일반적인 배정원칙은 기존 고객들에게 우선 배정하되 그동안 어떤 규모로 얼마나 동안 참가했느냐에 따라 기존 고객들에게 평점 (Credit)을 부여하고 그 평점에 따라 우선 배정권을 주는 방식이다. 이런 방식의 부스 배정은 오랫동안 참가한 기업들에게 우선권을 부여하므로 최초 참가업체의 경우 미리 신청을 해도 좋은 위치에 부스를 배정받기가 어렵다. 따라서 좋은 위치의 부스를 배정받기 위해서는 꾸준한 참가가 중요하다. 그동안 착실히 참가하여 높은 평점을 받았다하더라도 중간에 불참하게 되면 다시 맨 끝 순서로 밀리는 경우도 있으므로 이런 전시회의 불참 결정은 신중해야 한다. 아울러 좋은 부스를 배정받기 위해서는 평소에 전시회 부스 담당자와의 좋은 관계를 유지하는 것도 중요하다. 따라서 전시회 기간 중, 부스 담당자를 직접 만나보는 것이 좋다.

KOTRA 뉴욕무역관이 1970년대 중반부터 참가했던 「뉴욕국제선물용품전시회」의 경우, 수 십년 동안 Javits Center 지하 전시장으로 부스를 배정받았다가 한참 후에야 1층으로 올라올 수 있었다. 이 전시회는 매년 참가할 때마다 한국관 왼쪽은 태국관, 오른쪽은 이스라엘관이 설치될 정도로 참가기업들의 불참이 거의 없어 전시부스 위치를 그레이드 하기가 무척 어려웠다. 더구나 전시장 면적 한계로 인해 주최측 에서도 규모 확대가 불가능한 상태였다. 한국은 2006년부터 더 이상 이 전시회에 국가관으로 참가하지 않고 있기 때문에

---

13) 박람회가 1등 기업을 만든다. P77 인용 (송성수 저, 박영사)

【그림】 뉴욕국제선물용품전시회

다시 참가신청을 하게 되면 부스 위치는 지하전시장으로 가게 될 것이다. 또한 세계 최대 시계 및 보석박람회인 스위스 「바젤월드」는 참가기업들을 철저하게 브랜드별로 구분하여 전시 참가업체들을 배치하는 것이 특징이다. 2009년의 경우, 6개관 중 1관 1층은 정중앙에 세계 최대 시계업체인 SWATCH 그룹을 필두로 좌우에 ROEX, PATEK PHILIPPE, OMEGA 등 세계 최대 명품 시계업체 60여개사가 배치되며 2층에는 ESPRIT, Dior, GUESS FENDI 등 130여개의 명품 시계업체들이 호화 전시관을 구성하여 참가함으로써 최대의 인파를 끌어 모으고 있었다. 그리고 2관부터 5관까지는 1관보다는 브랜드 인지도가 다소 떨어지지만 세계 명품시계로써 손색이 없는 시계와 귀금속, 장신구 등이 전시되는 명품관으로 운영하며 한국의 로만손, 아동산업, SWC 및 좋은 시계 등 4개사만이 전시당국의 심사를 거쳐 브랜드 시계관인 2관에 전시할 수 있었다. 반면 대부분의 중국을 중심으로 중저가 시계 및 장신구 또는 OEM 방식으로 제품을 공급하는 기업들은 모두 6관에 배치하였다. 따라서 이런 유명전시회의 명품관으로 배정 받기 위해서는 주최측의 엄격한 심사를 거쳐야 한다.

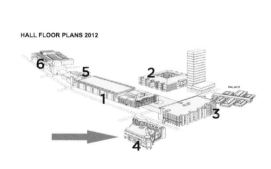

【그림】 2009년 바젤월드 전시관 위치. 명품관들에 비해 허접한 6관에 배정된 인도 참가업체 (오른쪽)

34_전시장에서 부스 위치의 중요성

똑같은 전시회에 참가하더라도 수천에서 수만 ㎡에 이르는 넓은 전시장에서 부스 위치가 어디냐에 따라 참가 성과는 크게 달라진다. 아파트 분양 시 에도 인기층과 비인기층이 있고 일반 길거리에서도 매장의 위치에 따라 매출액의 차이가 있듯이 전시장에서도 바이어 집객면에서 유리한 부스가 있고 불리한 부스가 있다. 그렇다고 부스 위치의 유·불리에 따라 임차료 차이가 나는 것도 아니다. 따라서 전시회 참가기업들은 이왕이면 참관객들이 많이 오고 가는 소위 목 좋은 곳에 위치한 부스를 배정 받기를 강력 희망하게 된다.

여기서 유리한 부스란 우선 분야별로 전문화된 전시관에 위치한 부스이다. 통상 전시 주최자들은 전시품들을 대분류하여 전시관 (Hall)들을 운영하는데 참가업체가 너무 많으면 일부 참가업체에게는 출품하는 전시품과 다른 관으로 배정하기도 한다. 예를 들어, 자동차부품전시회에서 엔진파트를 취급하는 참가업체를 차체파트 전시홀로 배정하게 되면 적합바이어들의 부스 내방 정도는 크게 떨어질 것이다. 또한 1층 전시관, 중앙통로 부근 부스, 유명 대기업이나 선진국 참가기업 부근 부스, 휴게실이나 바이어를 위한 비즈니스 라운지 부근 부스 또는 출입구에 가까운 부스도 유리한 위치의 부스에 속한다. 이외 경쟁사들과 비교하여 충분한 경쟁력이 있다면 경쟁사들이 밀집해 있는 구역에 위치하는 것도 상담 성과 제고에 도움이 될 수 있다. 아무래도 바이어들이 경쟁사들과 비교해 본 후, 의사 결정을 쉽게 내릴 수 있기 때문이다.

【표】두바이 건축박람회 (2014 Big 5) – 두바이 무역관 결과보고서에서 –

> KOTRA 한국관의 경우, 메인홀 (Hall 1)과 별관 Zabeel 홀로 나뉘어 참가하였는데 Hall 1에 위치한 한국관 (28개사)은 방문 바이어 수에 대체적으로 만족하였으나, Zabeel 홀에 참가한 업체들은 (13개사) 상대적으로 바이어 수가 적었음.

반면 불리한 부스란 별관에 위치한 부스이다. 일례로 2013년 11월, KOTRA가 한국관을 구성하여 참가했던 『두바이 건축박람회 (Big 5)』에서 메인홀 (Hall 1)로 참가한 업체들은 방문 바이어 수에 만족하였으나 별관인 Zabeel홀로 참가한 업체들은 상대적으로 바이어 수가 적었다. 또한 흔치는 않지만 복층 전시장인 경우, 지하나 2,3층에 위치한 부스, 화장실 및 물류창고 부근 부스, 장애물 (소방장비, 기둥, 낮은 천장) 부근 부스, 후진국 참가기업들이 밀집되어 있는 부근 부스, 에어컨이나 공조기 부근 부스 특히, 구석진 곳에 위치한 부스는 대표적인 불리한 부스이다.

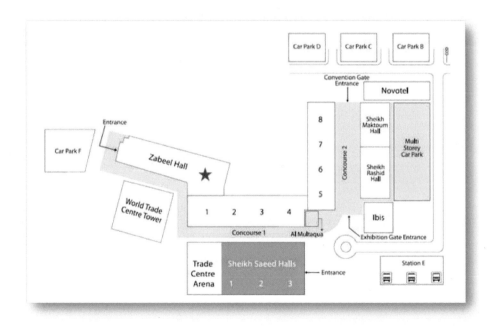

【그림】두바이 Big5 Zabeel홀 위치 (★ 표지 관)

그렇다면 유리한 위치에 있는 부스를 배정받을 수 있는 방법은 무엇인가? 유럽이나 미국 등 전시선진국에서 개최되는 전시회인 경우, 얼마나 오랫동안 꾸준히 그리고 어떤 규모로 참가했느냐에 따라 각 참가기업들에게 Credit을 부여하고 누적된 Credit에 따라 부스 위치를 결정한다. 따라서 좋은 위치의 부스를 배정받기 위해서는 가능한 큰 규모로 지속적인 참가가 중요하다. 근본적으로 인기 전시회인 경우, 전시홀을 확대하지 않는 이상, 종전에 참가했던 기업들이 빠져줘야 (전시회에 불참해야) 다른 기업들의 부스 위치가 업그레이드 될 수 있다. 그러므로 그동안 지속적으로 참가했다가 사정상 한차례 참가를 하지 않으면 우선 순위에서 가장 나중으로 밀리는 경우도 있으므로 불참을 고려할 때 신중하게 결정해야 한다.

아울러 많은 전시회들은 선착순으로 부스 위치를 배정하기도 하고 전시 면적을 많이 예약한 고객들에게 우선 배정하기도 한다. 그래서 인기 전시회일수록 참가업체들이 부스 예약을 전시회가 끝나기 무섭게 해놓고 떠나기도 한다. 만일 처음 참가하는 전시회라면 부스 확보가 쉽지 않겠지만 일단 Waiting List에 올려놓고 기다려야 한다. 기다리다 보면 부스 배정을 받게 되는데 처음에는 불리한 위치의 부스를 배정받게 되겠지만 계속 참가하다 보면 점점 좋은 위치로 업그레이드 될 수 있다. 일반적으로 해외전시회 뿐 아니라 국내전시회에서도 대규모 독립식 부스를 우선적으로 중앙통로에 배정하고 조립식 부스는 그 주변으로 배치한다.

전시 부스 위치 못지 않게 부스 형태도 중요한데 내방객이 부스로 들어오는 접근로가 한개 면인 1면 오픈부스 (Row형 부스)보다는 2면 오픈부스 (Corner형 부스)가 더 유리하다. 물론 3면 오픈부스 (End형 부스)와 4면 오픈부스 (Island형 부스)가 훨씬 더 유리하지만 통상 4개 부스 이상 대규모로 참가해야 이러한 부스를 배정받을 수 있다. 만일 예상치 않게 불리한 위치의 부스로 배정받았다면 전시 주최자에게 최대한 어필해본다. 따라서 평소에 전시회 부스 배정 담당자와 좋은 관계를 유지하는 것도 중요하다.

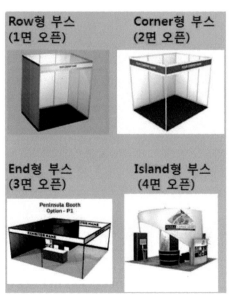

【그림】 부스 형태

그러나 전시 부스 위치는 높은 전시회 참가 성과를 결정하는 필요조건이지 충분조건은 아니다. 역시 가장 중요한 결정 요인은 얼마나 경쟁력 있는 제품을 갖고 출품하느냐 임을 명심하고 해외전시회 참가에 임하도록 한다.

【표】 부스 위치의 중요성을 일깨우는 기사

49개국 3,694개사 참가...홍콩관은 북쩍, 해외관은 한산
[출처] '부익부 빈익빈'심화된 2014년 9월 홍콩주얼리쇼|작성자 주얼리신문

매년 홍콩주얼리페어는 해외 참관객은 줄어들지만, 그보다 더 홍콩 참관객이 늘어 참관객 규모가 증가하고 있으며, 양 장소에서 1,342개의 홍콩 업체가 참여해 36%를 차지, 전년대비 14개 업체가 줄었지만 홍콩의 비중이 여전히 강세인 페어이다. 컨벤션센터에서 좋은 홀에 위치한 홍콩 프리미어 파빌리온에 참가한 홍콩 업체들은 신규 바이어들이 대거 몰렸다는 의견이 많았으며, 반대로 해외 업체가 자리잡은 인터내셔널 프리미어 파빌리온의 규모는 축소, 참관객도 한산해 냉랭한 분위기를 연출했다.

35_유리한 부스와 불리한 부스

같은 전시장 안이라도 배정받은 부스 위치에 따라 찾아오는 바이어들의 수가 크게 달라진다. 내방 바이어 수는 해외전시회 참가 성과에 그대로 반영되기 때문에 참가기업들은 유리한 위치의 부스를 받기 원하며 불리한 부스는 절대 피하려고 한다. 유리한 부스는 업종별로 전문화된 전시관에 위치한 부스이다. 대부분의 전시주최자들은 전시 품목들을 대분류하여 분야별로 전시관을 운영한다. 그러나 해당 품목 전시관에 부스를 배정할 수 있는 규모 보다 많은 업체들이 참가하게 되면 일부 참가업체들은 자신의 품목과 별 관련이 없는 전시관으로 배정받을 수 있다. 따라서 이런 경우에는 최대한 배정된 전시관에서 빠져나와야 한다. KOTRA 단체파견 해외전시회의 경우, 참가업체들이 사전 간담회 때 추첨 방식으로 부스를 배정받게 된다.

같은 관에서는 중앙통로 부근 부스와 출입구에서 가까운 부스가 유리하다. 아무래도 동선이 시작되거나 집결되는 곳이기 그 만큼 노출의 기회가 많아진다. 출품한 제품에 대해 경쟁력이 있다면 유명 대기업이다 선진국 참가기업, 경쟁기업들이 집중되어 있는 위치의 부스도 노릴만하다. 방문객들로 하여금 자연스럽게 비교우위를 판단해보도록 할 수 있기 때문이다. 그러나 예를 들어 수출을 목적으로 라스베가스 가전박람회(CES)에 참가한 국내 중소기업이 삼성전자나 LG전자 부스 부근으로 배정받는 것은 결코 바람직하지 않다. 삼성전자나 LG전자와 같은 세계적인 대규모 기업의 부스를 방문하는 참관객들은 현장에서 수입을 위해 참관하는 사람들이 아니기 때문이다.

또한 휴게실이나 바이어를 위한 비즈니스 라운지 부근의 부스도 좋은 위치하고 할 수 있다. 미국이나 유럽 전시장은 워낙 넓어 참관하다 휴식을 취하는 바이어들이 이곳을 많이 이용하기 때문에 부스가 눈에 쉽게 띌 수 있다. 이제 해외전시회에 나가보면 한국제품에 대한 바이어들의 인식이 좋아져 가능하면 국내 참가기업들이 모여 있는 부스, 또는「KOREA」라는 브랜드를 활용할 수 있는 한국관 (Korea Pavilion)에 있는 부스도 유리한 부스라 할 수 있다. 그리고 이왕이면 참관객들의 출입하기 좋은 코너형 부스라면 금상첨화라할 수 있다.

【그림】유리한 위치의 부스 예

그러나 한정된 공간에서 참가업체 모두에게 유리한 부스를 배정할 수는 없다. 그러나 최소한 불리한 부스로 배정 받지는 말아야 한다. 대표적으로 불리한 부스는 자사 전시품과 큰 관련이 없는 전시장내 부스와 메인 전시장에서 멀리 떨어져 있는 별관이나 임시 전시관, 지하 또는 2, 3층에 위치한 부스이다. 같은 관에서는 구석진 부근의 부스가 최악의 부스라 할 수 있다. 전시장 전체의 뒷부분이나 막다른 위치는 방문객의 왕래가 많지 않기 때문이다. 일률적인 조립식 부스가 집중되어 있는 위치도 바이어들의 눈길을 끌기가 쉽지 않다.

최근에 지어진 전시장은 기둥이 없는 무주(無柱)전시장이 대부분이지만 건축된 지 오래된 일부 유럽 지역 전시장에서는 기둥이 포함된 부스를 배정 받을 수도 있다. 화장실이나 물류창고 부근 부스, 에어컨이나 공조시설 부근 부스도 피해야 한다. 특히 에어컨 부근 부스는 소음으로 인해 상담에 큰 지장을 초래할 수 있다. 일부 낙후된 전시장에서는 바닥이 고르지 못한 부스와 천장이 낮은 부스도 있다. 심지어 후진국 전시장 중에는 비가 세는 부스도 있고 비둘기가 날아다니기도 한다.

후진국 참가기업들이 집중적으로 위치하고 있는 곳도 바람직하지 않다. 자사 부스가 저가품목으로 참가하는 후진국 부스들 틈에 위치하고 있다면 아무리 좋은 전시품을 갖고 나가도 바이어들 눈에는 주변 후진국 부스 제품과 같은 수준으로 보이게 된다. 또한 후진국에서 개최되는 전시회의 경우, 직매 또는 확성기로 이벤트를 자주하는 하는 참가기업 부근의 부스도 피해야 한다.

【그림】불리한 위치의 부스 예

전시회 참가업체는 주최 측 또는 한국 내 에이전트를 통해 전시장 임차 현황에 대한 Floor Plan을 받아볼 수 있는데 현재까지 임차된 부스와 임차되지 않은 부스의 상황을 참고로 해서 본인이 원하는 위치로 배정 받을 수 있도록 담당자에게 지속적으로 요청해야 한다. 따라서 평소, 전시회 주최측의 부스 배정 실무자와 친분 관계를 유지하는 것이 바람직하다. 전시회 기간 중 부스 배정 실무자를 만나 우의를 다지기도 한다. 그리고 무엇보다 꾸준한 참가와 조기 신청이 중요하다.

36 _독립부스 참가를 위한 장치업체 선전 시 유의사항

우리나라 대부분의 중소기업들은 해외전시회 참가 시 조립부스를 이용하기 때문에 참가기업이 직접 장치업체를 선정하는 경우는 많지 않으나 대기업이나 간혹 중소기업들 중에는 독립부스로 참가하기도 한다. 독립부스는 주최자가 전시면적만 제공하기 때문에 참가업체가 장치업체를 선정하여 부스를 설치하고 전시회 종료 후, 철거하는 것 까지 책임지고 수행해야 한다. 그러나 참가업체들도 부스 디자인과 장치 전문가가 아니기 때문에 전문장치사를 선정하여 그들에게 의뢰해야 한다. 국내 장치사를 선정하여 의뢰하게 되면 국내 장치사들은 대부분 영세하여 현지 지사를 보유하는 경우는 매우 드물기 때문에 현지 파트너에게 자신들이 제작한 도면과 디자인을 전달하고 시공을 맡기게 된다. 최근 우리나라 장치사들도 부스를 세련되게 디자인하고 좋은 자재들을 많이 사용하기 때문에 이 방법을 주로 이용한다. 물론 흔치 않지만 국내 참가업체가 직접 해외 장치사에게 모든 과정을 패키지로 맡기는 경우도 있다. 국내 장치사에게 의뢰하든 직접 현지 장치사에게 의뢰하든 현지 시공업체는 주최측이 지정한 등록업체여야 한다. 만일 전시장 등록 지정업체가 아닌, 참가업체가 직접 자체 시공시에는 반드시 자체시공사유서, 전시부스 설치(변경) 신청서, 작업신고서, 평면도 및 입면도 등을 주최 측에 제출하여야 한다.

경험이 많은 장치업체들로부터 복수로 견적서와 제안서를 받아 검토하여 선정하는데 해외업체와 직접 계약을 할 경우에는 그 업체가 직접 시공하는지 여부를 반드시 확인토록 한다. 해외장치업체들 중에는 종종 수주를 받아 하청업체에게 시공을 맡기기도 하는데 이 경우 전시회 당일까지 마무리가 이루어지지 못 할 수도 있다. 또한 여러 견적서를 받아보고 최대한 비용 절감을 시도하되 제안서를 제출한 장치사의 자격증 보유, 부스설치

【그림】 최근 국내 장치사들의 디자인 및 시공 능력이 크게 향상되었다.

기술, 디자인 능력, 장치자재 수급 능력, 현지 파트너 보유 현황, 인력 현황, 재정상태 및 종전 경력 등을 면밀히 검토한다.

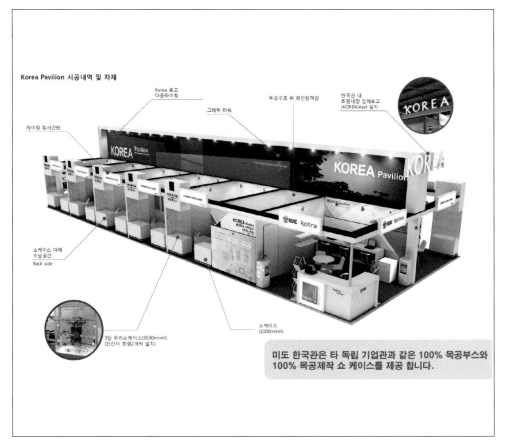

【그림】 한국관 디자인 제안서

장치업체를 선정할 때는 동종기업들로부터 소개를 받을 수도 있고 『한국전시산업장치협회』로부터 추천을 받을 수도 있는데 종전, 참가하려는 전시회에서 장치 경험이 있는 장치사라면 더 바람직하다. 아울러 전시부스를 장치사에게 의뢰하기 전, 참가업체는 발주자로서 원하는 부스 디자인, 투입지제, 디자인 컨셉 등 기본적인 정보를 제공해야 한다. 이러한 기본 정보를 바탕으로 장치사들로부터 제안서를 받아보고 선정하되 전시회 참가업체가 이 분야에 대해 많은 지식과 아이디어, 경험 등이 없을 경우, 외부 전시전문가를 초빙하여 심사를 의뢰하기도 한다. 또한 규모가 큰 부스 장치의 경우, 공개입찰을 통해 장치사를 선정하기도 하는데 응찰한 장치사들은 선정위원들을 대상으로 프리젠테이션과 질의·응답 과정을 거쳐 평가를 통해 최종 선정된다.

【표】 KOTRA 한국관 시공사 평가기준표

구분	기준항목	구분	기준항목
가격	제안가격	디자인	전시품목과의 조화
기획능력	과업지침 이해 및 반영		시공자재의 고급화
	현장관리계획 유지보수		표준 디자인 반영정도
장치만족도	전년도 참가기업 평가	시공능력	해외전시회 시공실적
시공능력	전년도 유동비율(자산/부채)		연간 총매출액

　　장치업체는 전시개최일 기준, 최소 2~3개월 전에 선정하고 계약은 1개월 전 체결하는데 계약 시 선금 50%, 부스 완공 후 1주일 이내 잔금을 지급하는 것이 일반적이다. 특히, 계약 체결이 늦어져 주최측이 정한 기한 내 장치가 마무리 되지 못하는 경우가 없도록 유의해야 한다. 계약 체결 시에는 부스디자인 및 각종 사양을 상세히 기재한 제안서를 계약서에 첨부토록 하고 아울러 계약서 상에 계약 위반 시 위반자의 변상 조치 내역도 상세히 기재한다. 독립부스로 계속 참가를 원하는 기업이라면 해외전시회에 나갈 때 마다 아이디어가 번뜩이거나 벤치마킹 대상이 되는 외국업체의 부스가 있으면 영상으로 기록을 남겨, 차후 장치업체 선정 시 이를 반영하도록 요구하는 것도 바람직하다.

【그림】 독특하고 환상적인 분위기를 조성하는 외국기업 부스

이외 독립부스로 해외전시회에 참가하는 기업이라면 부스 장치가 완료될 때 까지 장치 사에게 전적으로 맡기지 말고 조금 일찍 현지 전시장에 도착하여 부스가 완공될 때까지 제대로 시공되고 있는지 확인하는 것이 좋다. 또한 정해진 일정 내, 전시장에 손상을 입히지 않고 참가업체 책임하에 부스도 완벽하게 철거되어야 한다.

37_참가업체 매뉴얼을 숙지하라

　　해외전시회에 처음 참가하는 기업들에 각별히 유념해야 할 사항이 참가업체 매뉴얼 숙지이다, Exhibitors Manual, Exhibition Manual, Set-up Manual, Exhibitor Services Guide, Exhibitors Service & Order Form이라고도 부르는데 종전에는 책자형태로 발간하여 참가업체들에게 배포하였으나 최근에는 해당 전시회 홈페이지 본문에서 또는 pdf 파일 형태로 다운로드 받을 수 있다.

【그림】참가업체 매뉴얼은 해당 전시회 홈페이지에서 다운로드 받을 수 있다.

　　단체로 참가하는 경우, 일반적으로 국내 주관기관에서 한글로 요약 번역하여 참가기업들에게 배포하기도 하고 국내기업들이 많이 참가하는 해외전시회의 경우, 인터넷 한글판으로 정보를 제공하기도 하나 이런 해외전시회는 많지 않다. 참가업체 매뉴얼에 포함되는 사항은 해당 전시회에 대한 일반정보, 업체들의 전시회 참가와 부스 운영에 필요한 규정과 제반 서비스 종류 및 신청서 양식, 신청기한, 신청요령, 전시품 반·출입 일정 및 절차, 전시장 입장 배지 수령, 호텔정보, 장치업체 선정 및 장치 관련사항 등이 포함되어 있다. 특히 전기, 전화, 인터넷, 수도, 압축공기 등 Utility를 포함하여 장치, 가구 및 비품 임차, 조명, 청소 및 경비 등 서비스마다 신청 마감일이 상이하므로 기한 내 신청하도록 하고 참가업체 공식 디렉토리 수록 정보 제출 마감일도 반드시 기억해두도록 한다. 개별참가 시 참가업체 매뉴얼을 모두 한국어로 번역하여 숙지하기가 어렵고 해당전시회의 국내 에이전트가 있다면 에이전트로 부터 요약 번역본을 구하는 방법도 있다.

【표】 홍콩 전자전 참가업체 매뉴얼 주요 목차

List of Contacts
1. Move-in and Move out Schedule
2. General Information
3. Rules & Regulations
4. Booth Design and Facilities
5. Services for Exhibitors
6. Practical Tips of Getting Around Hong Kong
7. List of Overseas Offices of the Hong Kong Trade Development Council

【표】 라스베가스 SEMA (애프터마켓 자동차부품전) 참가업체 매뉴얼 주요 목차

1. About the Show
2. Badges, Registration & Special Events
3. Hotels, Parking & Travel
4. Marketing, Advertising & Sponsorships
5. Guidelines & Policies
6. Vehicles/Car Display Opportunities
7. Target Times - when Your Freight Must Be at Your Booth
8. Freeman General Information
9. Carpet, Furnishings & Booth Rentals
10. Hanging Signs
11. Booth Services - LVCC
12. Booth Services-Westgate (formerly LVH)
13. shipping Information
14. Material Handling

대부분의 해외전시회에는 홈페이지에 참가업체 (Exhibitor), 참관객 (Visitor 혹은 Attendee), 언론 (Press)로 구분하여 필요한 정보를 수록하고 있다. 따라서 참가업체들은 매뉴얼 이외에도 주최사가 제공하는 정보들을 모두 숙지하도록 한다.

【표】 참가업체가 숙지해야 할 정보 (예)

For Exhibitor	
홍콩전자전	라스베가스 자동차 부품전
- Login and Manage My Participation	- Exhibitor FAQs
- Participation Fee & Format	- New Product & New Packaging Showcases
- Apply Booth	- Sponsorship Opportunities
- FAQs for Online Booth Application	- Exhibitor Services Guide
- Advertising Opportunities	- Official AAPEX Vendors
- Exhibitors' Manual	- Discounted Rooms
- Additional Facilities & Services Order Form	- Booth Space Application
- Rules & Regulations	- Intellectual Property Rights Policy
- Checklist of Important Dates	- Exhibitor Login
- Circular to Exhibitors	- Exhibitor Badge Registration
- Tips for New Exhibitors	- Floor Plan
- SME Export Marketing Fund	
- Exhibitor Supporting Services	
- Travel assistance	
- Shuttle Bus Service	
- Free Business Information & Facilities	
- Free China Business Advisory Service	
- Enquiries	

38 _부스 디스플레이를
생각하고 준비하라

전시품 선정은 전시회 성과를 좌우하는 가장 중요한 요인이다. 따라서 참가할 전시회와 규모, 부스 디자인 및 위치가 확정되면 어떤 전시품을 갖고 나갈 것인가를 신중하게 결정하고 준비해야 한다. 기존 제품을 전시할 것인가 새로 개발된(될) 전시품을 전시할 것인가를 결정한다. 출품할 전시품과 카탈로그, 홍보 포스터 등 홍보물을 준비할 때는 임차한 부스 내에서 어떻게 디스플레이 할 것인지를 염두에 두어야 한다. 특히 출품할 여러 전시품 중 자사가 보여줄 수 있는 히든제품을 최소한 한 점 이상 준비토록 한다. 이 제품이야 말로 하이라이트 제품이므로 관람객들의 주목을 받을 수 있도록 비치 위치와 방법을 고민하고 철저한 준비를 한다.

통상 전시부스 1개 면적은 9㎡ (= 가로 3m x 세로 3m 그리고 높이 2.5m)이므로 상담테이블과 의자, 접수 데스크와 최소한의 상담 공간을 확보한 후 나머지 공간을 활용한다. 실제 기본형 1개 부스 9㎡ (= 약 2.72평)를 임차하는 경우, 상담테이블과 의자 등 최소한의 상담공간을 제외하면 실제 바닥 면적 기준, 전시공간은 1평이 채 되지 못한다. 만일 현지에서 오디오나 비디오기를 별도 임차하여 부스 내에 설치할 때는 이들 기기가 차지하는 공간도 고려해야 한다. 기본형 1개 부스에는 칸막이 (폭 1m, 높이 2.5m)가 각 면당 3개씩 총 9개가 들어간다. 칸막이와 칸막이 사이 조립을 위한 철판지지대 폭이 약 2.5cm임을 감안하여 부착할 포스터를 준비한다.

【그림】 전시품 디스플레이 장면 (왼쪽)과 비교적 깔끔하게 전시한 부스

출품할 전시품을 부스 내에서 실제 작동하려 할 경우, 임차한 면적 내에서 가능한지도 살피고 시연 (Demonstration)에 필요한 충분한 전력, 가스, 압축공기 등을 신청하였는지도 확인한다. 전시품의 부피가 크고 무게가 많이 나간다면 대표 모델 한점만 출품하고 유사한 모델은 사진이나 동영상으로 대신한다. 특히 대형 기계류나 플랜트 등 생산설비는 사진, 도면, 모형 및 동영상등을 최대한 활용한다. 전시품의 시각적 효과를 높이기 위해 마네킹 등과 같은 전시품 거치대도 발송하거나 현지에서 임차하도록 한다.

【그림】 동영상과 시현을 감안한 전시품 및 비품 준비한 부스

그러나 임차 부스에 비해 너무 많은 전시품을 갖고 가게 되면 운송비도 많이 들 뿐 아니라 부스에 모두 전시하지 못할 수도 있고 오히려 혼란스러워 바이어들에게 좋은 이미지를 주지 못하게 되는 경우도 있다. 또한 전시품 통관 시나 전시회 종료 후, 처치 곤란할 수도 있다. 반대로 너무 적은 전시품을 갖고 가게 되면 바이어들에게 충분히 상품을 보여

줄 수 없으며 샘플이나 홍보물을 바이어들에게 제공할 수 없고 경우에 따라서는 부스가 썰렁하다는 느낌이 들 수도 있기 때문에 부스 규모에 적합할 정도로 전시품을 준비한다.

【그림】 다소 전시품 Dispaly가 빈약한 느낌을 주는 부스

　전시품 수량만 고려할 것이 아니라 전시회 개최국이나 인근국가들에서 경쟁력이 있고 판매 가능성이 높은 상품으로 엄선해야 한다. 이들 국가의 소비자나 구매자의 구입특성, 소득수준, 디자인 및 색상, 소재, 경쟁국과 경쟁 기업들의 진출 동향, 유통구조, 수입 규제, 인증 취득 필요성 등도 감안한다. 특히 패션상품인 경우, 향후 유행할 제품을 충분한 시간 여유를 갖고 준비한다. 또한 특허나 디자인 도안 침해로 문제가 발생할 가능성이 있는 품목은 출품에서 제외하거나 대비책을 세워둔다. 전시품과 함께 카탈로그, 상품설명서, 배너 또는 포스터 등 홍보물과 출장자 명함도 충분히 준비하되 가능하면 전시회 주최국 언어로 설명된 제품설명서를 갖고 간다. 한국어로만 작성된 상품설명서나 포스터는 별 도움이 되지 않으므로 갖고 가지 않도록 한다. 종전에 이미 수차례 참가했거나 최소한 참관이라도 했던 전시회라면 당시 어떤 종류의 전시품에 참관 바이어들의 시선이 집중되었는지를 파악하여 이들 상품 위주로 전시품을 준비하는 것도 실수를 줄일 수 있는 방법이다.

　전시품을 설명하는 부스 벽면 부착 배너는 영어나 전시회 주최국 언어로 작성하되 눈에 확 띄고 제품의 특성을 부각할 수 있도록 간략하고 산뜻하게 제작한다. 자세한 설명을 원한다면 벽면 가운데는 임팩트 있게 최대한 간결하게 작성된 배너를 설치하고 양면에 사진, 도면과 함께 상대적으로 자세한 설명을 하는 것이 바람직하다. 최근에는 종전 실물 위주의 전시에서 탈피하여 상품 소개 동영상을 준비하여 바이어들 앞에서 시연하는 경우도 많으므로 CD나 USB 등으로 동영상을 제작하여 휴대하는 것도 바람직하다. 전시품 및 홍보물 이외 노트북, 변압기, 스탠드형 배너 설치대, 바이어에게 나누어 줄 기념품 또는 판촉물, 명함수거함 등도 전시품과 함께 발송하거나 출장자가 직접 휴대하여 갖고 간다.

【그림】 전시품을 설명하는 각종 부착 홍

39_이런 전시품을 갖고 나가라

어떤 전시회에 참가할 것인가 못지 않게 중요한 것이 어떤 제품을 갖고 나갈 것이냐를 결정하는 것이다. 전시회에 꾸준히 참가한다하더라도 매년 똑 같은 제품을 출품한다면 바이어들의 큰 주목을 받을 수 없다. 무엇보다도 제품의 품질, 가격, 디자인, 기술 개발, 아이디어면에서 경쟁력을 갖추어야 하며 매년 이들 분야에서 업그레이드된 제품을 전시하여야 한다.

우선 신제품과 최신 모델 위주로 출품한다. 라스베가스에서 개최되는 세계 최대가전제품전시회인 CES전에 삼성전자나 LG전자와 같은 글로벌전자회사들은 꾸준히 참가하면서 그 해의 새로운 제품들을 선보이는 자리로 활용하고 있다. 하루가 다르게 발달하고 있는 정보통신, 보안장비, 자동차, 의료기기 등 최첨단 분야 전시회에서 이러한 현상은 더욱 두드러지게 나타나고 있다.

【그림】삼성전자는 매년 CES에서 새로운 모델의 TV를 선보이고 있다.
(상단 왼쪽부터 시계방향으로 2011~2014년 CES 전시된 삼성전자 TV)

독창성과 아이디어 상품도 바이어들의 주목을 끌 수 있다. 비록 최첨단은 아니더라도 지금까지 출시되지 않았던 아이디어 상품이라면 가격이 다소 비싸더라도 소비자들에게 어필할 수 있기 때문이다. 중동이나 아프리카와 같이 더운 지역에서 체온을 떨어트려주는 얼음조끼와 같은 일상 생활용품 중 아이디어 상품을 출품한다면 큰 인기를 모을 수 있다.

유행이 지났거나 구형모델이라도 지역에 따라서는 신제품이 될 수 있다. DVD 플레이어, MP3 등은 더 이상 우리나라와 같이 IT 기술이 발달된 나라에서는 사용하지 않으나 통신이 열악한 국가에서는 다운로드가 어려워 여전히 널리 사용되고 있다.

국제적인 품질과 규격 인증마크를 받은 제품을 출품해야 한다. 아무리 경쟁력을 갖추었다하더라도 수출하려는 해당국가의 인증을 받지 못하면 수출이 불가능한 제품도 있다. 특히 전기 전자제품, 의료용품, 의약품, 식품 등이 그것인데 국가에 따라서는 그 나라의 인증을 받기 위해 미국, EU, 일본과 같은 선진국의 인증을 받아야 수출이 가능한 경우도 있으므로 사전에 이를 반드시 확인해보고 전시하도록 한다.

요르단 의료 기기 시장 진입을 위한 방안은 다음과 같다.

첫째, 요르단 의료기기 시장에 진입하기 위해서 해당 의료기기는 요르단 식약청 (JFDA)의 승인을 받아야 한다. 이를 위해 미국 FDA, EU (EC mark), Japanese Institute of Standards (JIS)의 인증서 중 한가지를 제출해야 한다. 상기 인증서중 어느 한가지 인증서를 보유하고 있지 않은 한국기업들은 요르단 의료기기 시장에 진입할 수 없다. 게다가, 공공부분 입찰에서도 미국 FDA, EC 증명서, 일본 증명서 중 어느 하나를 제출해야 한다.

【그림】 요르단 의료기기 시장 진입을 위한 요건

해당 제품이 현지의 미풍양속을 해치거나 수입금지 품목이 아닌지도 살핀다. 특히 현지 문화, 종교, 관습에 저촉된다든가 수입을 제한 또는 금지하는 품목이라면 출품하지 않도록 한다. 사우디아라비아 등 회교권에서는 돼지고기, 알콜 성분 등이 들어있는 식품, 화장품 등은 수입자체를 허가하지 않으며 비키니 차림의 여성 모델을 담은 사진 등은 전시가 불가능하다.

특허가 디자인 복제 분쟁 소지 제품, 신제품의 경우 기밀이 노출될 가능성이 있는 제품, 현지에서 짝퉁이 범람하고 있는 제품 등도 출품하는 제품에서 제외해야 한다. 스위스 바젤 시계 박람회에 짝퉁제품을 출시했던 중국 기업은 벌금 부과와 함께 전시회 도중 퇴출되는 경우도 있었고 아직 특허출연을 받지 않은 제품을 전시했다가 기밀 노출로 큰 손해를 본 한국기업도 있었다.

현지 틈새시장 또는 전시회 주최국을 경유하여 인근국으로 우회 수출이 가능한 제품, 현지 유통망 활용이 가능한 제품 등이라면 성과가 기대되는 제품이다. 한때 중동에서 우리나라 화장품은 유럽 명품 화장품과 중국, 이집트 등 저가 화장품 사이에 끼여 고전을 면치 못했으나 한류 바람과 함께 고가, 저가시장으로 양분된 현지시장에서 젊은 층을 중심으로 시장을 공략하여 시장점유율을 넓혀가고 있으며 요르단 시장 자체는 작지만 요르단에서 개최되는 전시회 참가를 통해 삼아 이라크, 시리아, 레바논 등 인근국으로 우회 수출하는 한국기업도 있다.

전시회 개최국의 산업구조에 맞는 제품을 전시한다. 2012년 6월, 레바논 건축박람회에 참가한 한 국내기업은 건축자재 원료를 출품하였다. 중동에서 건설자재 및 기기 수요는 매우 크지만 건설자재를 제조하는 생산 공장은 많지 않기 때문에 공장에서 찾는 건축자재 원료 수요는 작아 별 성과를 올리지 못한 적도 있다. 따라서 원부자재, 반제품 등을 수출하기 위해서는 전시회 개최국에서 이러한 제품을 찾는 생산시설 (공장)이 많이 있는가도 검토해야 한다.

끝으로 우리나라에서 볼 때는 전시회가 개최되는 국가에서 수요가 클 것으로 예상되는 품목이 막상 현지에서는 별 수요가 없는 경우도 있고 반대로 수요가 없을 것으로 생각되던 품목이 오히려 수요가 매우 많은 품목들도 있다. 따라서 KOTRA 해외시장조사를 통해 출품하려는 상품의 현지 수요 확대 가능성을 사전에 조사해보는 것도 바람직하다.

40_안전한 전시품 포장 방법

준비한 전시품이 파손이나 망실 없이 제대로 전시장에 도착하고 전시회 종료 후 다시 자사로 반송되기 위해서는 전시품 포장이 매우 중요하다. 포장 잘못으로 인하여 제품이 파손되거나 부식되는 것을 미연에 방지하기 위해서는 제품과 전시회 개최 지역의 특성에 따라 기상조건, 하역조건, 운송조건 및 보관조건 등을 고려하여 포장하여야 한다. 운송도중 변질될 가능성이 있는 품목은 더욱 주의를 요해 포장해야 한다. 예를 들어 정밀설계 제작된 기계류는 포장 박스 외부로 부터의 충격방지, 방청, 방수처리를 해야 하며 반도체, 의약품 및 식품 등은 방습처리도 요구된다.

【그림】 전시 부스에 도착된 포장된 전시품

운송 중 변질이나 특별히 파손 될 위험성이 크지 않은 일반 제품들은 바블지, 골판지, 스티로폴, 폴리에치렌수지, 랩, 고무패드 및 포장지등을 이용하여 제품을 포장한 후 종이 박스나 프라스틱 박스에 넣어 운송회사에 운송을 의뢰한다. 제품 발송용 종이 박스나 프라스틱 박스는 전시회 종료 후 반송할 때 다시 사용해야 하므로 도중 찢어지거나 터지는 등 파손되지 않도록 견고한 것을 이용하되 재활용 할 수 있고 물에 젖을 염려가 없으며 접어서도 보관이 가능한 프라스틱 박스를 이용하는 것이 좋다. 그러나 전시회 종료 후 전시품을 본국으로 재반송하지 않을 경우에는 가격이 상대적으로 비싼 프라스틱 박스를 굳이 사용하지 않아도 된다.

전시품 발송 시 견고한 박스로 포장했다 하더라도 박스안에 내용물이 가득차지 않아 빈 공간이 있을 경우, 운송도중 눌리거나 습기가 차면 전시장에 도착했을 때 박스가 많이 손상되어 재활용이 불가능한 경우도 있다. 따라서 처음부터 발송할 전시품의 양에 맞는 박스를 준비하든가 빈 공간이 있다면 바블지나 종이 등으로 공간을 모두 채워 견고하게 포장하여야 한다.

출품회사에서 직접 전시품을 포장하는 경우, 포장 미숙으로 인해 전시품이 파손되는 경우도 자주 발생하므로 예상되는 외부 충격에도 견딜 수 있도록 충격 완충용 포장 재료를 이용한다. 특히, 포장 불량으로 인해 전시품이 손상되는 경우, 보험 청구가 어려워질 수 도 있다는 점을 명심한다.

일반 제품과는 달리 방청, 방습처리가 필요한 전시품도 있다. 부식 방지를 위해 스프레이건을 사용하여 코팅을 하거나 방습을 위해 실리카겔을 사용하기도 하는데 이 경우 실리카겔을 제품의 사이 사이에 걸어둔다. 실리카겔은 습기를 흡수하기 때문에 도장 부위에 올려 두면 도장이 벗겨질 염려가 있다. 특수포장일 경우 방청, 방습 처리 후 알루미늄 랩으로 두르도록 한다.

진동에 의한 충격으로 인하여 기계에 변형이 가거나 크랙이 가는 기기에는 스티로폴 또는 폴리에치렌수지 등으로 제품의 충격을 방지한다. 또한 제품 사이에 습기가 없는 완충재를 사용하기도 하고 고무 패드를 이용하여 진동을 최소화한다. 가능한 부피가 큰 기계류는 전문운송업체에 포장을 의뢰하는 것이 바람직하다. 출품사가 직접 박스 포장할 경우, 전시회 기간 중 현지에서 소모할 품목 및 홍보물과 전시회 종료 후 자사로 반송할 전시품을 구분하여 별도 포장하도록 한다. 특히 식품 (라면, 주류 등)은 발송이 금지되어 있다. 식품을 전시품과 함께 발송할 경우 통관상에 막대한 지장을 초래할 수 있으므로 주의

해야 한다. 아울러 전시품에 따라 조립과 분해에 필요한 각종 공구류, 변압기를 포함하여 반송을 위해 재포장 시 사용할 별도의 포장재료, 테이프, 끈, 가위 및 커터 칼과 반송용 라벨 등도 함께 발송한다.

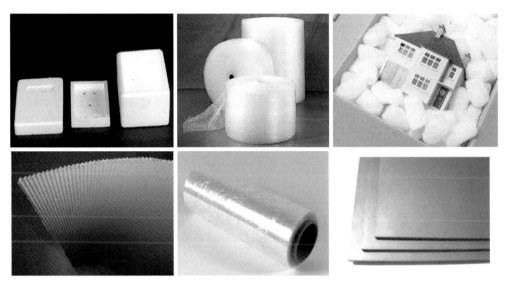

【그림】전시품 운송 시 자주 이용하는 포장 완충제

　전시품 포장이 완료되면 도난 및 분실에 대비하여 각 전시품 마다 회사명, 부스번호, 전시회명을 필히 기재한다. 또한 전시품을 포장한 상자 겉면에는 다음과 같은 내용이 수록된 A4용지를 부착한다. 아울러 수하인 (Consignee)는 통상 해당 전시회 지정운송업체로 하고 통보인 (Notify Party)는 참가업체명으로 한다. 또한 경비 절감을 위해 소형 박스로 여러 개 포장하는 것 보다는 가능한 대형 박스를 사용하여 박스수를 줄이는 것이 유리하다.

　출장자가 직접 휴대하여 갖고 갈 전시품은 정식 통관을 하지 않을 경우, 박스에 넣어 갖고 가는 것 보다는 여행용 가방에 넣어 일반 휴대품과 같이 혼합하여 휴대하는 것이 좋다. 그러나 항공편, 좌석등급 및 구간에 따라 다소 차이는 있지만 통상 수하물 1개당 20~30Kg 범위 내에서 1~2개 까지만 무료 운송해주므로 전시회 출장 시 출장자 개인용품을 제외하면 실제 전시품을 직접 휴대하는 것은 한계가 있다. 따라서 대부분의 전시회 참가기업들은 최소한의 비상용 카탈로그와 포스터 등 홍보물 위주로 직접 휴대한다. 특히, 구겨지기 쉬운 포스터는 프라스틱 도면통에 넣어 휴대한다. 직접 휴대할 전시품은 운반이 용이하도록 박스에 견고한 손잡이를 만드는 것이 좋다.

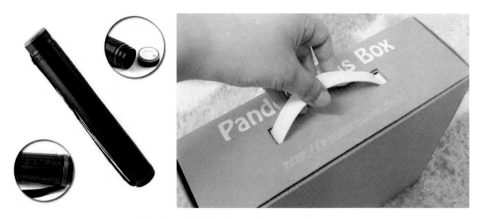

【그림】 전시회에서 자주 이용되는 핸트케리 용기

41_전시품 지적재산권 보호대책

　전시회에 참가하는 기업이 간과해서는 안 될 중요한 사항중 하나가 지적재산권에 대한 보호 대책을 세우는 것이다. 여기에는 우리 기업의 전시품에 대한 지적재산권 보호 뿐 아니라 우리 기업이 외국제품을 무단 복제하여 출품하는 경우도 포함된다. 실제 전시회에 가보면 일부 후진국 참가업체 중에는 한국제품을 불법 복제한 제품들을 버젓이 전시하기도 하고 한국제품 복제에 필요한 정보 수집을 위해 참관하기도 한다. 매년 스위스 바젤에서 개최되는 시계보석박람회 (Basel World)의 경우, 지적재산권 (디자인, 상표, 특허 등)을 침해하는 복제품이나 허가 없이'made in Swiss'로 표시된 제품을 출품하는 업체가 발각될 경우에는 엄청난 벌과금 부과와 함께 전시회에서 바로 퇴출시키고 있다. 특히 선진국에서 개최되는 전시회일수록 지적재산권 침해 품목에 대해서는 엄격한 규정을 적용하고 있으며 심지어 전시장내에서 사진 촬영도 금지시키는 전시회도 있다. 설사 전시장내에서 사진

【그림】 디자인이나 상표 침해 전시품에 대해 매우 엄격한 스위스 바젤 시계보석
박람회 (왼쪽)과 전시장내 사진 촬영도 불허하는 시카고 국제가정용품박람회

촬영을 허용한다 하더라도 부스에 전시되어 있는 특정 전시품을 근접 촬영하려고 할 때에는 출품업체의 사전 허락을 받아야 한다. 그 이유는 전시장에서는 기업이 자신의 상품 및 서비스 등을 불특정 다수를 대상으로 공개하는 곳인 만큼 기업의 지적재산 관련 침해가 일어나기 쉽기 때문이다. 이는 보통 타인이 자신의 지식재산을 침해하는 것을 말하지만 자신도 모르는 사이에 타인의 지적재산을 침해하는 경우도 포함된다. 지적재산 침해는 해외전시회에서 더욱 유의하여야 할 사항이다. 해외전시회 지재권 침해를 방지하기 위하여 다음 사항을 사전에 숙지함으로써 이와 같은 문제가 발생하지 않도록 주의하여야 한다.

첫째, 전시물품에 대한 특허, 상표, 저작권을 보유하고 있다면, 타인이 이를 제대로 인지할 수 있도록 적절히 표시하여야 한다.

둘째, 만일 자신이 전시하려고 하는 물품이 타인의 지적재산 (특허, 상표, 저작권등)을 침해하고 있다는 사실을 알고 있다면 이를 전시하거나 판매하여서는 안 된다.

셋째, 만일 타인으로부터 CD, 레터 또는 침해 경고장을 받은 경우라면, 이같은 내용이 사실인지 분석함과 동시에 특허변호사 등 전문가로부터 조언을 얻을 때까지 동 물품들을 바로 전시대상에서 제외해야 한다.

넷째, 민감함 전시품목에 대해서는 "NO PHOTOGRAPHS" 싸인을 붙인다.

다섯째, 전시업체가 아닌, 일반인 또는 침해 색출을 위한 전문업체의 고용인 등이 부스를 방문하거나 특히 사진 촬영을 목적으로 기웃거리는 것에 주의해야 한다. 이는 침해색출을 위한 전문업체의 고용인일 수도 있고, 타인이 우리 기업의 지재권을 카피하고자 하는 경우 일 수 있다.

여섯째, 지재권 침해 전시물품 또는 이를 포함하고 있는 카탈로그 등이 있는 경우, 자신의 소속과 이름을 대며 이를 보여줄 것을 요청하는 사람 등이 있더라도 이를 제공하거나 보여주어서는 안된다. (타인의 지재권을 침해하는 물품이 명시된 카탈로그의 경우, 자신도 모르게 전시부스에 반입될 수 있기 때문에 이에 유의하여야 한다.)

일곱째, 전시 카탈로그의 경우, 올바른 저작권 표시를 하여야 한다. (형식 : Copyright 또는 ⓒ마크/저작권자 성명/출판년도)

여덟째, 전시회에서 공개한 각종 출판물 (카탈로그 및 다른 인쇄물)에 대해서는 이를 인쇄, 출판한 일시와 취합날짜 그리고 출품전시회 명칭등을 기록하여 원본상태로 보관하여야 추후 발생 가능한 분쟁에 대비할 수 있다. (침해사실이 없는데도 침해를 주장하는 악의적인 경쟁기업이 있는 경우, 이같은 증빙들은 훌륭한 반박자료가 될 수 있다.)

아홉째, 전시회에 참가한 동종업계 경쟁자들의 출판물에 대해서도 위 (여덟째) 설명과 같이 보관해 놓아야 한다.

마지막으로 의심되는 사항, 궁금한 사항이 있는 경우에는 관련 분야 전문가에게 문의 및 상담을 하는 것이 좋다.

좋은 바이어들을 만나기 위해 많은 비용을 들여 참가하는 해외전시회인 만큼 지적재산권을 침해당하지 않도록 사전 대비해야 하며 우리 기업들도 지적재산권 침해 소지가 있는 제품들은 절대 출품하지 않는 자세가 중요하다. 특히, 시계, 보석, 안경, 가방 등 신변세화류와 가정용품, 자동차부품 전시회의 경우 더욱 주의가 요망된다.

【표】해외 IP-DESK 연락처

국가		연락처					
중국	베이징	Tel	+86-10-6410-6162(ext 33)	Fax	+86-10-6505-2310	e-mail	donbros@kotra.or.kr
	상하이	Tel	+86-21-5108-8771(ext 104)	Fax	+86-21-6219-6015	e-mail	yuntai@kotra.or.kr
	칭다오	Tel	+86-532-8388-7931	Fax	+86-532-8388-7935	e-mail	sunghoko@kotra.or.kr
	광저우	Tel	+86-20-2208-1604(ext 1004)	Fax	+86-20-2208-1636	e-mail	koree@kotra.or.kr
	선양	Tel	+86-24-3137-0770(ext 14)	Fax	+86-24-3137-0773	e-mail	jelee@kipra.or.kr
베트남	호치민	Tel	+84-8-3822-3944	Fax	+84-5-3822-3941	e-mail	sukkhong@kotra.or.kr
태국	방콕	Tel	+66-2-204-2503	Fax	+66-2-261-1232	e-mail	pylee@kipra.or.kr
미국	LA	Tel	+1-323-954-9500(ext 142)	Fax	+1-323-954-1707	e-mail	ykimkotra@gmail.com
	뉴욕	Tel	+1-212-826-0900	Fax	+1-212-888-4930	e-mail	713324@kotra.or.kr
독일	프랑크푸르트	Tel	+49-69-50956-5679	Fax	+49-69-50956-5520	e-mail	donghee.lee@kipra.or.kr

42_전시품 운송 절차를 파악하라

　　전시품 운송방법에는 크게 해상, 항공, 육상 3가지가 있으며, 보통 전시품을 운송할 때는 한 가지 방법만 쓰이는 것이 아니라 2개 이상이 혼합된 복합운송방법이 주를 이룬다. 일반적으로 전시품 운송은 전시주최자가 공식 운송업체를 지정하여 진행하고 있으며, 이 지정업체의 국내 지사, 대리점 등을 통해 일괄 처리된다. 전시회 참가 규모, 전시품 성격에 따라 운송방법을 선택하며 전시품이 전시회 개최 전 참가업체에서 전시장까지, 전시회가 끝난 후 다시 전시장에서 참가업체까지 운송되는 모든 사항을 고려하여 운송 업무를 진행하는 것이 바람직하다.

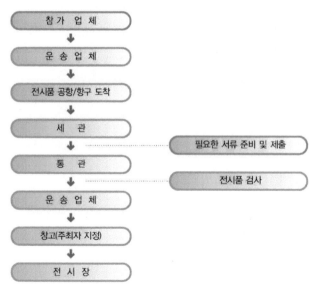

【그림】 전시품 운송 및 통관 절차

참가업체는 운송업체를 접촉하여 선적일정표와 운송견적서를 비교하여 운송업체를 선정한다. 참가업체는 항로가 불필요하게 멀리 우회하지는 않는지 전시장과 가장가까운 항구에서 하역되는지도 확인한다. 또한 참가업체는 운송업체를 통해 전시물품에 대해 보험가입을 한 후, 전시품을 출고한다. 이때 전시회 참가업체가 직접 포장하지 않는 경우, 운송회사에 전시품 포장 의뢰 과정을 거쳐 전시품을 출고한다. 운송회사는 전시물품을 목재 포장하여 선사나 항공사에 인계한다. 전시품이 목적지에 도착하게 되면 세관 통관 후 현지 운송업체가 보세창고에 보관 한다. 이어 약속된 일정으로 전시장 부스로 전시품을 운송한 후 반송용 빈 상자를 별도 보관하게 된다. 전시품 운송과정에서 가장 문제가 되는 부분은 전시회 주최국 세관과 통관에서이다. 국가마다 제도와 업무처리의 투명성이 상이하기 때문에 예상치 못한 통관 지연이나 불허가 발생될 소지가 있다. 따라서 이와 같은 불상사 발생을 최소화하기 위해서는 철저한 준비와 함께 각 국가의 통관제도를 잘 파악하고 있어야 한다. 해외전시품 통관은 기본적으로 판매를 위한 수출입이 아니므로 전시 후 국내 재반입을 전제로 한 보세통관이 원칙이다.

전시회 종료 후, 전시품을 한국으로 반송하는 경우 운송회사는 운송 의뢰 국내업체로부터 전시품에 대한 한국 반송여부를 확인 한 후, 반송을 원하는 경우 당초 한국에서 반출되었을 당시와 전시품 수량이 일치하는지를 확인한다. 전시회 참가업체가 전시회 기간 중 전시품의 일부를 현지 처리했다면 (예: 판매, 기증, 폐기 등) 그 차이에 대한 관세 납부 등을 대행하고 수출통관서류를 수정하여 통관 절차를 밟는다. 통관된 반송품을 집하지 창고로 운송한 후, 의뢰 국내업체에 인계한다. 이 과정이 모두 종료되면 운송사가 대납한 관세를 비롯하여 운송비에 대한 정산을 완료한다. 한국에서 전시회 주최국까지 해상으로 전시품을 발송할 때 선박 운행 소요기간과 현지에서 통관에 필요한 시간은 국가마다 상이하므로 충분한 시간 여유를 갖고 전시품을 발송하도록 한다.

운송 및 통관 시 유의해야 할 사항으로는 전시주최자가 배포한 참가 매뉴얼에 지정된 통관대행업체를 확인하고 이용하는 것이 안전하다는 점이다. 또한 전시품이 운송과정에서 손상되지 않도록 유의해서 포장하고, 운송과정에서 지연될 경우 전시품이 도착하지 않아 낭패를 볼 수 있으므로 전시품 도착일을 전시회 개막일보다 여유를 두는 것이 안전하다. 국가별 수입 금지품목, 통관절차의 특이사항 등을 사전에 파악하고 전시품 운송을 준비하여 통관에 문제가 없도록 해야 한다. 아울러 전시품의 도난 및 분실의 우려가 있으므로 각 전시품마다 회사명, 부스번호, 전시회명을 필히 기재한다. 이와 함께 전시품을 포장한 상자 겉면에는 제품정보를 직접 명기하지 말고 코드화하여 표기하는 것이 좋다. 전시품 송장 작성 시 현지 관세를 줄이기 위해 가격을 정가보다 훨씬 낮추어 적는 경우가 많은데, 전시품이 분실 또는 도난 될 경우 적절한 보상을 받지 못하거나 세관에 적발되어 문제가 될 수 있으므로 유의하여야 한다. 전시회 참가 담당자는 운송과정에서 문제가 생길 수 있으므로 주말에도 연락 가능한 운송업체 담당자 긴급 연락처를 필히 가지고 있어야 하며, 전시품 운송관련 각종 서류 사본도 별도로 준비하여 만약의 사태에 대비하는 것이 바람직하다.

한편 전시품 운송과정에서 국내 운송업체와 현지 파트너 (에이전트)간 업무 분장은 아래와 같다. 국내 운송업체는 전시회 참가업체 요청에 따라 전시품 포장, 보험가입, 국내에서의 운송 및 보관 [전시업체 → 운송업체 (보관 포함) → 국내 공항 또는 항구] 그리고 전시회 종료 후 반송 시 한국세관 통관 업무를 수행하게 된다. 현지 파트너는 전시회 주최국에서의 전시품 반입에 대한 통관과 한국으로 반송을 위한 통관업무, 통관된 전시품에 대한 보세운송, 부스까지 운송 및 현장작업 그리고 전시회 개막 전후의 전시품 창고 보관 업무를 수행한다.

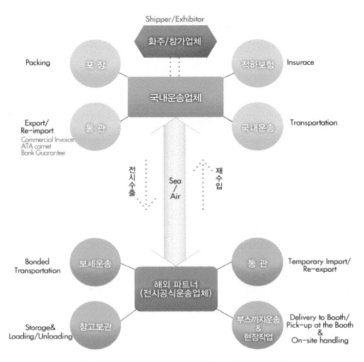

【그림】 국내 운송회사와 해외 파트너의 업무분장

43_좋은 전시품 운송회사 구비조건 및 선정 시 유의사항

성공적인 전시회를 위해서는 출품 전시품을 기한 내 안전하게 전시장으로 운송해주고 전시회 종료 후에는 출품 회사 보관처로 다시 운송해 줄 수 있는 믿을만한 운송회사를 선정해야 한다. 현재 우리나라에서 영업 중인 전시품을 비롯하여 수출물품 운송을 취급하는 회사 수는 약 400~500개사 정도로 추정되며 대부분 영세한 수준이다. 이중 이 분야에서 비교적 활발하게 영업하고 있는 운송업체는 약 20~30개사이며 한국전시서비스협회에 등록되어 있는 운송업체 수(물류 분야)는 26개사이다.

운송회사 (포워딩회사)는 전시품을 비롯하여 무역 운송에 있어서 각 부문별 소요비용과 시간을 고려하여 가장 적절한 운송로를 선정해주며 운송수단과 운송로에 바탕을 두고 화물의 포장형태 및 목적국의 각종 운송규칙을 알려주는 등 무역 운송에 있어서 전문적인 조언을 해준다. 이들은 화주로부터 화물 운송을 위임받아 자기 명의로 선사 및 항공사와 운송계약을 체결하며 복합운송증권 (Forwarder's B/L)을 포함하여 수출입화물에 대한 적하목록을 작성해서 세관에 제출한다. 또한 화주를 대신하여 관세사를 통해 통관수속을 하도록 하며 최종 도착지까지 수화인에게 화물이 안전하게 배송, 인도되는 전 운송과정을 감시 관리하게 된다. 운송회사는 사업영역에 따라 포장, 창고보관, 통관 및 보험 등 다양한 서비스를 제공하기도 한다.

【그림】 가능하면 『해외전시팀』을 별도 운영하고 있는 운송회사가 좋다.

연간 125건의 해외전시회 참가를 지원하고 있는 KOTRA에서는 엄격한 심사를 거쳐 해외전시회 전시품 운송에 최적인 업체들을 선정하여 연간 관련 업무를 수행할 목적으로 입찰 참여 자격을 부여하고 있다. 등록업체 자격 유효기간은 1년을 원칙으로 하되 업무진행에 지장이 없을 경우, 등록기간 연장이 가능하다. KOTRA는 등록업체를 대상으로 견적 비교 후 최저가 제시 운송사를 계약상대자로 선정하고 있다.

【표】 KOTRA 전시품운송 등록업체 리스트 (2014년 1월 현재)

회사명	주소	전화	팩스
선진해운항공(주) www.sunjinsa.co.kr	서울 강동구 천호동 44-1 선진빌딩 4층	02-2225 9541	02-2225 9699
㈜프리웨이 인터내셔날 www.freewayint.com	서울 종로구 숭인동 1367 아르누보파크 404호	02-2233 2910	02-2233 2941
㈜한진해운 www.hanjin.com	서울 중구 서소문동 41-3 대한항공빌딩7층	02-310 6539	02-774 7914
㈜캐미리 www.kemi-lee.co.kr	서울 성동구 성수동 2가 277-43 이크밸리 201호	02-565 3400	02-553 8458
코리아카고로지스틱스 ㈜	서울 중구 서소문동 26 경서빌딩 703	02-774 1851	02-774 1850
오리엔트해운(주) www.orientship.co.kr	서울 마포구 도화동 538 성지빌딩 16층	02-716 0064	02-716 6636
㈜엑스포로지스 www.expologis.com	서울 강남구 삼성동 159 코엑스 B-03	02-551 5804	02-551 5200/1
어질리티(주) www.agilitylogistics.com	서울 서초구 서초동 1666-3 열린빌딩 2-5층	02-2192 7426	02-539 9420

우리나라 운송회사들은 그 수도 많고 경쟁도 매우 치열하다. 대부분의 운송회사들이 차별화된 서비스, 신속한 서비스 그리고 안전한 서비스를 모토로 고객을 유치하고 있다. 해외전시회에 참가하려는 국내 기업들은 흔히들 운송료 및 부대비용 (통관료, 하역비용,

창고보관료 등)을 가장 저렴하게 제시한 업체를 전시품 운송업체로 선정하는 경향이 있는데 너무 싼 가격을 제시한 운송업체를 선정하게 되면 간혹 서비스가 부실할 수 있으므로 유의해야 한다. 운송업체 선정에서 가장 중요한 고려 요인은 저렴한 운송료 이겠지만 당초 일정대로 안전하게 원하는 지점까지 화물을 운송해줄 수 있는 운송업체의 서비스 능력도 포함된다. 실제 전시품 발송에는 많은 돌발변수가 있어 제때 전시품이 도착되지 않거나 손망실된 상태로 도착될 수도 있다. 자연재해나 인위적인 요인으로 선박 입출항 및 운송이 늦어질 수 있고 하역 노동자들의 파업, 항만 및 공항 폐쇄, 통관시스템의 낙후와 준비 서류 미비로 인한 통관 지연 및 불허, 세관공무원의 부패 또는 관료주의, 까다로운 검역 및 세관검사, 운송도중 전시품 파손 및 도난 등 예상하지 못하는 일이 비일비재하게 발생한다. 이러한 상황이 발생하였을 때 얼마나 신속하고 수월하게 문제를 해결 할 수 있느냐는 각 운송회사들의 능력이다. 이러한 능력은 다양하고 풍부한 경험과 지식 그리고 현지 파트너와의 원활한 협조관계와 책임의식에 달려있다.

따라서 운송회사를 선정할 때는 참가하려고 하는 해외전시회에 전시품을 운송한 경험이 있는지 아니면 최소한 그 국가에서 개최되는 다른 전시회라도 전시품 운송 경험이 있는지를 파악하는 것이 좋다. 가능하면 해외 전시물류 전문인력들로 구성된 해외전시팀(전시사업팀)을 별도 운영하고 있는 운송회사라면 더 좋다. KOTRA에 전시품 운송업체로 등록되어 있는 운송회사들은 소정 평가기준에 의거하여 선정되었기 때문에 비교적 신뢰할 수 있는 회사들이라고 할 수 있다. 이외 국제운송업체로서 기본적으로 사업자등록증, 국제물류주선업등록증, 복합운송주선업등록증, 국제화물배상책임보험가입증명서, 전시사업자등록증, 한국전시서비스업협회회원증, ISO 인증 및 국내주요전시장 등록증을 보유하고 있는지도 살펴본다.

운송업체가 선정되었으면 운송에 따른 일정 및 서비스 내역, 포함경비, 보험가입, 구비서류, 문제 발생 시 책임소재 등을 명확히 한다. 특히, 당초 계약 시와는 달리 운송회사가 추후 별도 경비를 요청하는 경우도 있으므로 포함된 경비와 미포함된 경비를 확실하게 밝혀둔다. 예상치 못한 사태로 인해 전시품이 제시간에 전시장에 도착하지 못했다거나 심지어 반송되는 경우, 누가 책임질 것인가도 명시해 둔다. 아울러 전시품을 현지에서 모두 처리할 것이라면 편도로 계약하고 전시품을 한국으로 되돌려 보낼 계획이라면 왕복으로 계약한다. 편도 요금 기준, 일반적으로 같은 양의 화물이라도 한국에서 외국으로 나갈 때보다 외국에서 한국으로 다시 갖고 들어올 때 운임이 더 비싸다.

44_전시품 운송비 절감 요령

해외전시회 참가 시 가장 많은 비용을 필요로 하는 3대 직접경비는 부스임차료, 장치비와 전시품 운송비이다. 국내 기업들이 해외마케팅을 위해 개별적으로 해외세일즈 출장을 떠나거나 시장개척단에 참가할 경우, 거의 대부분은 상담 자료를 직접 휴대하여 갖고 가기 때문에 별도의 운송비가 들지 않으나 해외전시회 참가 시에는 많은 전시품 및 상담 자료가 필요하므로 운송회사를 통해 별도 발송하게 된다.   전시품 운송비는 한국에서 얼마나 멀리 떨어져 있는 국가에서 개최되는 전시회에 참가하느냐와 얼마나 많은 물품을 발송하느냐 그리고 전시품의 크기에 따라 많은 차이가 난다. 따라서 같은 지역, 같은 규모의 부스로 전시회에 참가한다 하더라도 중장비, 기계류, 가구류 등과 같이 부피가 큰 전시품은 많은 운송비를 필요로 한다.

따라서 전시품 운송비는 해외전시회에 참가하려는 기업들에게 큰 부담으로 작용하게 되는데 전시품 발송 시 우선적으로 고려할 사항은 전시품을 현장에서 처리하고 한국으로 반송하지 않을 것인지 아니면 전시회 종료 후 도로 한국으로 갖고 올 것인지를 결정해야 한다. 한국으로의 반송 운송비를 절감하기 위해서는 전시품을 현지 처리하는 것이 바람직하나 이를 위해서는 해당 전시품의 현지 처리 (판매, 기증, 폐기)가 가능한 것인지 그리고 이 경우 얼마나 많은 관세와 판매세 등 세금을 지불해야 하는 지 사전 검토가 필수적이다. 특히 전시품 반송 운송비를 절감하기 위해 전시회 종료 후 전시장 부스에 샘플, 카탈로그 및 각종 폐기물 등을 부단 방치하고 가는 한국 기업들도 있는데 이 경우, 전시주최사가 나중 전시물품 폐기 비용에 대한 청구서를 보내기도 한다. 만일 한국 기업이 폐기 비용을 지불하지 않으면 다음번 참가 신청을 해도 안받아주는 경우도 있으므로 유의해야 한다.

전시품 운송비를 절감하기 위해서는 임차한 전시 부스 면적을 감안하여 최적의 양만을 발송하도록 한다. 국내 중소기업들은 통상 1개 전시부스 규모로 해외전시회 에 참가하는 데 일반적으로 전시부스 1개 면적은 9㎡ (= 가로 3m x 세로 3m 그리고 높이 2.5m)이므로 상담테이블과 의자, 접수 데스크와 최소한의 상담 공간을 확보한 후 나머지 공간에 전시품을 진열하게 된다. 실제 기본형 1개 부스 9㎡ (= 약 2.72평)를 임차하는 경우, 상담테이블과 의자 등 최소한의 상담공간을 제외하면 실제 바닥 면적 기준, 전시공간은 1평이 채 되지 못한다. 만일 현지에서 오디오나 비디오기를 별도 임차하여 부스 내에 설치할 때는 이들 기기가 차지하는 공간도 고려해야 한다.

【그림】 1개 부스는 전시 공간이 그리 넓지 않다.

출품할 전시품의 부피가 크고 무게가 많이 나간다면 대표 모델 한점만 출품하고 유사 모델은 사진이나 동영상으로 대신한다. 특히 대형 기계류나 플랜트 등 생산설비는 사진,

【그림】 해외전시회에는 부스 규모에 맞게 전시품을 발송토록 한다.

도면, 모형 및 동영상을 최대한 활용한다. 그러나 임차 부스에 비해 너무 많은 전시품을 발송하게 되면 운송비도 많이 들 뿐 아니라 부스에 모두 전시하지 못할 수도 있고 오히려 혼란스러워 바이어들에게 좋은 이미지를 주지 못하게 되는 경우도 있다.

또한 전시품의 부피, 무게 및 수량을 꼼꼼히 따져본 후 운송회사를 통해 발송할 제품과 출장자가 핸드캐리 (직접 휴대) 품목을 구분한다. 전시품 운송 시, 최소 무게 비용을 지불해야 하는 경우가 있으므로 전시품을 작은 상자로 표장하여 수량을 많게 하지 말고 큰 상자 단위로 포장하는 것이 유리하다. 전시품은 운송도중 손상되지 않도록 포장을 잘 하되 지나치게 많은 포장 소재를 사용하게 되면 포장 박스수가 늘어날 수도 있다.

운송회사 선정 시에는 전시 전문운송업체를 이용하고 여러 운송회사로부터 견적을 받아 비교적 저렴하게 운송비를 제시한 운송회사를 선정하되 지나치게 낮은 가격을 제시하는 운송회사는 서비스가 떨어질 수 있으므로 주의해야 한다. 아울러 가능하다면 해당 전시회에 참가하는 국내기업들이 동일 운송회사를 지정하여 공동으로 활용하는 것도 운송비 절감의 방법이 될 수 있다. 일반적으로 단체 파견 해외전시회의 전시품 운송비가 개별적으로 참가하는 경우보다 상대적으로 저렴한 것도 이 때문이다.

최근 전시회 종료 후, 반송 운송비를 절감하기 위해 전시했던 상품들을 대부분 현지 처리하는 국내기업들이 많이 생겨나고 있다. 따라서 이들 기업들은 전시품을 통관할 때부터 반송하지 않을 생각으로 관세 등을 모두 납부한다. 물론 아직 특허 출현이 아직 완료되지 않았거나 상품을 아무에게나 노출시킬 단계가 아니라면 운송비가 들더라도 반드시 반송 처리해야 한다.

또한 일부 국내기업들 중에는 KOTRA의 공동물류센터 사업에 참여하여 현지에서 보관 중인 전시품이나 전시에 필요한 집기 등을 조달하고 있다. 또는 전시회가 많이 열려 자주 가는 해외 거점 도시의 경우 부스 설치에 필요한 용품들을 현지에서 저가에 구입해 놓고 단골숙소 (주로 교포운영 게스트 하우스)에 보관해 두었다가 다시 사용함으로써 비용과 시간을 모두 절약한 방법도 있다.

현재 산업통상자원부, 중소기업청과 같은 중앙정부 뿐 아니라 각 지자체에서도 국내

중소기업들이 단체 또는 개별로 해외전시회에 참가할 경우, 전시품 운송비를 일부 지원해 주고 있다. 산업통상자원부 지원 해외전시회의 경우, 단체·개별 파견구분없이 1개사 당 1CBM 해상운송비를 지원하고 있다. 따라서 중앙정부와 지자체 해외전시 지원 프로그램을 적극 활용한다.

특히, 전시품은 해당 전시회 개막 전까지 현지에 도착되어야 하므로 충분한 시간 여유를 갖고 전시품 발송을 의뢰토록 하며 시간에 쫓겨 비싼 항공이나 특사배달편을 이용하므로써 불필요하게 운송비를 낭비하지 않도록 한다.

45_전시품 운송에 필요한 서류

전시품 통관을 위해 준비해야 할 기본서류는 포장명세서 (Packing List), 송장 (Commercial Invoice), 선하증권 (Bill of Landing, B/L), 항공운송 시 항공화물운송장 (Air Way Bill), 물품 무관세임시통관증서 (ATA Carnet) 및 수출보험 (Export Insurance) 등 이다. 이 밖에 국가에 따라 원산지증명서, 수입 승인이 필요한 품목에 대해서는 별도의 수입허가서 (수입 승인), 인증관련 서류, 감시 서류 및 전시회 참가확인서 등을 요구하기도 한다. 특히 포장명세서, 상업송장, 선하증권 등은 전시화물사고로 보험금을 청구할 때도 필요한 서류들이다.

전시물품 운송 시 필요한 포장명세서란 전시품 포장에 관한 사항을 상세히 기재한 서류로 포장된 제품의 수량, 순 중량, 총 중량, 일련번호 등을 상세히 적는다. 내용물의 목록을 모두 쓸 필요는 없으며, 가격은 기재하지 않는다. 무역 거래 시, 기재 내용은 상업송장에 부수하여 거래 계약 성립에 따라 선적화물의 자세한 명세를 표시하게 된다. 그리고 선적된 화물을 일목요연하게 알아 볼 수 있도록 작성하는 것으로 송장을 보충하는 역할을 한다. 따라서 포장명세서는 상업송장 및 운송서류에 기재된 내용과 일치해야 한다.

상업송장은 수출자와 수입자간의 거래계약이나 매매계약조건을 입증하는 대표적인 서류로서 수출자가 수출통관할 때 통관용 상업송장을 작성하여 세관에 제출하는 역할과 대금청구 시 네고 서류로 활용되며 수입자 입장에서는 매입명세서로서의 역할을 해 수입세관 신고의 증명자료로 활용된다. 송장에는 상업송장 (Commercial Invoice))과 영사송장 (Consular Invoice), 세관송장 (Customs Invoice) 등의 공용송장 (Official Invoice)으로 나뉜다. 일반적으로 상업송장을 송장이라 한다.

【표】 송장 종류

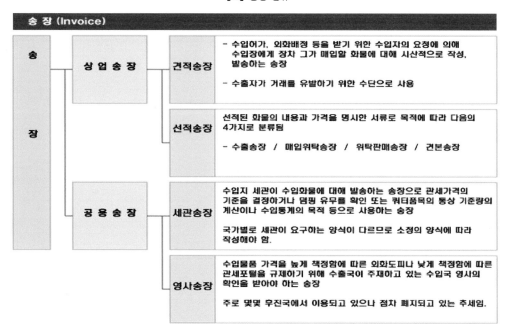

송장 (Invoice)			
송장	상업송장	견적송장	- 수입어가, 외환배정 등을 받기 위한 수입자의 요청에 의해 수입장에게 장차 그가 매입할 화물에 대해 시산적으로 작성, 발송하는 송장 - 수출자가 거래를 유발하기 위한 수단으로 사용
		선적송장	선적된 화물의 내용과 가격을 명시한 서류로 목적에 따라 다음의 4가지로 분류됨 - 수출송장 / 매입위탁송장 / 위탁판매송장 / 견본송장
	공용송장	세관송장	수입지 세관이 수입화물에 대해 발송하는 송장으로 관세가격의 기준을 결정하거나 덤핑 유무를 확인 또는 쿼터품목의 통상 기준량의 계산이나 수입통계의 목적 등으로 사용하는 송장 국가별로 세관이 요구하는 양식이 다르므로 소정의 양식에 따라 작성해야 함.
		영사송장	수입물품 가격을 높게 책정함에 따른 외화도피나 낮게 책정함에 따른 관세포털을 규제하기 위해 수출국이 주재하고 있는 수입국 영사의 확인을 받아야 하는 송장 주로 몇몇 우진국에서 이용되고 있으나 점차 폐지되고 있는 추세임.

상업 송장 활용	수출자	통관용 인보이스를 작성해 수출신고 시 활용하며, L/C방식일 경우 매입은행에 제출해 네고시 활용
	수입자	수입세관 신고의 증명자료로 활용하며, 과세표준금액 산정 시 가장 중요한 자료로 활용

선하증권이란 해상운송계약의 증거서류이며 운송인이 화물을 인수 또는 선적했음을 증명하는 서류이다. 또한, 선하증권은 운송인이 증권에 기재된 화물을 수령 또는 선적하였다는 사실을 확인하고, 지정된 목적지까지 운송하여 증권의 정당한 소지인에게 화물을 인도할 것을 약속하는 유가증권이다. 선하증권의 기능을 나열하면 선박회사에 인도된 물품의 수령증이며 증권의 소유자나 피배서인이 물품의 인도를 주장할 수 있는 권리증서이다. 아울러 운송계약을 나타내는 증거서류이며 해상운송인이 운송물의 수령 또는 선적을 증명하고 양륙지에서 증권의 정당한 소지인에게 인도할 것을 약속하는 유가증권이다. 아울러 선하증권의 소지인은 선하증권과 상환으로 물건의 인도를 청구할 수 있다. 선하증권을 종류별로 구분하면 다음과 같다.

기준	선하증권의 종류
발행시기	선적선하증권 (shipped B/L) 화물이 실제로 선전된 후에 발해되는 증권으로'Shipped' 또는'Shipped on Board' 등의 문구가 표시되며 모든 선하증권은 선적선하증권으로 발행되어야 하는 것이 원칙
	수취선하증권 (received B/L) 운송인이 선적을 약속한 화물을 화주가 지정된 창고에 입고시킨 후 화주가 요구할 경우 선적 전에 발행되는 증권으로 예정된 선박에서 선적이 안 되는 경우가 있기 때문에 L/C상에 'Received B/L Acceptable'에 상응하는 문구가 없으면 은행에서 매입을 거절할 수 있음.
외관상 하자 유무	무사고선하증권 (clean B/L) 화물 선적 당시에 화물의 포장상태 및 수량에 어떠한 손상 또는 과부족이 없이 발행되는 증권 및 과부족이 있을지라도 그 내용이 기재되지 않은 증권
	사고부선하증권 (foul B/L 또는 dirty B/L) 화물 선적 당시에 화물의 포장상태 및 수량에 어떠한 손상 또는 과부족이 있어 그 내용이 기재되는 증권
수하인 표시	기명식선하증권 (straight B/L) 증권의'Consignee'란에 수입자의 서명 또는 상호가 확실히 명기되어 있는 증권
	지시식선하증권 (order B/L) 증권의 'Consignee'란에 To Order, Order, Order of A 등의 문구가 기재된 증권이며 백지배서로 양도가 가능함.

항공화물운송장은 항공수송 화물에 대하여 하송인과 운송인 사이에 화물의 운송 계약이 체결되었다는 것을 증명하는 서류로 국제항공수송협회 (IATA)에 의해 그 양식과 발행 방식이 규정되어 있다. 이 운송장은 운송계약 체결의 증거 서류, 운송물품의 영수증, 운송 요금의 청구서, 보험증명서, 세관신고 서류, 항공회사에 대한 운송품 취급, 발송, 인도에 관한 서류의 역할을 한다. 화주가 작성하는 것이 원칙이나, 실제로는 항공사나 항공사로부터 권한을 위임 받은 대리점에서 작성하는 것이 통례다. 대리점에서 운송장을 작성할 경우, 화주신고서(Shipper's Letter of Instruction) 및 신용장(L/C), 상업송장(C/I)등 선적서류와 일치하도록 작성하고 원칙적으로 해당 화물을 전량 인수한 후에 발행한다. 아울러 항공사 및 대리점은 수하인, 하송인, 출발지, 도착지 등 운송장상의 필수적 기재사항이 빠짐없이 기재되도록 확인한다.

46_카르네 (ATA Carnet)를 해부한다

ATA는 Admision Temporaire (불어)와 Temporary Admission (영어)의 합성어이며 Carnet는 불어로 표(증서)라는 뜻으로 물품의 『무관세임시통관증서』를 말한다. 까르네는 ATA협약 가입국 간에 일시적으로 물품을 수입/수출 또는 보세운송하기 위하여 필요로 하는 복잡한 통관 서류나 담보금을 대신하는 증서로서 통관절차를 신속하고 편리하게 하는 제도이다. 따라서 ATA 협약 가입국 간 통관 시에 ATA 까르네를 이용하면, 부가적인 통관서류의 작성이 필요 없음은 물론 관세 및 부가세, 담보금 등을 수입국 세관에 납부할 필요 없이 신속하고 원활한 통관을 할 수가 있다. ATA 까르네 제도는 1961년 12월 6일 벨기에 브뤼셀에서 채택되어 1963년 7월 30일부로 협약이 발효되었으며 우리나라는 1978년 4월 4일 동협약에 가입하여 동년 7월 3일부터 발효되었다. 현재까지 ATA협약에 가입된 국가는 우리나라를 비롯해 총 71개국이다.

【표】 ATA 까르네 협약국 (회원국) 현황

그리스	남아공	네델란드	노르웨이	뉴질랜드
대만	덴마크	독일	라트비아	러시아
레바논	루마니아	룩셈부르크	리투아니아	카테토니아
말레이시아	멕시코	모로코	모리셔스	몰타
몽고	미국	벨기에	벨라루스	불가리아
사이프러스	세네갈	세르비아	스리랑카	스웨덴
스위스	스페인	슬로베니아	슬로바키아	싱가포르
UAE	아이슬랜드	아일랜드	안도라	알제리아
에스토니아	영국	오스트리아	이란	이스라엘

이탈리아	인도	일본	중국	지브롤터
체코	칠레	캐나다	코트디브아르	크로아티아
태국	터키	튀니지	포르투칼	폴란드
프랑스	핀란드	한국	헝가리	호주
홍콩	파키스탄	우크라이나	몬테네그로	마카오

* 협약국 중 인도, 중국은 전시회 물품인 경우에만 까르네 사용이 가능함.
* 밑줄친 국가는 EU회원국으로 ATA 까르네 사용시 1개국으로 분류함.
* 남아공 근접 국가인 스와질랜드, 남미비아, 레소토, 보츠와나도 까르네 발급이 가능함.

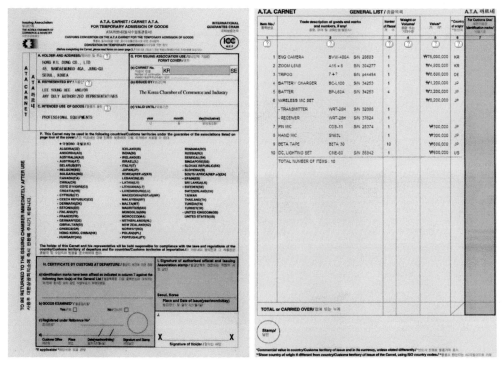

【그림】 ATA 까르네 앞면과 뒷면

현재 많은 국내기업들은 ATA 까르네 협약국에서 개최되는 해외전시회에 참가할 경우, 전시품을 전시회 종료 후 처음 반입된 상태 그대로 우리나라로 되갖고 온다는 조건하에 전시품을 비관세로 통관하기 위해 이 제도를 활용하고 있다. 그러나 ATA 까르네를 발급 받은 후, 갑작스럽게 해외전시회에 가지고 나갈 물품이 변경되는 경우 기 발급받은 ATA 까르네를 상공회의소에 반납하고 신규로 발급받아야 한다. 이 경우 기 발급된 ATA 까르네에 대한 수수료는 환불되지 않으나 보증보험은 해지가 가능하다. ATA 까르네의 효력은 국제보증조직 (IBBC)에 가입한 보증단체에 의해 정상적으로 발급된 것에 한하며 상품견

본 (Commercial Samples), 작업용구 (Professional Equipments), 전시회 (Fairs/Exhibitions)의 용도로 물품을 해외에서 사용한 후, 우리나라로 다시 가져올 물건에 대해서만 사용할 수 있다. 그러나 농산물, 식료품, 위험물품, 소모품 등 부패의 우려가 있거나 1회용품 또는 수입국이 수입을 금지하고 있는 물품에 대해서는 사용할 수 없다. 또한 ATA 까르네로 수입한 물품은 수입한 목적에 따라 사용되어야 하며 현지 세관의 승인 없이 용도 외에 사용된 경우에는 관세법 위반으로 조사 대상이 된다. ATA 까르네 유효기간은 발급일로부터 최장 1년으로 연장할 수 있으나 유효기간 이내라도 수입국 세관이 ATA 까르네 증서에 재수출 기간을 명시적으로 지정한 경우에는 동 기간 내에 재수출되어야 한다.

다이아몬드 등 값비싼 귀금속 제품이 국내에 견품(샘플)으로 들여올 때에는 까다로운 세관 절차를 거치지 않아도 된다. 바로 'A.T.A.까르네'라는 국제조약이 있어, 귀금속 제품을 비롯해 고급 악기, 의료기기 등을 견품이나 박람회, 전시용으로 반입할 경우에는 정식수입신고서 대신에 간이 신고로 신속하게 통관을 거칠 수 있기 때문이다.

이같은 까르네 통관 제도를 악용해 샘플용으로 다이아몬드 쥬얼리 등을 대거 들여온 뒤 국내 귀금속상에서 덤핑으로 판매한 홍콩 다이아몬드상이 검찰에 붙잡혔다. 검찰과 세관은 까르네 통관이 밀수의 창고가 될 수 있다는 점을 새롭게 확인한 만큼 비슷한 수법의 밀수 사례에 대해 수사를 확대할 계획이다. 또한 단순한 견본용이나 감정서 발급용 보석, 귀금속 제품은 까르네 통관대상에서 아예 제외하고 정식 수입신고 대상으로 전환하는 방향을 검토하고 있다. 세관은 특히 전람회나 박람회용 제품에 대해서도 협약상 행사에 전시할 것임을 증빙하는 자료 등을 제출하는 경우에만 까르네 통관 절차를 이용하도록 제도 개선을 추진하고 있다.

【그림】 까르네 위법 행위 관련 기사 (노컷뉴스 2014.8.28)

ATA 까르네를 이용하여 수출신고 된 경우, 세관에서는 ATA 까르네가 유효하고 물품에 이상이 없으면 일시수출내역을 전산시스템에 등록하고 ATA 까르네 원본 하단의 세관에 의한 증명란, 수출증서부본 상단과 하단에 각각 물품의 반출수량, 확인세관, 확인일시, 확인자 등과 일시수출신고번호를 기재하고 신고수리인을 날인하여 증서를 신고자에게 교부함으로써 수출신고 절차는 종료하게 되며 수출증서부본은 관세법에서 규정한 수출신고필증으로 간주된다. ATA 까르네에 의한 재수입신고 된 경우, 세관에서는 증서 및 물품에 이상이 없는지 확인을 거쳐 전산시스템에 재수입신고수리 등록하고 재수입증서부본 상단과 하단에 물품의 반입수량 등 각 사항을 기재하며 신고수리인을 날인하여 증서를 신고자에게 교부하게 된다.

한편 한번 사용한 ATA 까르네는 반드시 상공회의소에 반납되어야 한다. 그 이유는 ATA 까르네를 반납하지 않으면 물품의 반입과 반출 여부를 상공회의소가 확인할 수 없으므로 보증보험을 해지하여 보험료를 환급받을 수 없을 뿐 아니라 일시 수입국 (전시회 개최국)으로부터 클레임이 제기될 경우, 해당기업을 보호할 수 없기 때문이다. 우리나라의 ATA 까르네 보증단체는 대한상공회의소이며 발급단체로는 서울 (대한상공회의소), 부산, 대구, 안양상공회의소가 있고 직접 방문하거나 온라인으로 신청할 수 있다. 등록수수료는 회원시 110,000원, 비회원시 165,000원이며 접수 후 근무일 기준 3일 이내에 발급된다.

47_순조롭게 전시품을 통관하려면

　　나라마다 제도와 관습, 언어 그리고 공직사회의 부패 정도가 상이한 해외에서 개최되는 전시회에 참가하려다 보면 전시품 운송 및 통관 과정에서 뜻하지 않는 일로 인해 해외 전시회 참가에 차질을 빚는 경우가 자주 발생한다. 운송 및 통관 시스템이 잘 갖추어진 선진국에서도 운송회사 또는 하역 노동자들의 파업에 따른 통관 지연으로 전시품 인수에 차질을 빚는 경우가 가끔씩 발생하며 후진국에서는 전시품 손망실과 낙후된 제도, 관료주의 만연과 부패로 인한 통관 지연 또는 뒷돈을 요구하는 사례도 종종 발생한다.

　　2007년 12월, 5일간 개최된 『모스크바 의료박람회』에 국내 10여개사가 참가하였다. 그런데 한 국내 참가기업이 상업송장과 Packing List에 발송된 전시품을 『Military X-Ray machine』이라고 표기하였다. 그런데 러시아 세관에서는 이 전시품을 군수용 무기로 해석하고 통관을 불허하였다. 국내기업은 무기가 아닌 군수용 의료기기라고 항변하였지만 러시아 세관은 꿈적도 하지 않고 러시아어로 작성된 상품설명서를 제시하라고 요구하였다. 물론 이 기업은 러시아어로 작성된 상품설명서를 준비하지 않았다. KOTRA 모스크바무역관 직원이 아무리 상황을 설명해도 러시아 세관은 물러서지 않았으며 운송회사 현지 파트너도 나 몰라 하는 자세를 보였다. 결국 그 기업은 전시회 개최 첫날, 전시품 없이 카탈로그만 갖고 상담할 수 밖에 없었다. 무역관 직원은 마지막으로 駐모스크바 한국대사관의 힘을 빌리기로 하고 대사관 협조 공문을 제시하고서야 전시품을 통관할 수 있었다. 관료주의가 만연된 국가, 특히 구(舊) 사회주의 국가에서는 이런 일이 종종 발생한다.

그러나 이러한 외부적인 요인 말고도 해외전시회에 참가하는 국내 기업들의 준비 부족과 미숙으로 전시품이 제때 통관되지 못하여 전시회를 망쳐버리는 경우도 있다. 특히, 전시품을 핸드캐리하여 항공편으로 입국할 때, 전시품을 압류당하거나 엄청난 벌금을 납부해야 하는 사례도 자주 발생한다. 해외전시회에 참가하는 국내기업들은 대부분 관광비자로 입국하기 때문에 전시물품의 경우에도 정상 관세를 납부함이 원칙이다. 그럼에도 불구하고 관세를 납부하지 않고 통관하기 위해서는 인보이스, Packing List와 함께 대한상공회의소에서 발부하는『무관세임시통관증서 (ATA Carnet)』를 준비해야 한다. 여기에 더해 전시주최자로 부터 해당전시회에 참가한다는 확인 서신을 휴대하는 것이 좋다.

전시용 샘플의 경우 가격이 일정 금액 미만이면 (예: 유럽은 100유로 미만) 무관세로 반입이 가능하나 품질면에서는 너무 고급일 경우 샘플로 간주하지 않을 수도 있으므로 이 점에 유의해야 한다. 간혹 전시품으로 위조품을 가지고 오는 경우가 있는데 특히 유럽 등 선진국에서는 자국기업에 대한 지적재산관 침해 및 불법 복제, 위조품을 강력히 단속하고 있으며 적발 시 소송을 제기하여 엄중하게 처벌하고 있다. 특히 스위스 바젤에서 개최되는 시계 박람회인 바젤월드에서는 스위스 시계의 지적재산권 보호를 위해 사복요원들이 전시장을 돌면서 지적재산권 침해사례를 파악하고 적발 시 바로 신고하며 이 경우 문제가 복잡해지고 비용도 만만치 않게 들며 국가 망신으로 이어지므로 각별히 유의해야한다. 지적재산권 침해 가능 상품의 전시는 금지되며 카타로그 수록도 금지되며 또한 지적재산권 침해 혐의 기업을 전시회 참가가 금지된다.

또한 후진국의 경우, 핸드캐리 시 박스 단위 포장보다는 여행자용 가방을 이용하고 여러 사람이 전시회에 참가 때는 전시품을 분산해서 휴대하는 것이 바람직하다. 또한 일반 관광객의 경우, 짐이 많지 않아 대체로 검색이 까다롭지 않으므로 일반 관광객 틈에 끼어서 입국한다. 일부 후진국에서는 직접 운반 전시품의 경우, 공항 세관원들은 관례에 따라 관세 면제를 조건으로 뒷돈을 요구하는 경우가 있는데 상황에 따라 과도하게 요구하지 않는다면 적절하게 대응하는 것도 방법이다. 그러나 흔히들 후진국이라 하더라도 뇌물이 통하지 않는 국가도 있음을 유념해야 한다. 이 밖에 어떤 국가에서는 한국, 중국 비즈니스 사절단이 입국 할 경우, 의도적으로 휴대물품 검색을 까다롭게 하기도 하는데 이 경우 당황하지 말고 전시회에 참가하는 업체임을 설명하면서 전시 참가 사실을 증명할 수 있는 서류를 제시한다.

『무관세임시통관증서』를 제시한 후, 전시품에 대한 관세를 납부하지 않고 통관한 전시품을 전시회 기간 중 또는 종료 후 판매하였거나 기증 또는 폐기하였을 경우에는 사후적으로 라도 반드시 관세를 납부해야 하며 우리나라로 다시 반송할 경우에는 현지 반입 시 당초 신고대로 전시품 상태와 수량이 정확히 일치하여야 한다.

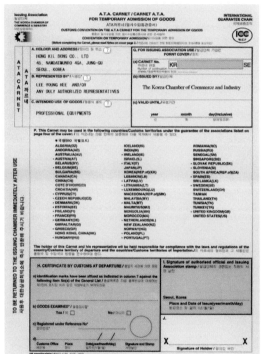

【그림】무관세임시통관증서 (ATA Carnet)과 공항 세관 검사 장면

차질 없이 전시물품을 찾기 위해서는 항공이나 해상으로 전시품을 운송하든 직접 휴대하든 전시회가 개최되는 국가의 통관 환경과 운송 및 통관에 필요한 소요일자를 파악하고 요구하는 서류를 잘 구비하는 것이 무엇보다 중요하다. 아울러 해당 전시회 홈페이지를 꼼꼼히 살펴, 통관 시 유의사항도 미리 숙지한다. 그리고 선후진국을 막론하고 전시품 도착 지연, 손망실 및 통관 불허 등을 대비하여 비상용 상담자료 (카탈로그, 상품설명서, 샘플, 영상이 담긴 USB 등)를 별도로 직접 휴대하여 갖고 가며 출발 전 우리나라 현지 공관, 무역관, 국내운송회사 및 현지 파트너 운송회사 연락처를 파악하도록 한다.

5. Services for Exhibitors

5.1. Official Freight Forwarder

Achieve Freight (HK) Limited is the Official Freight Forwarder and Customs Broker for the HKTDC Hong Kong International Lighting Fair 2014 (Autumn Edition) and can provide a comprehensive range of services including: customs clearance, insurance and transportation.

The agreed shipping arrangements between the Official Freight Forwarder and the individual exhibitor will ensure that exhibits and all related articles arrive at the Exhibition Centre well in advance of the exhibition date to provide for customs clearance, transportation and unpacking procedures.

Overseas exhibitors or authorised agents should apply to the address listed below for full information on forwarding procedures. The Official Freight Forwarder will issue individual Exhibition Transport Guidelines to exhibitors.

【그림】 홍콩전자전 통관 관련 안내정보 (참가업체 매뉴얼에 나와 있다.)

48_전시품 운송, 이런 사고 자주 발생한다

　　해외전시회 참가 시 참가기업들을 가장 당황하게 만드는 상황 중 하나가 전시품의 지연도착, 미도착, 분실 또는 파손 등이다. 대부분의 전시품들은 항공이 아닌 선박으로 운송되기 때문에 현지 도착까지 시간도 많이 걸리고 도착 예상일을 정확히 맞추지 못하는 경우도 많다. 선박운송의 경우, 천재지변이나 인위적인 요인으로 인해 지연 도착되는 경우가 흔히 있기 때문이다. 즉 기상악화, 선박사고, 파업, 예상치 못한 도착 선박 증가로 인하여 하역 대기 시간이 늘어나거나 통관시스템 낙후로 인한 지연 등 변수가 너무도 많다. 수출화물이나 이사화물의 경우, 일반적으로 도착 예정일이 다소 늦어진다 하더라도 큰 문제가 되지 않는다. 그러나 전시품은 정해진 전시회 기간 동안 반드시 디스플레이 되어야 하기 때문에 전시회 개막 몇일 전에는 차질없이 현지에 도착되어야 한다. 전시품이 제 날짜에 도착되지 못하면 전시회 참가 성과를 기대할 수 없게 된다. 전시품 운송과 관련, 문제 발생 소지를 최소화하기 위해서는 우선 믿을 만하고 경험이 많은 운송회사를 선정해

【그림】 전시품은 여유있게 발송토록 한다.

야 할 것이며 가능한 전시품을 여유 있게 발송해야 한다. 설사 전시품이 다소 일찍 도착되어 현지에서 추가 보관료를 내는 한이 있더라도 늦게 도착되는 것 보다는 훨씬 다행이기 때문이다. 또한 현지 통관에 필요한 서류를 잘 챙기고 각국의 통관 시 유의사항 등을 사전 확인한다.

2013년 중국 상해에서 개최되었던「인터텍스타일 국제섬유전시회」운송업체로 선정되었던 A사는 무슨 이유에서 였는지 전시품 도착 항구를 상해로 하지 않고 대련으로 정한 후 그곳에서 하역한 전시품을 육로로 상해 전시장까지 운송하는 루트를 택하였다. 뜻하지 않게 먼 항구를 돌아 육로로 전시품을 운송하다보니 전시품 진열 마지막 날 밤늦게 전시품이 도착되어 참가업체들이 겨우 Dispaly를 마칠 수 있었다. 물론 이 운송업체는 참가기업들에게 변상조치하고 추후 운송사 입찰에서 불이익을 주는 선에서 마무리되었으나 더 늦었더라면 전시회 참가에 큰 차질을 빚을 뻔한 아찔한 순간이었다. 이외 구(舊) 사회주의 일부 국가, 세관 공무원이 부패한 국가, 행정시스템이 낙후된 후진국 등에서는 이런 저런 이유로 전시품 통관이 지연되거나 불허되는 경우도 종종 일어난다. 일부 선진국에서는 항구 노동자들의 파업으로 애를 태운적도 있었다.

따라서 전시품 운송 및 전시회 기간 중 전시품에 대해 발생되는 예상 사례를 사전에 파악하여 만일의 경우에 대비하여야 한다. 이중 하나가 운송회사를 통한 전시품 발송과는 별도로 전시품이 전혀 전시장에 도착되지 않는 최악의 경우를 상정하여 출장자가 최소한의 상담 자료를 별도 휴대하는 것이 바람직하다. 전시품 운송 및 부보와 관련되어 자주 발생하는 사고 사례는 다음과 같다.

【표】전시품 운송 및 부보 관련 자주 발생하는 예상 사례

연번	예상 사례
√	전시품 전부 또는 일부의 도착이 지연되는 경우
√	세관에서 전시품 전부 또는 일부의 통관이 불허되는 경우
√	전시품이 세관에서 압류되는 경우
√	통관 시 과다한 관세 및 공과금이 부과되는 경우
√	전시품이 파손된 채로 도착되는 경우
√	운송도중 전시품 전부 또는 일부가 분실되는 경우
√	전시회 기간 중 전시품이 파손되는 경우
√	전시회 기간 중 전시품 도난이 발생되는 경우
√	타 참가업체 전시품과 혼합되어 도착되는 경우
√	전시품 도착 지연으로 인해 Display 허용시간을 초과하는 경우

√	전시품 포장 박스를 재활용할 수 없을 정도로 손상된 경우
√	파업으로 인해 전시품 하역이 지연되는 경우
√	내륙운송 연결 편 차질로 전시품 운송이 지연되는 경우
√	천재지변으로 인하여 항공이나 선박 운행이 중단되는 경우
√	분쟁지역에서 전시품 운송도중 탈취나 공격을 받는 경우
√	지적소유권 문제로 인해 전시품 전시가 불허되는 경우
√	전압이나 헤르쯔 차이로 인해 전시품이 작동되지 않는 경우
√	지나치게 많은 전시품을 발송하여 모두 Display할 수 없는 경우
√	전시품이 엉뚱한 곳으로 배달되는 경우
√	전시품 통관을 위한 구비 서류가 미비한 경우
√	운송회사가 예상치 못하는 (사전 제시하지 않은) 추가 경비를 요청하는 경우
√	운송회사 현지 파트너의 서비스가 불만족스런 경우
√	현지에서 전시물품에 대한 보험처리 방법을 잘 모르는 경우
√	전시회 기간 중 출장자가 다치는 경우
√	전시회 기간 중 전시장치물 손상으로 전시품에 피해가 발생하는 경우
√	전시회 종료 후 본국으로 반송해야 하는 전시품이 너무 많은 경우
√	전시품 규격으로 인해 부스 내 설치가 어려운 경우
√	전시품 하중으로 인해 부스 내 반입이 어려운 경우
√	꼭 필요한 전시품 일부 (부품, 작동에 필요한 도구 등)를 발송하지 않은 경우
√	인쇄홍보물 (카탈로그, 브로슈어, 명함 등)이나 판촉물이 전시회 도중에 모두 배포되어 부족한 경우
√	한국에서 갖고 간 배너, 도면, 설치홍보물 등이 전시회 기간 도중 손상되는 경우
√	전시회 종료 후 현지 처리하려던 전시품을 처리하지 못하고 본국으로 다시 발송해야 하는 경우
√	보험금 처리가 지연되는 경우
√	전시참가업체와 운송사간 책임 소재 규명 관련 분쟁이 발생되는 경우
√	전시품 도착 후 지게차, 사다리 등이 제때 수배되지 않는 경우
√	부스내 전력 공급 이상으로 전시품 시연이 불가능한 경우
√	국내운송사와 연락이 두절되는 경우 (특히 휴일 중)
√	전시 도중 전시품 고장으로 인해 시연이 불가능 한 경우
√	당초 계약노선과 다른 노선으로 전시품을 운송하는 경우
√	최단 거리 노선을 이용하지 않고 우회하여 운송하는 경우
√	핸드캐리 시 항공사가 정한 무료 운송 화물 중량이나 수량이 초과되는 경우
√	핸드캐리 화물이 출장자와 함께 도착되지 않는 경우
√	핸드캐리 화물에 대해 많은 세금이 부과되는 경우
√	핸드캐리 화물의 통관이 불허되는 경우
√	핸드캐리 화물이 파손 또는 망실되는 경우
√	통관 후 발급받은 서류를 분실하는 경우
√	전시품 Display용 집기 렌탈이 용이하지 않는 경우
√	너무 많은 전시품을 발송한 경우
√	전시회에 맞지 않는 전시품을 전시하다 주최측으로 부터 지적 받는 경우
√	직매 불허용 전시회에서 직매하다 주최측으로 부터 제재를 받는 경우

49_전시품도 보험에 가입해야 한다

해외전시회에 참가하는 경우, 참가기업은 운송회사를 통해 전시화물 적하보험에 가입하게 되는데 원칙적으로 전시참가업체는 모든 전시품에 대해 국내 선적에서 부터 현지 전시장 반입, 반출 후 참가업체로 다시 도착될 때 까지 ALL RISK에 부보하여야 한다. 통상 전시화물의 부보 구간은 부보 품목이 전시될 목적으로 소유자 (전시참가업체)의 보관장소에서 실제 이탈하는 시점부터 개시되어 전시 될 장소로의 운송기간 및 전시기간 중에도 계속 담보되며 전시회 종료 후 소유자의 원래 보관 장소까지 운송되어 소유자에게 인도됨으로써 종료된다.

전시화물의 부보 범위는 운송위험, 전시기간 중 위험 및 기타 특별위험이다. 담보위험에 기인하거나 포장, 개봉, 재포장, 취급, 전시중의 부주의 및 실수의 결과로 일어난 부보 품목의 손실, 손상 및 파손을 보상한다. 또한 화재, 도난, 파손, 폭발, 파열위험, 항공기의 추락이나 접촉, 또는 항공기로부터 물체의 낙하, 차량의 충돌 또는 접촉, 기타 특약으로 담보하는 위험에 대해서도 손해를 보상한다.

그러나 전시기간 중 전시를 위한 조립위험 (the risks of assembling and disassembling Completion)과 사고로 인한 손해 이외의 전시품의 가치 하락 손해 (covering the risks of breakage resulting from accidental physical damage)에 대해서는 보험회사가 담보해주지 않는다. 또한 운송기간 중 피보험자의 고의, 자연소모, 통상의 누손 또는 통상의 중량, 용적 감소, 포장 또는 준비 불안전으로 인한 손해와 화물 고유의 하자나 성질, 지연, 본선 소유자 및 관리자, 용선자 또는 운항자의 지급불능과 금전상의 채무불이행, 전쟁위험 및 동맹파업으로 인한 손해도 담보되지 않는다.

보험가입자는 보험이 개시되기 전과 보험 종료 시점에 운송인이나 전시주최측에서 발급한 전시품 상태에 대한 증명서를 제시하여야 하며 전시품에 대한 적합한 전문 포장 사용과 전시, 보관장소의 화재경보, 보안시설 등 안전상태가 충분하게 지켜져야 한다는 조건하에 보험 가입이 이루어진다. 전시화물 적하보험가입자는 가입 시 전시회명, 전시장소, 전시기간 등 전시회 관련 정보, 운송구간, 보험기간, 품목정보 (Packing List, 상업송장, B/L), 운송방법 등을 보험회사에 제시하여야 한다.

운송회사를 통해 전시품 대해 적하보험에 가입하기 위해서는 통상 인보이스 금액의 110%를 전시품의 총 가치로 계산하며 전시 참가업체는 이 금액의 0.15%를 보험료로 납입한다. 단, 인보이스 금액 1만달러 까지는 보험료를 15달러로 일괄 적용한다. 따라서 관세 회피나 보험료를 적게 물기 위해 인보이스 금액을 인위적으로 너무 낮게 제시하면 전시품 파손이나 분실 시 적절한 보상을 받지 못할 수 있으므로 주의해야 한다.

예> ㅇ 인보이스 금액 : US$ 25,000
  - 보험료 : US$ 25,000 × 1.1 × 0.0015 = US$ 41.25

  ㅇ 인보이스 금액 : US$ 10,000 이하인 경우
  - 최저 보험료 (US$ 15 일괄 적용)

전시화물사고는 이메일, 전화, 우편으로 가능하며 사고 접수 시 보험증권, B/L, 상업송장, Packing List, 사고사진, 보험금 청구 공문, Claim Notice (운송인 및 운송관련업자) 그리고 사고 사실을 입증할 수 있는 서류 (반입화물 점검실시명세서, 입고협정서 등)를 제출한다. 보험회사에서는 사고 내용이 명확하고 서류가 완벽하게 접수된 것으로 판단하면 보험금 지급 여부를 결정한다. 이 경우, 보험금 지급까지는 오랜 시간이 걸리지 않는다.

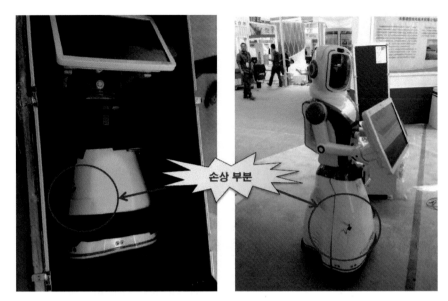

【그림】 전시품 운송 도중 예상치 않은 파손이 자주 발생한다.

　그러나 고의사고로 판단되거나 추가적인 조사가 필요할 경우, 현지에서 사고가 발견되면 보험회사는 증권에 명기된 현지 Surveyor로 연락하여 현장 조사를 실시토록 하고, 반송 후 한국에서 사고가 발견되면 보험회사에서 직접 현장 조사를 실시하여 정확한 손해액 파악을 거쳐 잔존물을 매각한 후 보험금 지급 여부를 결정하게 되며 보험금 지급까지 통상 2~3주 시간이 소요된다.

　일부 해외전시회 참가 국내기업들 중에는 전시회 종료 후, 운송회사로부터 한국으로 반송할 박스 수에 대한 인수증을 받아두지 않았다가 분실 사고가 발생하여 박스 수에 차이가 나더라도 보험 처리가 안되는 경우도 있으므로 유의해야 한다.

　한편, 최근 많은 국내운송사들은 인터넷을 통해 보험 접수를 받기도 하며 보험사들은 보험청구액이 소액이고 증빙이 명확한 경우 절차를 대폭 간소화하여 지불하기도 한다.

【그림】국내운송사의 보험사고접수 인터넷 사이트

50_전시품 핸드캐리 시 유의사항

　전시품이 많지 않고 그다지 무겁지 않은 경우, 운송비 절감을 위해 전시회 파견자가 전시품을 직접 휴대하기도 한다. 이 경우, 별도 운반비용이 들지 않고 신속하게 운반할 수 있는 장점이 있지만 항공사가 무료로 실어주는 화물 허용량의 한계가 있고 통관에 필요한 서류를 제대로 갖추고 가지 않으면 입국 시 과도한 세금을 물어야 하거나 압류되어 전시회 참가에 막대한 차질을 빚을 수 있음을 유념한다.

　전시회 참가기업은 전시회 참가 시 상용비자가 아닌 관광비자로 입국하기 때문에 전시물품의 경우에도 정상적으로 관세를 납부하는 것이 원칙이다. 일반적으로 영문 상업송장 (Commercial Invoice), Packing List, 무관세임시통관증서 (ATA Carnet), 전시참가사실증명서를

【그림】 공항 세관에 걸리더라도 당황하지 말고 잘 설명하며 전시품은 박스 보다 가방에 넣어 분산하여 운반한다.

제시할 경우, 무관세 통관도 가능하다. 그러나 이 경우에도 당초 신고내역과 반출내역이 다를 경우 그에 대한 세금을 납부해야하며 인보이스 가격이 일정 금액 초과 시 세금을 납부해야 하거나 더 까다로운 검색이 뒤따를 수 있으니 유의해야 한다. 특히, 핸드캐리 물품이 수입금지 품목은 아닌지 사전 확인이 필수적이다. 해외전시회 참가 뿐 아니라 개별적으로 해외세일즈 출장을 간다거나 시장개척단에 참가하기 위해 샘플 등을 휴대할 경우, 가능하면 박스에 포장하는 것 보다는 일반 가방에 넣어 운반하고 샘플을 여러 가방에 분산하면 세관에 걸릴 확률이 낮아진다. 또한 공항 세관원들은 비즈니스 출장자들을 대상으로 상품 반입을 집중 단속하므로 관광객들 틈에 섞여 세관검사대를 통관하면 비교적 덜 노출될 수 있다.

일부 국가에서는 공항 세관원들이 관례적으로 관세 면제를 조건으로 뒷돈을 요구하는 경우가 있는데 상황에 따라 과도하게 요구하지 않는다면 적절하게 대응한다. 그러나 뒷돈이 결코 허용되지 않는 국가에서 국내 참가업체가 먼저 뒷돈을 주게 되면 문제가 더 복잡해질 수 있으니 주의해야 한다. 따라서 출장 전, 각국별 공항 세관 통관 유의사항을 숙지한다. (전시포탈사이트 GEP 참조)

공항 세관을 통과하다가 세관원에게 제지당할 경우에는 당황하지 말고 해외전시회 참가업체라는 사실을 차분하게 설명하고 - 따라서 해외전시주최사로부터 전시참가 사실 증명서 (확인레터)를 받아 휴대하고 가는 것이 중요하다. - 최대한 설득하되 세관원이 완강하게 나오면 운송회사, 대사관이나 무역관에 도움을 요청한다. (따라서 비상시를 대비하여 공관과 무역관, 주최사 및 체류 호텔 전화번호 리스트를 휴대한다.) 우리 기업들이 자주 참가하는 해외전시회 주요 주최국들의 핸드캐리하여 입국 시 현지 공항에서 유의할 사항은 다음 표와 같다.

【표】주요국별 핸드캐리 시 현지 공항에서 유의사항

국가	유의사항
미국	○ 핸드캐리 전시품에 대한 구비서류로는 Invoice, Packing List가 있으며 세관원이 서류를 요구하면 제시해야 한다. 구비서류에는 'Not for sale'또는 'Only 000전시회'와 같이 기입하고 또한 전시품 제조회사명, 주소, 원산지 등도 표기해야 한다. ○ 전시물품과 개인용품을 혼합하여 같은 가방에 넣지 말아야 하며 핸드캐리 물품이 미국 FDA에 저촉되는지 사전 파악해야 한다. 인보이스 금액이 US$ 250을 초과할 경우, 더 까다로운 검색을 받게 된다.
독일	○ 핸드캐리 전시품의 경우에는 반드시 관련 전시회가 기재된 영문 샘플인보이스와 대한상공회의소에서 발행하는 무관세임시통관증서를 준비해야 한다.

중국	○ 전시품의 경우에도 정상관세를 납부해야 한다. 주로 Packing List, Invoice, HS Code를 제출해야 하는데 500 불 이상은 반드시 세금을 납부해야 하므로 Invoice 작성 시 샘플 금액은 가능한 500불 미만으로 작성한다. ○ 공항에서 문제 발생 시 물류업체를 찾아 직접 통관하는 것이 빠르다.
홍콩	○ 원칙적으로 전시품 핸드캐리 시, 세관신고를 필히 해야 하며 Invoice, Packing List 및 전시회 참가증빙서류 (전시신청서)등을 준비해야 한다. ○ 홍콩 공항의 보인이 강화되고 있어 knives, cutter, razor blades, household cutler와 같은 품목은 가급적 핸드 캐리 하지 않는다.
싱가포르	○ 전시회 참가업체가 전시품을 직접 운반할 경우에도 선박이나 항공편으로 운송하는 경우와 동일하다. ○ 싱가포르는 일부 품목을 제외하고는 관세를 부과하지 않고 부정부패가 없는 것으로 유명해 공항에서 통관 관련 뒷돈을 요구하는 경우는 없다.
배트남	○ 공항 세관원들이 특별히 전시품 샘플을 단속하지 않으며 핸드캐리 규정인 7Kg이하와 액체 100ml 미만으로 가져온다면 추가 비용없이 직접 운반이 가능하다.
UAE	○ 직접 운반 전시품의 경우, 공항 세관원들은 비즈니스 출장자들을 대상으로 샘플 반입을 집중 단속하므로 관 광객들 틈에 섞여 세관검사대를 통과하면 비교적 덜 노출될 수 있으며 샘플은 여러 가방에 분산 휴대하는 것이 좋다. ○ 전시주최자로부터 아랍어, 영어로 작성된 전시회 참가 확인 레터를 휴대하는 것이 바람직하다.
러시아	○ 전시를 위한 임시 통관일 경우, 일반적인 구비서류는 송장, 선하증권 또는 항공화물운송장과 Packing List이 며 품목별 추가 필요서류는 매번 상이하기 때문에 별도의 확인이 필요하다. ○ 임시 통관이라도 농수산물, 식품, 음료, 세정/세척제품이나 개인/가정 위생 관련 각종 종이제품, 유아의류 등 은 필히 위생 인증관련 서류 (국제인증서 등)를 구비해야 반입이 가능하다.

51_해외전시회에서 필요한 비품

해외전시회 참가를 위해서는 많은 비품이 필요하다. 조립부스로 참가하는 경우, 기본적인 집기는 주최측에서 제공하지만 추가로 필요한 집기, 사무기기, 비품 및 소모품 등은 별도로 현지에서 구입, 렌트하거나 한국에서 갖고 가야 한다. 부피와 무게로 인해 한국에서 갖고 가거나 전시품과 함께 발송하기가 어려운 비품은 어쩔 수 없이 현지에서 해결 할 수 밖에 없겠지만 가능하면 한국에서 직접 갖고 가거나 전시품과 함께 발송하게 되면 비용을 크게 절감할 수 있다. 설사 한국에서 갖고 가지 못했어도 전시장에서 구입하는 것보다는 시내 슈퍼나 전문점에서 구입하는 것이 저렴하다. 해외전시회에 필요한 비품 중 한국에서 갖고 가는 것이 바람직한 것은 다음과 같다.

■ 문구 및 공구류

■ 전기 전자 관련 비품

220V → 120V 다운
미국,캐나다 가전제품 전용

■ 전시 비품

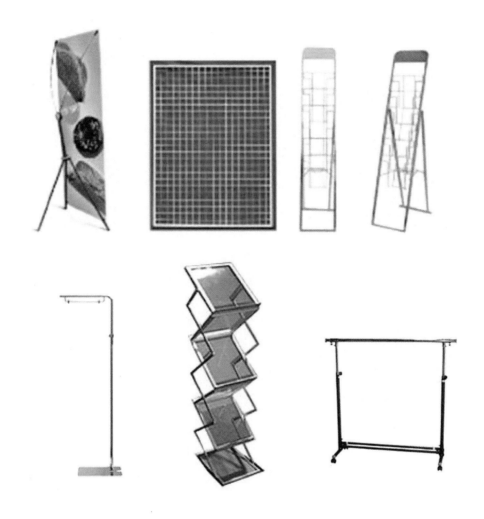

■ 기타 비품 및 소모품

띠벽지 시트지

52_전시회 기간 중 천정부지로 오르는 숙박비

　　세계 유명 전시회에 참가 또는 참관하려는 국내 기업인들이 신경 써야 할 것 중에 하나가 항공권 구입과 호텔 예약이다. 글로벌 명품전시회가 개최되는 기간 전후에서 항공권은 오래전에 매진되기 일 수이고 호텔은 평소 3~4배를 주고도 빈방 구하기가 하늘에서 별따기이다. 덕분에 전시회가 개최되는 동안 호텔 등 숙박시설과 음식점, 쇼핑 상가, 관광, 운송 등 관련 산업들은 특수(特需)를 누리며 전시회가 개최되는 도시는 엄청난 경제적 혜택을 보게 된다.

　　매년 1월 미국 라스베가스에서 개최되는『국제가전제품박람회 (CES)』의 경우, LA나 라스베가스 행 비행기는 오래 전 매진되며 평소 100달러 안팎의 중저가 호텔조차도 300~500달러까지 뛰는 데, 전시회가 임박하면 이마저도 구하기 쉽지 않다. 대부분 1년 전에 미리 예약하지 않으면 항공티켓 구입도 호텔 잡기도 어렵다는 말이 나올 정도이다. 또한 2018년까지 매년 2월말, 스페인 바로셀로나에서 열리는 세계 최대 모바일 전시회인『모바일 월드콩그레스 (MWC)』의 경우에도 전시장 인근 호텔은 이미 두 달전부터 모든 예약을 마치고 40유로 정도의 하루 숙박비는 최대 400~500유로 까지 천정부지로 급등한다. 전시회 기간 중 특급호텔 숙박비는 하루 100만원을 넘어간다. 특히 독일은 경우, 그 정도가 더욱 심해 유명 전시회 개최 기간 동안 시내 호텔 숙박비는 2~5배 뛰는 것이 보통이고 이 기간 중 예약 없이 시내 호텔 방을 잡는다는 것은 거의 불가능하다. 호텔 방을 구하지 못한 사람들은 전시장에서 차량으로 1~2시간 떨어진 곳의 호텔을 구하기도 하는데 이마저도 쉽지 않은 편이다.

따라서 항공권과 호텔 예약은 빠르면 빠를수록 좋다. 그렇다고 예산 절감을 위해 너무 싼 항공권을 구입하게 되면 여러 번 갈아타거나 멀리 돌아가야 하고 심지어 출발, 도착시간대가 좋지 않아 매우 피곤한 출장이 될 수 있다. 시차 적응도 안 된 상태에서 최소 3~4일간 바이어들과 연속 상담을 하기 위해서는 가능한 한 몸 컨디션을 좋은 상태로 유지해야 한다. 그러므로 가능하면 직항 국적기를 이용하고 직항노선이 없다면 갈아타는 횟수를 최소화하는 항공노선을 택하도록 하며 전시회 개최 이틀 전까지는 현지에 도착하도록 하는 것이 바람직하다. 아울러 출장자가 휴대하는 전시품이 많을 경우에는 무료로 1인당 수화물을 많이 실어주는 항공편을 이용하도록 한다.

【그림】 CES 전시회 기간 중 숙박료가 크게 치솟는다는 기사(왼쪽), 8월 마이애미의료기기전 기간 중 투숙했던 250달러 짜리 호텔 방(오른쪽)

　　또한 숙박의 경우에도 예약 시기를 놓치게 되면 전시장과 상당히 멀리 떨어진 곳의 호텔에 투숙할 수 밖에 없게 되는데 전시장 오고 가는데 많은 시간이 소요되어 비즈니스 활동에 막대한 지장을 주게 된다. 따라서 가능한 전시장 가까운 호텔로 미리 예약하는 것이 훨씬 유리하다. 투숙할 호텔 부근에 한국 식당, 환전소 및 쇼핑센터가 있다면 더 좋다. 그러나 우범지대에 있는 호텔은 피하도록 한다. 세계적으로 유명한 전시회의 경우, 단체 여행사를 활용하는 것도 좋고 전시회 주최 측과 연계된 항공, 호텔 서비스를 활용하는 것도 바람직하다. 대부분의 전시회 주최자들은 참가업체와 참관객들을 위해 전시장 주변 호텔 정보를 홈페이지에 게재하고 있다. 그러나 우범지대나 으슥한 골목에 있는 호텔은 피하는 것이 좋다. 유럽과 미국에서 개최되는 전시회의 경우, 호텔이 모두 매진되면 방학 중인 경우, 학교 기숙사를 소개하기도 하고 여행 비수기인 경우, 유람선을 강변에 정박시켜 전시회 참가업체나 참관객들에게 룸으로 대여하기도 한다.

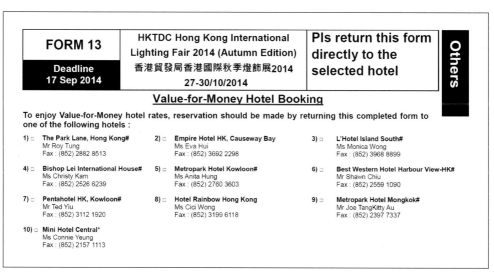

【그림】 주최 측이 호텔예약 서비스까지 제공하는 전시회도 있다.

통상 전시회 개최 기간은 4일 이상이므로 장치와 철거일 까지 감안한다면 적어도 5~6일은 현지에 머물러야 한다. 한인들이 다수 거주하는 지역이라면 부근에 한국식당이나 식품점이 있겠지만 한인들이 많이 살고 있지 않은 지역이라면 한국식당 찾기도 쉽지 않으므로 가능하다면 한국인이 운영하는 게스트하우스에 머무는 것도 권할 만하다. 최근 교민들이 운영하는 게스트하우스에서는 투숙자의 Privacy가 침해받지 않도록 화장실과 욕탕도 일반 호텔과 같이 각 방마다 설치되어 있고 무엇보다도 아침과 저녁 식사를 한식으로 제공하며 숙박비도 일반 호텔에 비해 저렴한 편이다. 그러나 일부 한국인이 운영하는 게스트하우스에서는 신용카드 결제가 안 되고 현금만 받는 경우도 있으므로 반드시 신용카드 지불이 가능한지 사전에 확인한다. 그 밖에 전시회 개최 지역에 기존 거래처나 친인척이 있다면 이들에게 호텔 예약을 의뢰하거나 현지 도착 시 픽업 등 교통편의를 요청하는 것도 생각해볼 만하다. 아울러 전시장 소재지에 있는 KOTRA 해외무역관에 비즈니스 출장

지원을 요청하되 이것 역시 충분한 시간 여유를 두고 신청한다. 특히 일부 참가기업들은 전시회에 임박하여 인터넷으로 호텔 룸이 싸게 나올 것을 기대하고 예약을 미루는 경우가 있는데 잘못하면 예약 자체가 불가능할 수도 있다는 점을 명심해야 한다. 따라서 항공권 구입과 호텔 예약을 서둘러 중요한 전시회 참가 및 참관에 차질이 없도록 하는 것이 중요하다.

53_출장 시 한인운영 게스트하우스를 이용하자

　전시회 기간 중 개최지역으로 수만에서 수십만명의 참관객, 참가업체 및 취재진 들이 한꺼번에 몰려들기 때문에 호텔 숙박비는 천정부지로 오르게 되고 그나마 동이나는 경우도 있어 우리 참가업체들을 더욱 어렵게 만들고 있다. 특히, 유럽에서 개최되는 전시회의 경우, 전시회 개막일이 다가옴에 따라 호텔 숙박비는 평소보다 3~4배 이상 뛰고 전시장 부근 호텔은 이미 예약이 완료되어 심한 경우에는 전시장에서 2시간 이상 떨어진 곳의 호텔에 투숙할 수 밖에 없는 경우도 있다.

　따라서 전시회 임박해서 호텔 예약을 할 것이 아니라 미리 미리 예약을 해두는 것이 상책이다. 유럽 전시회에 참가하는 기업들 중에는 전시회가 폐막되면 바로 다음해 투숙할 호텔을 예약해두고 전시장을 떠나기도 한다. 호텔 예약은 국내여행사를 통해 할 수도 있고 인터넷으로 할 수도 있지만 KOTRA 각 무역관 홈페이지를 방문하면 각 무역관이 자주 사용하는 호텔 정보를 얻을 수 있으므로 이 정보를 활용하여 출장자가 직접 예약할 수도 있고 무역관에 호텔 예약을 의뢰할 수도 있다.

　그러나 최근에는 세계 각국에 거주하고 있는 한인들이 운영하는 게스트하우스가 국내 비즈니스맨들에게 인기를 얻고 있다. 한인 운영 게스트하우스 중에는 일반 배낭여행자들을 위해 한방에서 여러 명씩 이용하는 저가 게스트하우스도 있지만 요즘은 일반 호텔과 같은 수준으로 시설이 깨끗하고 편안한 곳도 많이 생겨나고 있다.

【그림】 KOTRA 각 무역관 홈페이지 상단 왼쪽 『호텔 통역원 정보 바로가기』를
클릭하면 관련 정보를 얻을 수 있다.

대부분의 한인 운영 게스트하우스는 조식과 석식을 한식으로 제공하고 세탁 서비스와
함께 공항 픽업 등 교통편의도 받을 수 있다. 방마다 개인 욕실과 인터넷 시설이 되어 있
고 다른 투숙객들이나 게스트하우스 운영자로부터 간섭이나 방해를 받지 않도록 프라이
버시 시설이과 인터넷 설치가 완벽하게 갖추어진 곳도 많이 있다. 또한 대부분의 이용가
격이 현지 중급호텔보다 저렴한 수준이며 교통도 편리한 곳에 위치하는 경우가 많다. 다
만 한인 운영 게스트 하우스 중에는 숙박비를 현금으로만 받거나 신용카드 지불 시에는
세금을 가산하는 경우도 있으므로 미리 확인해 봐야 한다. 한인 운영 게스트하우스에 관
한 정보는 인터넷으로 검색해보면 알 수 있다. 국내기업들 중에는 매년 같은 곳의 한인
운영 게스트하우스를 이용하면서 전시회 참가 시 마다 필요한 각종 비품이나 가구 등을

【그림】 독일의 한인운영 게스트하우스 및 제공되는 식사

게스트하우스에 맡겨 놓았다가 전시회 기간 중 갖고 와 이용하기도 한다.

따라서 전시회 기간 중, 호텔 예약이 어려운 경우 한인이 운영하는 게스트하우스에 투숙하는 것도 고려해볼만하다. 만일 전시장 주변에 한인 운영 게스트하우스가 없다면 현지인이 운영하는 민박을 이용하는 방법도 있다. 흔히들 B&B라고 해서 조식을 제공하는 민박들이 유럽 (특히 영국, 아일랜드)에는 많이 있다. 호텔은 물론이고 민박까지 모두 예약되어 도저히 거처를 정할 수 없다면 비수기라 운행되지 않고 있는 유람선, 방한 중이라 운영되지 않고 있는 학교 기숙사 등 호텔을 대체할 수 있는 곳이 있는지 무역관이나 주최자에게 문의해 본다.

【그림】 호텔 방이 없을 때는 민박이나 유람선 객실을 이용하기도 한다.

객실 소개

1인실 : 가격 100$(1인 1실, 조식, 석식 포함), 전체 2개실(101호, 102호)
2인실 : 가격 160$(2인 1실, 조식, 석식 포함), 전체 2개실(103호, 104호)
기와실 : 가격 상담 후 결정(단체실, 조식, 석식 포함), 전체 1개실(105호)
(화장실(샤워실) 2개방에 1개씩 공동 사용)

| 1인실 내부 | 2인실 내부 | 화장실(샤워실) |

서비스 소개

무선 인터넷 사용 가능
24시간 온수 사용 가능
한국 TV(KBS WORLD 등) 거실에서 시청 가능
세탁 및 다리미 서비스
070 인터넷 전화 사용 가능
차, 커피 무료
프린터 사용 가능
공항 픽업 서비스(유료 : 40JD)

【그림】 요르단 소재 한인 운영 게스트하우스의 이용 안내 (인터넷에서 검색)

54_전시회 통역의 중요성과 활용법

종전에 비해 무역관에 통역 소개를 요청하는 해외전시회 참가업체가 많이 줄어들었지만 아직도 통역을 찾는 기업들이 종종 있다. 특히 영어권이 아닌 제2 외국어 지역에서 개최되는 전시회에 참가하는 경우, 어쩔 수 없이 통역 채용을 요구하기도 한다. 그런데 중소기업들에게는 통역비 지급이 상당히 부담이 된다. 더구나 전시회는 보통 4일 정도 계속되기 때문에 전시회 기간 내내 통역을 채용하게 되면 많은 통역비를 지불해야 한다.

통역비는 지역에 따라 상이하나 미국, 유럽 등 선진국에서는 하루 8시간 기준으로 250~300달러 수준이고 중국, 베트남 및 인도 등 후진국은 100~200달러 정도이다. 여기에다 스위스 등 일부 국가에서는 중식비와 교통비를 별도 지불해야 한다. 따라서 4~5일 정도 계속되는 전시회 기간 동안 통역을 채용하게 된다면 적어도 600달러에서 많게는 1500달러 정도 지불해야하므로 중소기업들에게는 큰 비용이라 아니할 수 없다.

【그림】전시회에 채용된 통역 및 도우미 등 임시 채용직원

비즈니스 통역이 가능한 유능한 통역원을 쉽게 구할 수 있는 지역은 그나마 많은 도움이 되겠지만 통역원이 불성실하거나 언어 구사 능력이 떨어지는 지역에서는 제대로 통역 서비스도 받지 못한 채 비싼 통역비만 지불하는 경우도 흔히 있다. 가장 좋은 통역은 현지어 구사가 완벽하고 비즈니스 경험이 있는 한국인이겠지만 대부분의 한국인 통역은 비즈니스와 관계없는 가정주부, 선교사 또는 유학생들이다. 특히, 아랍어, 러시아어 등을 배우러 단기 유학 온 학생들을 통역으로 채용할 경우, 관광 안내나 쇼핑, 식당에서의 음식 주문 등 생활언어는 가능할지 모르겠나 무역관련 통역은 매우 서툰 것이 일반적이다. 그나마 교민이나 유학생이 많이 있지 않은 국가에서는 이들 통역마저 구하기가 쉽지 않다.

따라서 이 경우, 가능하면 현지에 체류하는 한국인을 채용하는 것 보다는 영어가 능숙한 현지인을 통역으로 채용하는 것이 좋다. 물론 영어 구사 현지인을 통역으로 채용하려면 통역을 채용하는 한국인 (출장자)이 영어를 구사할 줄 알아야 한다. 부득이 현지 체류 한국인을 통역으로 채용하려면 적어도 채용 일주일 전까지 소개받은 통역을 접촉하여 자사 제품에 대해 이해할 수 있도록 교육을 시켜야 한다. 최근에는 대부분 국내기업들이 홈페이지를 보유하고 있으므로 통역에 투입되기 전, 홈페이지를 방문토록 하여 자사 제품에 대해 최대한 이해할 수 있도록 미리 공부하게 한다. 아울러 통역 시, 유의할 사항 즉 자사 제품의 특징, 상담 중 자주 언급되는 전문용어 및 상담 시 꼭 알아두어야 할 사항 또는 강조사항 등을 미리 알려줘야 한다. 정확한 통역은 거래 성사의 지름길이기 때문이다.

【표】 임시 현장인력 (통역, 도우미, 아르바이트 학생, 대행사 직원) 사전 교육해야 할 내용[14]

항목	체크 리스트
√	회사가 생산하고 있는 제품과 제공하고 있는 서비스의 범위
√	가격과 판매조건
√	경쟁제품과 경쟁상대의 범위
√	목표로 하고 있는 고객층
√	전시장을 찾는 내방객들에 대한 정보
√	해당산업에서 중요한 고객들과 중요한 단체들
√	내방객들과 대화한 내용을 어떻게 기록할 것인가?
√	전시부스의 기본 설계도와 전시장내 현지 경비요원들의 인식방법
√	각 산업에서 해당 전시회가 차지하고 있는 중요성
√	전시장내 주요 참가업체 및 자사 부스 위치
√	내방객들의 흥미를 어떻게 유발할 것인가?
√	어떻게, 언제 내방객들을 끌어들일 것인가?

14) 전시마케팅 성공가이드 (한국무역협회) P164에서 발췌

√	내방객들의 이름과 주소를 어떻게 알아내고 기록할 것인가?
√	전시장 근무요원들은 다수의 내방객들을 상대로 어떻게 상대해야 할 것인가?
√	전시품 작동법

비즈니스 감각도 없고 자사 제품에 대한 지식도 부족한 상태에서 바로 통역을 하라고 하면 해당 언어를 아무리 유창하게 구사한다 하더라도 정확히 통역하기가 쉽지 않다. 더구나 해당 언어에 능숙하지도 못하고 생전 처음 보는 제품에 대해 갑자기 통역하라면 당황하여 도무지 통역다운 통역을 기대할 수가 없다.

각국의 통역을 소개받으려면 KOTRA 홈페이지 (www.kotra.or.kr)를 방문하여 초기화면 중간 하단『84개국 9개 지역본부, 122개 무역관 바로가기』를 클릭하여 원하는 무역관 홈페이지로 들어가 왼쪽 상단에 위치하고 있는『호텔·통역인 정보 바로가기』를 클릭하면 된다. 통역 채용 때 유의해야 할 사항은 당초 계약 시 정해진 시간 (통상 일일 9시간)외 초과 근무나 (꼭 초과 근무를 요청할 때는 초과근무 수당을 지급해야 됨.) 통역 이외의 다른 일 (잔심부름 등)을 시켜서는 안 되며 지나친 농담 (특히 성희롱 등에 각별히 주의), 반말 등은 금물이다. 그리고 통역에게 부스 관리를 맡기고 부스를 자주 비우는 일이 없도록 한다. 통역비는 통상 전시회 마지막 날 일괄 지급한다.

우리 기업들이 통역을 많이 찾는 중국의 경우 베이징, 상하이, 다롄, 칭다오 등 연해도시에서 한국어-중국어 구사가 가능한 유학생 채용은 수월한 편이나 내륙지역에서는 다소 힘들다. 무역관이나 기타 용역업체를 통해 찾을 수 있고 석식비용을 별도 제공한다. 베트남에서는 한국인 유학생이나 한국어 구사가 가능한 현지 학생들을 채용하는데 대체로 성실한 편이다. 러시아에서는 한국어-러시아 전문 통역이 가능한 통역원 섭외가 거의 불가하여 일반적으로 한국인 유학생들을 많이 채용한다. 그러나 이들은 탁월한 수준은 아니나 상담 통역 수요는 많고 통역 가능한 수준의 학생 수는 많지 않아 비용이 매우 높은 편이다. 더구나 모스크바 및 상트뻬쩨르부르그 정도의 대도시에서만 비교적 원활한 채용이 가능하며 그 외 도시에서는 영어-러시아어 통역을 채용할 수 밖에 없다. 아랍에미레이트에서는 영어 구사 용역 채용은 수월한 편이나 아랍어 구사가 가능한 인력은 부족하다. 한국어-영어 통역은 주로 현지 항공사 승무원으로 근무하고 있는 한국인 여성들이다. 브라질에서는 주로 인력채용업체를 통해 채용하며 현지 용역은 대체로 게으른 편이다.

55_해외전시회 사전 마케팅 요령

해외전시회 참가 경험이 많지 않은 기업들은 바이어들이 많이 방문하는 유명전시회 일수록 자사 부스로도 바이어들이 많이 찾아올 것으로 기대한다. 물론 지명도가 높은 전시회에 나가면 그렇지 않은 전시회에 비해 바이어들이 찾아올 확률은 높아지겠지만 많은 바이어 방문을 100% 보장하지 않는다. 사실 많은 바이어들이 찾아오는 참가업체 부스들 중 상당수는 이미 전시회 개최 전, 방문 약속이 되어 있거나 최소한 사전 마케팅 활동을 활발히 해둔 업체들이다. 따라서 아무리 유명한 전시회에 참가한다 하더라도 얼마나 사전 마케팅을 철저히 해두었느냐와 얼마나 오랫동안 참가해왔느냐에 따라 해당 참가업체 부스로 찾아오는 바이어 수는 크게 달라진다. KOTRA는 한국관을 구성하여 파견하는 단체 참가 전시회의 경우, 참가기업들에게 전시회 참가 전, 바이어 명단을 제공하고 이 바이어들을 대상으로 반드시 사전 마케팅 활동을 하도록 권유하고 있다.

개별적으로 해외전시회에 참가하는 경우에도 사전 마케팅 활동이 필요하다. 기존 거래하고 있는 바이어에게 가장 먼저 전시회 참가 사실을 알리고 약속 시간을 잡는다. 그리고 참가기업이 이미 확보하고 있는 바이어 명단 - 특히 종전 전시회에서 만났던 바이어- 도 활용하며 부족할 경우에는 해당 전시회에 종전 참가했거나 이번에 참가하는 업체들을 대상으로 사전 마케팅 활동을 전개한다. 이들 명단은 전시회 홈페이지에서 검색하거나 주최자가 종전 발간한 참가업체 디렉토리에서 얻을 수 있다. 흔히들 전시회 참가기업들을 경쟁상대로만 인식하는 경우가 많은데 참가업체들 중에는 다른 공급업체로부터 상품을 조달 받아 전시회에 나오는 업체들도 많이 있다. 즉, 참가업체들이 모두 제조업체는 아니다.

설사 제조업체라 하더라도 부품을 외부로부터 조달받아 생산하는 기업들도 많이 있으므로 이들과 상담하다 보면 의외의 협업의 길이 열릴 수도 있다. 따라서 전시회에 참가하기전, 이들 업체들을 대상으로 전시회 기간 중 미팅을 하자는 초청장을 보낸다면 어느 바이어들 보다 쉽게 현장에서 상담할 수 있는 기회가 주어질 가능성이 높다.

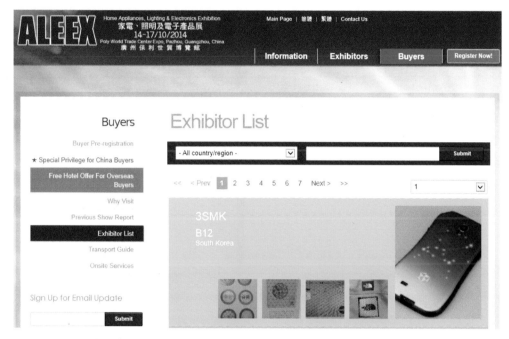

【그림】 해외전시회 홈페이지를 방문하면 참가업체 리스트 정보를 얻을 수 있다.

또는 KOTRA에 해외시장조사를 의뢰하여 바이어 명단을 제공 받을 수도 있다. 이외현지 조합, 협회 및 비즈니스 관련 단체 회원명부, 각종 발간자료 등을 통해서도 잠재 바이어 명단을 확보할 수 있다. 다만, 종전 해당 전시회를 참관했던 방문자 정보는 가장 우수한 정보가 될 수 있겠지만 대부분의 전시주최자들은 이를 공개를 하지 않기 때문에 입수는 거의 불가능하다.

바이어 명단이 확보되면 이메일로 초청장을 발송하는데 이메일에는 전시회 개요, 회사소개 및 연락처, 참가 시 부스 방문 요청, 출품 예정 전시품 소개, 거래희망 의사와 부스위치 그리고 방문 시 혜택 등이 포함되어야 한다. 이러한 이메일은 전시회 개최 2~3개월전에 발송한 후, 회신이 없으며 2~3주 후에 재발송하는 것이 바람직하다. 툭히, 관심을 표명한 바이어에게는 출품 제품에 대한 구체적인 정보를 송부한 후, 부스에서의 상담을 약속한다. 초청장은 현재 고객, 미래 타켓 고객, VIP 예상 고객 및 전년 전시회 참가 고객 등으로 구분하여 작성하되 전시회 무료 입장권을 동봉하거나 방문 기념품을 증정하는 등 인센티브를 제시하면 더 큰 효과를 기대할 수 있다. 그리고 전시회 기간 중 초청장을 받고 참관하는 방문객 숫자를 별도 파악해 둔다. 이외 전시회 공식 디렉토리에 광고를 게재하거나 전시회 옥내외 배너 광고, 현지 신문 및 산업관련 잡지 광고 및 보도자료 배포 등도 좋은 사전 마케팅 수단 될 수 있다. 특히, 전시회 기간 중 흔하지는 않지만 국내외 언론과 인터뷰 기회가 주어진다면 적극적으로 응한다. 비록 국내 언론이라 하더라도 훗날 자사에 관한 기사를 외국 바이어들에게 보여준다면 좋은 마케팅 자료로 활용할 수 있기 때문이다. 또한, 흔하지는 않지만 대기업들을 중심으로 전시회 디렉토리, 전시장 옥내외 배너, 현지신문, 산업관련 매거진에 광고를 게재하기도 하고 보도자료를 배포하거나 별도의 리셉션을 개최하여 기업을 홍보하기도 한다. 이외 최근에는 해외전시회 참가기업들을 위해 사전 마케팅을 대행해주는 기업들도 생겨나고 있으므로 이들 대행사를 이용하는 것도 한 방법이다.

【그림】한 해외전시회 사전마케팅 대행업체의 홈페이지

이와 같은 활발한 사전 마케팅 활동 이외 꾸준히 전시회를 참가하는 것도 매우 중요하다. 객관적이고 신중한 사후 평가없이 여기 저기 전시회를 옮겨 다니는 기업들은 전시회 참가 성과를 기대할 수 없다. 똑같은 품목으로 참가하는 경우라도 처음 참가한 업체보다는 지속적으로 참가한 업체에게 더 많은 바이어들이 찾아오는 이유는 기업의 인지도가 높아져서 기존 거래 바이어들이 먼저 찾아오기도 하고 전에 상담을 했지만 성사되지 않았던 바이어들이 다시 찾아오거나 동시에 이들이 계속해서 새로운 바이어들을 끌고 들어오기 때문이다.

56_전시회에서 바이어 예상 질문과 답변 전략

해외전시회에 여러 번 참가한 기업인들은 처음 부스를 방문하는 바이어를 보게 되면 오고 갈 대화의 내용이 대충 예상된다고 한다. 바이어들이 자주 묻는 말이 뻔하기 때문이다. 전시된 제품의 특성에 따라 다소 질문이 달라지겠지만 제품에 관계없이 일반적으로 많이 하는 질문에 대해 미리 답변을 준비해 가면 전시회 파견 초보자들도 당황하지 않고 바이어를 응대할 수 있다. 특히 현지에서 통역을 채용하는 경우, 바이어들이 자주 묻는 질문에 대한 답변을 현지어로 준비하도록 하면 통역 원 역시 어려움 없이 통역할 수 있을 것이다.

【표】 해외전시회에서 바이어들이 흔히 하는 예상 질문

- 귀사는 제조업체입니까? 무역대행사입니까?
- 이 제품의 특징은 무엇입니까?
- 이 제품의 업그레이드 주기는 어느 정도 됩니까?
- 현재 이 제품을 어느 나라에 수출하고 계십니까?
- 이 제품 관련 인증을 취득했거나 특허를 출현하였습니까?
- 이 제품의 최소주문량은 어떻게 됩니까?
- 이 제품의 납기는 어떻게 됩니까?
- 대금 결제 방법은 무엇입니까?
- 원자재 가격 상승에 따른 대비책은 무엇입니까?
- 품질관리시스템은 어떤 것이 있습니까?
- 귀사의 이 제품 생산 Capacity는 얼마나 됩니까?
- 이 제품을 어느 나라에서 생사하고 계십니까?
- 주문량에 따른 Price Breakdown은 어떻게 됩니까?
- 이 제품의 경쟁 상대는 누구입니까?
- 포장방법은 어떻게 됩니까?

- 운송방법은 어떻게 됩니까?
- 이 제품 판매의 주 타켓은 어디에 두고 있습니까?
- 에이전트 체결 조건은 무엇입니까?
- 이 제품을 수입할 때 A/S는 어떻게 제공됩니까?
- 자체 R&D 센터를 운영하고 있습니까?
- 이 제품에 대한 경쟁력 업그레이드를 위한 귀사의 향후 전략은 무엇입니까?
- 다시 현지로 출장 오실 계획이 있습니까?
- 마켓 테스트를 위해 샘플, 홍보자료를 제공하실 수 있습니까?

KOTRA 조사에 의하면 해외전시회에 참가하는 기업들은 1개 전시회에서 통상 50명 내외의 바이어들과 상담하는 것으로 나타났다. 전시회 기간이 보통 4일 전후 이므로 평균 하루 12명 정도의 바이어를 만나게 되고 일일 전시시간은 8시간 전후 이므로 바이어 1명당 평균 상담시간은 40분 정도이다. 따라서 전시회 기간 중 부스 내에서 바이어들과 심도 있는 상담을 하기란 불가능하고 구체적인 사항은 전시회 종료 후 별도 미팅을 갖거나 사후관리 과정에서 이루어진다. 여기에다 통역을 쓰게 되면 실제 상담시간은 훨씬 줄어든다. 짧은 상담시간 동안 바이어로부터 최대한 정보를 취득하고 바이어들의 질문에 대해 충실히 답변하기 위해서는 흔히 묻는 예상 질문에 대해 사전 답변 준비를 해가는 것이 상담 시간을 효율적으로 운영할 수 있는 지름길이 된다.

【그림】 전시회 파견자들은 바이어 질문에 답변할 준비가 되어 있어야 한다.

그러나 바이어로부터 예상치 못한 질문을 받아 답변하기가 곤란한 경우, 거짓말을 한다거나 과장을 해서는 절대 안 되며 추후 답변하거나 결정하여 그 결과를 알려주는 것으로 답변한다. 그리고 이 경우, 귀국하여 반드시 정학하게 답변하거나 결정 결과를 알려준다. 바이어의 의도를 제대로 파악하지 못하였거나 바이어의 환심을 사기 위해 지키지 못할 약속을 그 자리에서 하는 것은 어리석은 행동이다.

바이어를 처음 접촉하면서 예스 (Yes)나 노 (No)로 답해야 하는 질문은 피하는 것이 좋다.[15] 상담 초반에는 상대방의 말에 귀를 기울이고 이후에는 간단하게 상대방의 말을 정리하여 확인하면 좋다. 그리고 전문용어보다는 쉬운 용어를 사용하고 기능에 대한 강조보다는 제품의 장점이나 경쟁제품과의 차별성을 부각해야 한다. 또한 간단한 요점정리와 중요한 부분을 재차 강조하여 상대방 질문 내용과 의도를 확인한다. 바이어와 상담을 마치

면서 보다 구체적인 사후 조치 (구체적인 가격이나 기술적인 세부사항, 샘플 제공 등) 및 접촉 약속을 해두는 것이 바람직하다. 특히 가능성이 높은 바이어라면 전시회 기간 중 별도의 시간을 내어 바이어 회사, 출장자 호텔 또는 식사 자리를 마련하여 별도의 장소에서 다시 만나도록 한다.

【그림】 바이어와의 식사 자리는 상담의 윤활유 역할을 한다.

【표】 해외전시회에서 바이어 상대 답변 요령 및 전략

- 전시 제품에 대한 정보를 완전히 숙지하고 있어야 한다.
- 자사 제품의 장점을 효과적으로 홍보할 수 있어야 한다.
- 자사 제품의 단점도 어느 정도 인정하는 것이 좋다.
- 지난해 전시회에서 만났던 바이어에게는 이번에 출품한 전시품의 업그레이드된 점을 중점적으로 설명한다.
- 매사 진지하고 솔직하게 임하는 자세를 가진다.
- 바이어가 속한 국가의 비즈니스 매너를 숙지하고 그대로 따른다.
- 민감한 정치, 종교를 화제로 이야기 하지 않는다.
- 자신있고 상대방이 신뢰감을 받을 수 있도록 답변한다.
- 허위 과장 광고하는 것은 금기이며, 경쟁자를 비방하지 않는다.
- 내방객에게 성심성의껏 대하되 빨리 구매 가능성 여부를 파악하고, 그렇지 않을 경우 최대한 상담시간을 절약한다.
- 가격은 최소 수량 기준으로 약간 높게 Offer하는 것이 좋다.
- 바이어의 요구에 따라 제품의 변형도 가능함을 적극 알린다.
- 상담 시 상담내용을 기록해 두어 차후 기억할 수 있도록 한다.
- 상담이 끝난 후에는 바이어의 순서를 매겨 사후관리에 응한다.
- 상담 시 샘플을 요구하는 경우도 있으므로 항상 준비를 해둔다.
- 상담에서 거래가 이뤄지지 않아도 지속적인 관계를 유지한다.

15) 이하 전시마케팅 성공가이드 (P194, 한국무역협회)에서 인용

57_KOTRA 해외시장조사 제도를 활용하자

참가할 해외전시회를 선정하기 전, 정확한 현지 시장상황을 알고자 할 때 또는 해외전시회 참가 전, 사전마케팅 활동의 일환으로 현지 바이어 명단을 입수하고자 할 때 KOTRA 해외시장조사 제도를 활용하면 좋다. 특히 산업통상자원부에서 한국전시산업진흥회를 통해 수행하고 있는 개별참가 해외전시회 지원사업에서는 지원금 중 50만원 한도 내에서 KOTRA 해외시장조사 제도를 활용할 수 있다.

84개국 122개 KOTRA 무역관의 해외시장조사사업을 이용하기 위해서는 KOTRA 홈페이지 (www.kotra.or.kr)을 방문하여 초기 화면 중간 메뉴 중 를 클릭한다. 이 사업에서 제공되는 서비스로는 바이어 찾기, 맞춤형 시장조사, 바이어 연락처 확인, 원부자재 공급선 조사, 해외업체 검색서비스 등이 있는데 특정 지역의 시장정보를 얻기 위함이라면『맞춤형 시장조사』를 활용하는 것이 가장 바람직하다.

맞춤형 시장조사는 다시 수요동향, 수입동향, 수입관세율, 경쟁동향, 수출동향, 소매가격동향, 유통구조, 품질인증제도, 생상동향 및 기타로 구분되는데 조사 항목 당 110,000원 수수료가 부가된다. 이 사업의 이용절차는 (그림)과 같다. 조사보고서를 받아보기까지는 통상 3주 정도 소요되나 현지 사정에 따라 더 시간이 걸릴 수도 있으며 현지에서 충분한 자료가 없거나 신청 조사항목이 3개월 내 이미 조사되어 공개해서는 안 되는 경우 또는 해당 무역관의 업무 과부하로 조사 수행이 어려울 경우 조사 자체가 불가능 할 수도 있다. 보고서를 받아본 후 미흡하다 판단되면 2개월 내 A/S를 신청할 수도 있다.

【그림】 KOTRA 홈페이지 (www.kotra.or.kr) 초기 화면

【그림】 KOTRA 해외시장조사 사업 이용절차

【표】 KOTRA 해외시장조사 서비스 유형 및 수수료

서비스 유형	서비스 안내	수수료 (VTA 포함)
바이어 찾기	수출 희망 품목 유관 바이어 발굴	150,000원
맞춤형 시장조사	수요동향, 수입동향/수입관세율, 경쟁동향, 수출동향, 소매 가격동향/유통구조, 품질인증제도, 생산동향 기타 등 조사	110,00원/항목 (ex. 수요동향+경쟁동향 = 220,000원)
바이어 연락처 확인	해외바이어의 실재 존재여부, Contact Point 등 조사	연간 6개사로 한정하며 추가 신청 시 마다 1만원의 별도 수수료 부과 (대기업 2배 부과)
원부자재 공급선 조사	수입 희망 품목의 공급선 발굴	220,000원

kotra
Korea Trade-Investment Promotion Agency Date: 2011. 08. 01

Buyer Search Report

동일기업[주]

Product	Laser Marking Machine

KBC	[Dubai Korea Business Center] Tel: (971-2) 333-3333 / Fax: (971-2) 333-3333 Add: P.O. Box 1234, Sheikh Zaid Road, Dubai, UAE www.kotra.or.kr/dubai

	Section	Chief Searcher	Searcher
	Name	김길동 차장	Mr. Terry John
	E-mail	gildong@kotra.or.kr	terry@kotra.or.kr
	Tel	(971-2)333-6666	(971-2)333-6666

Export Advisor	Name	O O O(@kotra.or.kr)
	Contact Points	Tel: (02)3460-OOOO / Fax (02)3460-7954 Address: 1st Fl. KOTRA, 13 Heoneung-ro, Seoch-gu, Seoul, Korea

Comment	Inform	The Buyers we introduce are the company dealing with same/similar product of your company. Please be informed that the buyers did not place or confirm the order. For your successful approach to the local market, please contact them directly to have better attention from buyers
	Follow up	Our KBC in charge will support you in the early stage of follow-up to the buyer search such as communicating with potential buyers and finding out their reaction to your products. Thus, your earliest contact with buyers is appropriate. For further assistance, contact the KOTRA's XXX KBC or export advisers. We are readily available to support you.
	Local Time	9 AM ~ 6 PM = KST OO Ohr ~ OO Ohr

Kotra 바이어찾기조사 서비스를 이용해 주신 고객님께 감사드립니다!

1		Dubal Plastic Company		
President	Mr. Joseph Peter	Title	Managing Director
Contact person	Mr. Tery Jones	Title	Purchasing Manager
Contact Tel	(971-2)333-5555	Contact Fax	(971-2)333-6666
Mobile1	(971-50)555-8888	Mobile2	-
Email1	Peter@yahoo.com	Email2	-
Date of Establishment	1995.2.1	Number of Employees	200명(사무 50, 생산 150)
Web site	www.emiratesglass.com		
Address	P.O.Box 12345, Sheikh zaid Road, Dubai, UAE		
Business Line	Manufacture, Trade		
Products	Glass for Building		
Annual Revenue	U$ 100,000천불	Annual Imports	U$ 50,000천불
Major importing countries	이태리, 프랑스, 중국		
Major imports	Laser Marking Machine, Chemical, Plastic Moulding M/C		
Business experience with Korea	Yes(No)	Communication	English, Arabic
Buyer reference	▸ 동종 제품 현지 최대 규모 바이어 ▸ 두바이 대형 건축장비 제조업체로 수년전 마킹 장비 구입하였고, 향후 교체수요 발생시 발주 예상 ▸ 현지 경쟁사로 CA사, DA사가 있음. ▸ 자체 유통망을 활용한 영업이 일반적이나 최근 정부조달에도 관심을 보이고 있음.		
Buyer requirements to Korean exporters	▸ 향후 신규 공급선 발굴에 참고하고자 하니 카탈로그, 제품설명서 등 자료를 송부해 주기 바람. ▸ 과거 한국의 A사로부터 수입경험 있음. 품질관리문제로 거래 중단 경험 있음. 품질 유지를 철저히 할 수 있는 한국회사와 거래 희망. ▸ 수입을 위한 선결조건으로 품질인증을 받아야 함. 세부사항은 직접 교신협의 요망		

---

kotra
Korea Trade-Investment Promotion Agency Date: 2011. 08. 01

Tailored Market Survey Report

동일기업[주]

Product	Laser Marking Machine

KBC	[Dubai Korea Business Center] Tel: (971-2) 333-3333 / Fax: (971-2) 333-3333 Add: P.O. Box 1234, Sheikh Zaid Road, Dubai, UAE www.kotra.or.kr/dubai

	Section	Chief Searcher	Searcher
	Name	김길동 차장	Mr. Terry John
	E-mail	gildong@kotra.or.kr	terry@kotra.or.kr
	Tel	(971-2)333-6666	(971-2)333-6666

Export Advisor	Name	O O O(@kotra.or.kr)
	Contact Points	Tel: (02)3460-OOOO / Fax (02)3460-7954 Address: 1st Fl. KOTRA, 13 Heoneung-ro, Seoch-gu, Seoul, Korea

Comment	Inform	Please be advised that the information contained herein may be changed hereafter.
	Follow up	The KBC in charge has completed this report according to your requirements. For further assistance, contact the KOTRA's XXX KBC or export advisers. They are readily available to support you.
	Local Time	9 AM ~ 6 PM = KST OO Ohr ~ OO Ohr

Kotra 맞춤형시장조사 서비스를 이용해 주신 고객님께 감사드립니다!

목 차

I. 수요동향

1.
2.
3.
4.
5.

II. 경쟁동향

1.
2.
3.
4.

III. 가격동향

1.
2.

IV. Buyer List

1. 제품별 바이어리스트
2. 유통업체리스트
3. 관련기관 현황

V. 결론 및 제언

【그림】KOTRA 해외시장조사 샘플 (상단: 바이어 찾기, 하단 : 맞춤형 시장조사)

58_홍보활동, 이것을 활용하라

　삼성전자, LG전자나 현대자동차와 같은 대기업들은 해외전시회 참가에 앞서 현지 TV나 일간지 등 매스컴을 통해 대대적인 홍보를 전개하며 길거리 전광판, 광고판이나 현수막 광고 등을 하기도 한다. 물론 이러한 홍보활동에는 엄청난 예산이 투입된다.

【그림】CES 참가를 앞두고 삼성전자와 LG전자의 대대적인 현지 광고

　그러나 중소기업들이 해외전시회에 참가하면서 별도로 예산을 투입하여 홍보하기란 쉽지 않으며 또 그런 예도 많지 않다. 따라서 가장 손쉬운 홍보는 바이어에게 이메일이나 초청장을 발송하는 것이며 전시회 참가 전 홍보 활동을 전개하는 국내 중소기업들의 80%가 이 방법을 활용한다. 이때 전시회 개요와 회사 소개 및 연락처를 알려주면서 전시회 기간 중 부스 방문을 요청한다. 아울러 출품 예정 전시품을 소개하고 거래 희망 의사를 표현하며 부스 위치와 방문 시 혜택 등도 기술한다. 일반적으로 이러한 이메일과 초청장은 전시회 개최 2~3개월 전에 발송한 후, 회신이 없으면 2~3주 후에 재발송토록 한다.

초청장 발송 시에는 현재고객, 미래 타켓고객, VIP 예상고객 그리고 전년 전시회 참가 고객으로 구분하여 작성하되 전시회 무료 입장권을 통봉토록 한다. 아울러 초정장을 받고 참가한 방문객 숫자를 별도 파악토록 한다.

【그림】 전시회 초청장

다음으로 생각할 수 있는 예산이 들지 않는 홍보 방법은 전시회 Official Catalogue 또는 Show Directory에 회사 정보를 수록하는 것이다. 전시회 디렉토리는 전시회를 참가하는 방문객들이 참가업체들을 파악하고 부스를 찾아가기 위해 반드시 활용하는 중요한 자료이므로 원고 마감일을 놓쳐 수록되지 않는 일이 없도록 해야 한다. 전시회 디렉토리에는 참가업체 명단이 알파벳순과 품목별로 구분되어 있다. 최근에는 전시회 홈페이지 참가업체 명단에 자사 및 전시품 정보를 등재하기도 한다.

전시회 공식디렉토리에 별도의 광고를 게재하는 것이다. 유럽이나 미국에서 개최되는 전시회의 디렉토리에 별도 광고를 게재하기 위해서는 많은 비용이 들겠지만 중국, 아시아 등 개도국 전시회는 비교적 저렴한 가격으로 광고를 게재할 수 있다. 또한 현지에서 발행되는 일간지, 전문잡지에 광고를 게재할 수도 있고 - 특히 유명 전시회의 경우 해당 전시회를 특집으로 다루는 전문잡지도 있다. - 전시회 기간 중 무료로 배포되는 무가지에 광고를 게재하는 것도 좋은 방법이다. 전시회 기간 중 전시장이나 옥외공공장소에 광고를

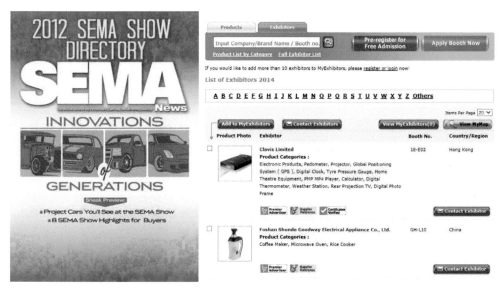

【그림】SEMA 디렉토리 및 홍콩전자전 홈페이지에 등재된 참가업체 리스트

게재할 수도 있다. 광고판, 배너, 셔틀버스나 지하철 내부, 에스컬레이터 부근 등에 광고판을 부착하기도 한다. 그러나 이 경우 많은 비용이 들기 때문에 개별적으로 참가하는 중소기업들은 거의 이용하지 않는다.

최근에는 많은 전시주최자들이 전시회에 참가한 참가사들을 대상으로 우수 디자인, 환경친화상품 또는 우수 기술 상품 등을 선정하여 시상을 하고 -「New Products Award」,「Professionals Award」,「Best Design Award」라는 이름으로 시상한다. - 별도의 전시공간에 우수상품들을 전시하기도 한다. 또 일부 전시주최사들은 시상한 참가기업에게 시상 내역을 전시부스에 부착할 수 있도록 하며 관련 기사도 언론에 홍보하는 등 특혜를 부여하고 있

【그림】두바이 건축박람회 (Big5) 시상기업 및 관련 기사

다. 이러한 시상 기록은 전시회 기간 뿐 아니라 추후 회사 홍보용으로 요긴하게 활용할 수 있으므로 전시회 시상 기회를 적극 활용토록 한다.

국내기업들중에는 KOTRA 글로벌 브랜드 사업에 참가하여 전시회 기간 중 부스에 「KOTRA Global Brand」 배너를 걸어놓기도 한다.

【그림】「KOTRA Global Brand」

59_전시회 개최지의 사정을
파악하고 가라

종전 여러 번 참가했던 해외전시회인 경우가 아니라면 전시회 참가 전, 전시회 개최국은 물론이고 주변국들의 비즈니스 정보를 파악하고 가는 것이 중요하다. KOTRA가 운영하고 있는 시장정보 싸이트인 www.globalwindow.org 에는 현재 93개국 국가정보가 수록되어 있으며 누구에게나 무료로 공개되고 있다.

【표】 KOTRA가 글로벌윈도우를 통해 제공되고 있는 국가정보 수록국가

가나	과테말라	그리스	나이지리아
남아프리카공화국	네델란드	뉴질랜드	대만
덴마크	도미니카공화국	독일	라오스
러시아	루마니아	리비아	말레이시아
멕시코	모로코	모리셔스	모잠비크
몽골	미국	미얀마	방글라데시
베네수엘라	베트남	벨기에	벨라루스
부르키나파소	불가리아	브라질	사우디아라비아
세네갈	세이셸	수단	스리랑카
스웨덴	스위스	스페인	시리아
싱가포르	아랍에미레이트	아르헨티나	아제르바이잔
알제리	에콰도르	에티오피아	영국
오만	오스트리아	요르단	우즈베키스탄
우크라이나	이라크	이란	이스라엘
이집트	이탈리아	인도	인도네시아
일본	잠비아	중국	지부티
짐바브웨	체코	칠레	카메룬
카자흐스탄	카타르	캄보디아	캐나다
케냐	콜롬비아	콩고민주공화국	쿠바

쿠웨이트	크로아티아	탄자니아	태국
터키	튀니지	파나마	파라과이
파키스탄	페루	폴란드	프랑스
핀란드	필리핀	헝가리	호주
홍콩			

이들 정보는 각 무역관에서 수시 업데이팅하고 있으며 최근에는 영상물로도 각국의 주요 정보를 제공하고 있다. 총 4개 대분류에 50개 소분류로 정보가 수록되어 있다.

【표】 KOTRA 국가정보 항목

분류	항목		
I. 국가일반	■ 국가개요	■ 정치사회동향	■ 한국과의 주요이슈
II. 경제	■ 경제지표 DB ■ 지역무역협정 체결현황	■ 경제동향 및 전망	■ 주요산업동향
III. 무역	■ 수출입동향 ■ 대한수입규제동향 ■ 지적재산권 ■ 시장특성 ■ 주요 전시회 개최일정	■ 한국과의 교역동향 및 특징 ■ 관세제도 ■ 통관절차 및 운송 ■ 바이어 발굴 ■ 수출 성공실패사례	■ 수입규제제도 ■ 주요인증제도 ■ 수출유망품목 ■ 상관습 및 거래 시 유의사항 ■ 수출 시 애로사항
IV. 투자	■ 투자환경 ■ 한국기업 투자동향 ■ 주요 투자법 내용 ■ 진출형태별 절차 ■ 투자진출 시 애로사항 ■ 금융제도	■ 투자 인센티브 제도 ■ 한국기업 진출현황 ■ 투자방식 ■ 투자법인 철수 및 청산 ■ 노무관리제도 ■ 외환관리 및 자금조달	■ 외국인 투자동향 ■ 투자진출 성공실패사례 ■ 투자진출형태 ■ 투자입지여건 ■ 조세제도
V. Business 참고정보	■ 물가정보 ■ 이주정착 가이드 ■ 출입국 및 비자제도 ■ 유관기관 웹 사이트	■ 취업유망분야 및 유의사항 ■ 생활여건 ■ 관광, 호텔, 식당, 통역 ■ KOTRA 무역관 안내	■ 비즈니스 에티켓 ■ 취항정보 ■ 출장 시 유의 및 참고사항

이중에서도 처음으로 참가하는 전시회라면 개최국가 관련 수록 정보 중『한국과의 교역동향 및 특징』, 『시장특성』, 『상관습 및 거래 시 유의사항』, 『비즈니스 에티켓』 및 『출장 시 유의 및 참고사항』은 반드시 숙지하는 것이 바람직하다.

12. 상관습 및 거래 시 유의사항

가. 상담/계약 체결 시 유의사항

□ **대면상담의 중요성**

다른 아랍 문화권과 유사하게 UAE에서도 전화와 이메일을 통한 상담보다는 얼굴을 맞대고 이야기 하는 것이 가장 효과적이다. 현지 회사 및 공공기관의 담당자를 한번 미리 만난 후에 서신을 통해 일을 진행 해 본 적이 있는 사람이라면 만나기 전보다 일 처리가 훨씬 수월해 짐을 알고 있을 것이다.

대면 상담을 원하는 경우 한 달 전에는 서면으로 방문 요청을 한 후 전화 및 이메일 등으로 일정을 조율하는 것이 좋다. 상담을 확정하기까지 상당한 시간이 소요되며 해당 담당자가 출장 또는 휴가 중인 경우 대체 인력이 대신 업무를 수행하는 것이 아니라 공석인 상태로 유지되기 때문에 사전에 약속을 확정하는 게 중요하다.

□ **계약의 진행은 신중하게**

바이어와 상담할 때 첫 거래임에도 불구하고 에이전트를 체결하자고 하는 경우가 있으므로 이에 대한 사전 준비가 필요하다. 에이전트 계약을 맺으면 상호 합의가 없는 한 파기하기가 어렵기 때문에 사전 검토가 적절히 이루어지기 전에는 절대 사인을 해서는 안 된다.

【그림】 pdf 화일로 출력 가능한 국가정보 (상관습 및 거래 시 유의사항)

또한 글로벌윈도우의 국가정보에서 파악하기 어려운 특정 품목의 현지 시장동향, 이나 바이어리스트 입수를 원한다면 KOTRA 해외시장조사 서비스를 이용한다. 이 서비스는 KOTRA 홈페이지에서 인터넷으로 신청 한 후 1주일 이내 해외무역관에서 조사 가능여부를 검토한 후 실시 여부를 결정하는데 조사가 가능하다면 그 후 3주안에 신청기업은 보고서를 받아볼 수 있다. 이 서비스는 유료로 제공되는데 바이어 찾기는 건 당 15만원이며 맞춤형 시장조사는 항목 당 11만원이다. (부가세 포함) 보고서를 받은 신청기업은 필요 시 해당 무역관에 A/S를 요청할 수 있다.

60_해외전시회 출발 전
출장자가 챙겨야 할 사항

해외전시회 참가 출장 명령을 받게 되면 대분이 설래이면서 동시에 무거운 책임을 느끼게 된다. 특히, 처음 가는 전시회라면 더욱 더 그러하다. 많은 예산과 시간을 투입하여 가는 전시회인 만큼 좋은 성과를 거두면서 많은 경험을 쌓을 수 있는 기회이기 때문에 철저한 준비가 필요하다. 출장자는 당연 전시품에 대해 해박한 지식을 갖고 있어야 할 뿐 아니라 전시회가 개최되는 해당 국가는 물론이고 바이어들이 많이 찾아오는 인근국들에 대한 정보도 잘 알고 있어야 한다. 이들 국가들의 경제동향 및 우리나라와의 교역동향은 물론이고 현지 비즈니스 스타일, 상관습, 기후, 에티켓 및 상담 시 유의사항, 팁 문화 등도 미리 파악하고 있어야 한다. 이러한 정보는 KOTRA 시장정보 사이트인 Global Window를 방문하여 국가정보를 클릭하여 찾아 보거나 시중에서 관련 서적을 구입토록 한다.

【그림】시중에서 구할 수 있는 지역 비즈니스 관련 서적

전시회 기간은 보통 3~4일이 대부분이며 전시품 Display와 철거일과 오고 가는 시간 등을 감안하면 출국에서 입국까지 1주일 에서 10일 정도 출장을 다녀오게 된다. 전시회 기간 이외의 날은 정장이 아닌 활동하기 편한 캐주얼을 입는 것이 좋고 전시회 기간 중에는 가능한 넥타이에 정장을 착용하도록 한다. 따라서 정장은 2벌 이상, 넥타이는 3개 이상 준비하는 것이 좋다. 전시회 기간 중 아플 경우를 대비하여 소화제, 감기약, 두통약, 상처치료제 및 일회용 반창고 등을 준비한다. 객지에 나와 바쁜 와중에 갑자기 아프면 병원은 고사하고 약국가기도 쉽지 않다.

또한 간단히 문구류인 가위, 칼, 스테이플러, 압핀, 풀, 끈, 고리, 테이프, 필기도구, USB, 건전지 및 메모지 등은 전시품 발송 시 함께 보내던가 출장자가 휴대하여 직접 갖고 간다. 그러나 가위, 칼, 100ml 이상의 액체류 등은 항공기 반입이 안되므로 별도 짐으로 발송한다. 또한 이들 물품도 현지에서 구입하려면 한국에서 보다 비싸게 지불해야 하고 매점까지 가려면 또 시간 낭비로 이어진다. 노트북과 카메라는 출장자가 직접 챙겨 갖고 간다. 아울러 메모리카드, 충전기 등도 반드시 함께 갖고 간다.

전시회 기간 중 상담일지 만큼 중요한 것이 없다. 미리 상담일지 양식을 만들어가서 바이어와 상담 중 놓치는 항목이 없도록 꼼꼼히 작성한다. 아울러 명함도 충분히 준비한다. 일부 참가자들 중에는 전시회 기간 도중 명함이 다 떨어져 명함을 복사하여 바이어에게 주는 경우도 있었는데 이는 절대 피해야 한다. 남아서 다시 갖고 올지언정 명함을 충분히 휴대하고 제 2 외국어 지역에서 개최되는 전시회라면 영어 뿐 아니라 그 나라 언어로 작성된 명함을 주는 것도 바이어들에게 좋은 인상을 남길 수 있는 방안이다.

요즘은 웬만한 국가에도 다 한국 식당들이 진출해 있지만 전시장이나 투숙 호텔에서 거리가 멀 수도 있고 음식 값이 매우 비쌀 수도 있으므로 체류 기간 중 군이 한국음식을 먹겠다면 컵라면, 햇반, 고추장, 김, 통조림 등 간단한 한국식품을 갖고 가도 좋다. 호텔에 따라 룸에 커피포트가 있을 수도 있지만 만일을 대비하여 작은 커피포트를 준비한다. 아울러 휴대용 다리미, 로밍 된 휴대폰과 멀티플러그도 휴대한다.

체류기간 중 내의나 양말 등 간단한 의류는 직접 세탁하기도 하는데 이를 위해 간단한 세제를 갖고 가는 것이 좋다. 와이셔츠는 충분히 갖고 가던가 호텔 세탁소에 다림질까지 의뢰한다. 대부분의 호텔에서는 비누와 샴푸, 수건 등은 제공하지만 치약, 칫솔, 면도기, 면도거품 (Shaving Foam)과 로션은 제공되지 않는 경우도 있으므로 준비하는 것이 좋다. 인천공항을 포함하여 일반 공항은 물건값, 음식값이 비교적 비싸다.

현지에서는 가능한 신용카드를 사용하는 것이 좋으므로 많은 돈을 환전할 필요는 없으나 택시 요금, 팁, 소액 지불 등을 위해 소액권 위주로 환전을 하는데 인천공항에서는 환율이 불리하므로 회사나 주거지 부근의 은행에서 환전을 하고 부득이 현지에 도착하여 환전하는 경우에도 공항이나 호텔 보다는 시내 은행이나 환전소 (Cambio)를 이용하도록 한다. 특히 해외에서 불법 환전상은 피하는 것이 상책이다.

【그림】여행자에게 인천공항 환전은 매우 불리하며 공항 내 매장도 대체로 비싼 편이다.

사람이 많이 모이는 곳에서는 도난 사고가 많이 날 수도 있다. 이를 대비하여 현금이나 신용카드는 분산하여 휴대하고 여권 사본도 별도 준비한다. 출장 중에는 귀중품을 제대로 휴대하고 있는지 수시로 점검하고 분실하는 일이 없도록 항상 긴장의 끈을 놓지 않아야 한다.

특히, 개별적으로 해외전시회에 참가하는 경우라면 비상시를 대비하여 전시품 운송업체 담당자 연락처는 물론이고 KOTRA 해외무역관 및 공관 연락처도 알아오고 전시주최사가 발행한 전시회 참가 확인서도 챙기도록 한다. 아울러 운송회사를 통해 발송한 전시품이 제때 도착되지 않을 수도 있으므로 최소한의 상담자료 (샘플, 카탈로그, 동영상 수록 USB, 가격표 등)는 출장자가 직접 휴대하여 갖고 가도록 한다.

3장

전시회 현장활동

61_호텔 체크인 후, 전시장 가기 전에 해야 할 일

일반적으로 해외전시회에 개별 참가하는 국내중소기업 출장자들은 전시회 개막 하루 또는 이틀 전에 현지에 도착한다. 그러나 일부 기업들은 전시회 개막일 아침에 도착하는 경우도 있으나 이는 전시 부스 Display하는데도 시간이 촉박할 뿐 아니라 만일 전시품 도착이 지연되는 경우, 손쓸 겨를이 없을 수도 있고 이제 막 도착하여 상담에 임하게 되면 육체적으로도 너무 피곤하여 상담에 집중할 수 없으므로 피하는 것이 바람직하다.

일단 현지 도착하여 호텔 체크인이 끝났으면 조식이 제공되는 호텔의 경우, 식당 위치와 조식이 제공되는 시간을 확인토록 한다. 아울러 호텔 리셉션 직원에게 현지 지도 제공을 요청한다. 대부분의 호텔에서 이러한 지도는 무료 제공된다. 투숙할 룸에서 인터넷과 휴대폰이 제대로 작동되는지도 확인한다. 투숙호텔과 전시장간의 거리가 가까워 도보로 왕래가 가능한 곳도 있지만 대부분 교통편을 이용해야 하는 경우가 훨씬 많다. 전시주최자가 전시장과 주요 호텔간 셔틀버스 서비스를 제공한다면 타는 곳과 내리는 곳 그리고 출발시간과 운행 간격등도 확인한다. 출장자가 투숙하는 호텔 부근에서 셔틀버스를 타고 내릴 수 있으면 좋겠지만 이 호텔까지는 운행이 안 된다면 가장 가까운 픽업 포인트를 파악해둔다. 셔틀버스를 이용하여 전시장에 도착해서도 타는 곳과 출발 시간 등을 알아둔다. 대부분 타는 곳과 내리는 곳이 동일 장소이지만 전시장에 따라서는 두 장소가 상이할 수도 있다.

【그림】 대부분의 전시회는 전시장과 주요 호텔간 셔틀버스를 운행한다.

【표】 홍콩전자전 셔틀버스 운행정보

Route A1	Route B*
Hankow Road (near YMCA) → Inter-Continental Grand Stanford Hong Kong → HKCEC, Expo Drive Entrance	HKCEC, Expo Drive Entrance → MTR Hung Hom Station → Middle Road (near Kowloon Hotel)
27-30 Oct 8:45am 9am 9:15am 9:30am 9:45am	**27-29 Oct** 4:30pm – 8:30pm
Route A2*	**30 Oct** 2pm – 6pm
MTR Hung Hom Station → HKCEC, Expo Drive Entrance	
27-30 Oct 9am – 4pm	
Route C*	**Route D***
HKCEC, Expo Drive Entrance → Central MTR Station (backside of HK Club) → Pacific Place, Admiralty	HKCEC, Expo Drive Entrance → Park Lane Hotel → Excelsior Hotel
27-29 Oct 4:30pm – 8:30pm	**27-29 Oct** 4:30pm – 8:30pm
30 Oct 2pm – 6pm	**30 Oct** 2pm – 6pm

만일 셔틀버스가 운행되지 않는다면 호텔 전시장간 대중교통편을 확인해둔다. 스위스 바젤시계박람회의 경우에는 주최자가 참가업체에게 전시회 기간 중 대중교통편을 이용할 수 있도록 무제한 승차권을 무료로 제공하기도 한다. 이 승차권으로 참가업체는 전시장까지 버스나 트램을 자유롭게 이용할 수 있다. 부득이 택시를 이용할 수 밖에 없다면 가능한 전시장과 가까운 호텔을 예약하도록 하며 택시 요금은 현금으로 밖에 지불할 수 없는 경우도 있으므로 타기 전에 충분한 현금을 준비토록 한다. 유럽에서는 지하철, 트램 승차 시 검표를 안하는 경우가 많으므로 무임승차했다가는 큰 벌금을 물게되므로 주의해야 한다.

현지화 환전은 가능한 출국 전, 한국에서 하는 것이 바람직하나 부득이 현지에서 환전한다면 은행이나 정식 환전소 (Cambio)를 이용하도록 한다. 유리한 환율을 적용받기 위해 불법 환전상을 이용하지 않도록 한다.

【그림】 일반적으로 공항 환전소 보다 시내 환전소가 유리하다.

전시회 기간 중 통역이나 안내원을 채용할 예정이라면 소개받은 통역이나 안내원을 전시회 개막 전날 미리 만나 상담 시 유의 및 참고사항을 미리 전달하는 것도 바람직하다. 전시회 기간 중 이용할 한국식당과 식품점 등도 미리 확인해 두는 것이 좋다. 다행히 투숙하는 호텔이나 전시장 부근에 이들 식당이나 식품점이 있다면 좋겠으나 너무 먼 곳에 소재하고 있다면 굳이 거기까지 찾아갈 것인지를 다시 고려한다. 그리고 외국에서는 한국식당에서도 현지 관습에 따라 팁을 지불해야 한다.

전시장 개막 이틀 전에 현지에 도착하여 다음 날, 전시장을 찾아갈 계획이라면 전시품을 발송한 운송회사의 현지 파트너에게 전시품이 제대로 도착되었는지 확인하고 다음 날 몇 시 까지 전시품을 부스로 배달해 달라고 요청한다. 현지에 도착하여 여유가 있다면 거

【그림】 스위스 한국식당의 메뉴 – 비빔밥 한 그릇이 CHF 25 (약 28,000원)이며
여기에 별도의 팁이 가산된다.

래하고 있는 바이어나 전시회 기간 중 만날 바이어들에게 전화하여 도착 사실을 알리고
약속한 시간에 전시장에서 만날 것을 다시 한번 상기 시킨다. 전시회 기간 중 사용할 풀,
가위, 압핀, 스테이플러, 끈, 테이프, 필기도구, 건전지, 집게 및 고리 (hook)등 문구류나 소
형 집기 등을 준비해 오지 못했다면 전시장 내가 아닌 시내에서 미리 구입하도록 한다.
아울러 호텔 룸에서 마실 생수 등도 슈퍼마켓 등에서 구입하는 것이 출장비를 절약할 수
있는 방법이다. 전시회 기간 중 몸 컨디션을 최고로 유지하기 위해 가능한 과음을 피하고
일찍 잠자리에 들도록 한다. 그리고 전시주최측에서 공지한 전시품 반출입 및 Display 시
간을 다시 한번 확인 한 후 시간에 맞추어 전시장에 도착토록 한다.

【표】 홍콩추계전자전 부스설치 및 철거, 전시품 반출입, Display 일정

	CUSTOM-BUILT STAND	STANDARD BOOTH
Booth Construction	Halls 1, 3, 5 11 October 9am – 10pm 12 October 9am – 12nn Grand Hall, Convention Hall and Expo Drive Hall and Concourse of each Hall 11 October 2pm – 10pm 12 October 9am – 12nn	N/A
Booth Decoration	12 October 8:30am – 8pm All booths must be fully decorated by 8pm	
Move-In Exhibits	12 October (Please refer to schedule as printed on the Vehicle Pass)	
Move-Out Exhibits	16 October (Please refer to schedule as printed on the Vehicle Pass)	
Termination of Booth Electricity	13-15 October 7:30pm 16 October 6:30pm	
Booth Dismantling including Additional Lighting	16 October 8pm - 12 midnight	N/A

62_전시품 전시장 반출입에도 순서가 있다

대부분의 해외전시회는 전시회 개최 전 부스가 어디에 위치하느냐에 따라 장치 및 전시품 반입 일정이 정해져 있다. 각종 절차 및 일정은 주최자가 배포하는 전시회 참가 매뉴얼「Freight Target Floor Plan」부분에 설명되어 있다. 부스 설치 일정을 감안하여 구역을 나누고 구역별로 전시품 운반 일정을 정하여 참가업체들이 전시품을 운반할 수 있도록 하고 있다. 참가업체 입장에서는 시간을 절약할 수 있고, 부피가 큰 화물 순으로 운반할 수 있어 편리하다.

정해진 시간 이후에 도착할 경우 전시품 운반은 가능하나 전시회에 따라 별도로 요금을 내야하는 경우도 있으므로 사전에 확인할 필요가 있다. 현장 상황에 따라 전시품 운반 일정이 지연될 때도 있기 때문에 전기배선, 카펫설치 등을 고려해 운반 계획을 세우는 것이 좋다. 운송회사는 중량이나 부피가 큰 전시화물은 1회에 걸쳐 부스 안으로까지 운반해주지만 한번 설치된 후 설치 장소를 변경하고자 하는 경우에는 추가 요금을 청구하기도 한다.

정해진 시간 이후에 도착할 경우 전시품 운반은 가능하나 전시회에 따라 별도로 요금을 내야하는 경우도 있으므로 사전에 확인할 필요가 있다. 현장 상황에 따라 전시품 운반 일정이 지연될 때도 있기 때문에 전기배선, 카펫설치 등을 고려해 운반 계획을 세우는 것이 좋다. 운송회사는 중량이나 부피가 큰 전시화물은 1회에 걸쳐 부스 안으로까지 운반해주지만 한번 설치된 후 설치 장소를 변경하고자 하는 경우에는 추가 요금을 청구하기도 한다.

일반적으로 주요 통로는 전시품 방치가 금지돼 있다. 이는 통로에 전시품이 놓여 있게

Targeted Freight Move In Dates

The floor plans below contain targeted freight move in dates for freight shipped directly to the Las Vegas Convention Center scheduled between September 17-23 (updated 8/24/12):

📄 Central Hall - Targeted Freight Move in Dates

📄 North Hall - Targeted Freight Move in Dates

📄 South Hall - Targeted Freight Move in Dates

📄 Silver Lot - Targeted Freight Move in Dates

Open the floor plan for the hall your booth is in and be certain that your freight arrives on your assigned target date. Should you need to change the arrival date for your shipment, please send an email to the address indicated under the move-in legend.

Targeted Freight Move Out Dates

The floor plans below contain targeted freight move out dates scheduled September 27 – 29 (updated 7/23/12):

📄 Central Hall - Targeted Freight Move Out Dates

📄 North Hall - Targeted Freight Move Out Dates

📄 South Hall - Targeted Freight Move Out Dates

📄 Silver Lot - Targeted Freight Move Out Dates

【그림】 전시회 홈페이지에서 전시품 반입, 반출 일정을 파악할 수 있다.

되면 지게차 등이 지나갈 때 방해가 되어 전체적인 일정이 지연될 수 있기 때문이다. 라벨이 붙어있는 빈 전시품 포장박스 등을 제외하고는 통로에 전시품을 두지 않도록 유의해야 한다.

통상 운송회사에서는 전시품을 전시회 개막일 1~2일 전에 해당 부스까지 운반해준다. 전시장에 도착하면 전시품이 제대로 배달되었는지 확인한다. 손망실 된 것은 없는지 꼼꼼히 살핀다. 통관이 안 된 경우, 즉시 현지 운송회사 관계자를 접촉하여 그 사유를 파악하고 미진한 서류나 수수료 등을 보완한다. 전시품 부피가 크거나 무거운 경우, 현지 운송회사 직원에게 박스를 뜯어내 전시할 수 있는 위치로 옮겨달라고 한다. 전시품의 전시장 반

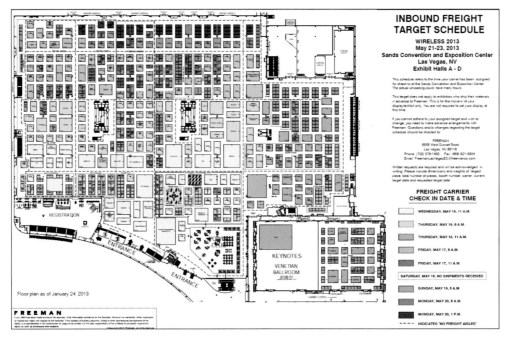

【그림】 Freight Target Floor Plan 예

입에서부터 반출까지의 과정을 요약하면 다음과 같다.

① 전시장 반입 (Receiving)

전시장 반입 일정을 관련자에게 모두 통보하여야 하며 전시품이 보관될 장소, 공간을 사전 확보하여야 한다. 특히 중량품의 경우에는 필요시 사전에 전시장 바닥 보강 작업을 준비해야 한다. Crate (화물운반용 나무박스)내외에 충격탐지레벨 (TIP-N-TELL, SHOCK WATCH 등)의 부착을 요청하고 도착 시 이를 확인한다.

② 해포 (Unpacking)

전시품을 해포하기 전에 필요한 장비 및 작업원등을 준비한다. 전시품 해포시에는 Crate 크기, 품목 등을 체크한 후, 모든 포장재료 (랩, 방습제, 볼트/너트 등)을 다시 Crate내에 넣어 창고에 보관한다. 특히 내부가 복잡하게 포장된 품목은 번호, 기호 등을 표기하여 전시회 종료 후 재포장 시 혼선이 없도록 한다.

【그림】전시장에서 전시품 Display 장면

③ 설치 시 관리 (Installation)

화주는 작업자에게 전시품의 특성 및 취급 방법, 안전 절차 등을 알려준다. 작고 귀중한 전시품들은 특별히 도난 및 파손 대비 안전 장치를 마련해야 한다. 전시품이 모두 설치 완료 된 후 필요하다면 안전 설비 장치나 경비를 세운다.

④ 전시품 철수 시 관리

전시회 종료 1~3일 전에 전시품을 파악 (반송, 판매, 기증, 폐기 등)하여 반출 계획을 관련자에게 통보한다. 전시품 철거작업은 설치작업의 역순으로 진행하며 재포장 또한 반입시의 상태와 동일하게 한다. 전시회 참가기업은 전시주최측이 정한 시간부터 포장작업을 실시하며 포장이 완료된 전시품을 운송회사에 인도한다.

63_전시품 Display하기 전 부스 체크 포인트

    조립식 부스로 참가하는 경우, 통상 주최 측에서는 개막 전일 부스 설치를 마친다. 개막 전일, 전시장에 들어오면 주변에서 부스 설치 공사를 하고 있으며 여기저기 흩어져 있는 전시품 운송박스, 각종 쓰레기와 폐자재로 부스 주변이 지저분하고 어수선하다.

    조립식 부스의 경우, 자기 부스 위치를 확인했으면 가장 먼저 해야 할 일이 부스에 설치된 부스 번호와 회사명이 제대로 표기되어 있는지를 확인한다. 특히, 회사영문 스펠링이 틀린 곳이 없는지 확인 한 후, 이상이 있다면 즉시 주최측에 수정을 요청한다. 이때 주최 측으로부터 전시회 디렉토리 입수가 가능하다면 디렉토리에 자사 부스 정보가 제대로 수록되어 있는지도 확인한다.

【그림】 전시회 개막 전일 어수선한 분위기 (왼쪽),
배정된 부스 내 회사명과 부스 번호를 확인한다. (오른쪽)

다음에는 간혹 전시 장치물이 떨어지거나 흔들거리는 경우도 있으므로 전시구조물이 제대로 설치되었는지 점검한다. 이어서 주최 측에서 제공하는 기본 집기 (테이블, 의자, 전시대, 조명 등)가 이상이 없는지 살펴 본 후, 전기, 전화, 인터넷 등 Utility 상태도 체크한다. 특히, 부스 내에서 인터넷과 핸드폰이 작동되는지 반드시 확인해야 한다. 아울러 부스 내 바닥 카펫이 찢기거나 오물이 떨어져 있지는 않은지 살펴보고 부스 바닥이 전선이나 설치된 바닥 뚜껑으로 고르지 못하고 돌출된 부분이 있다면 걸려 넘어지지 않도록 최대한 평평하게 한다.

일부 참가기업들은 사전에 주최측에 전시대 위치 변경이나 별도의 비품 임차를 요구하는 경우도 있는데 당초 요청대로 설치 또는 반입되어 있는지도 살펴본다. 조립식 부스로 참가하는 경우, 별도로 현지어 또는 영문으로 제작된 회사 및 제품을 소개할 수 있는 판넬, 배너, 모형, 소도구 등을 별도 준비해가는 것도 바람직하다. 일부 국내기업들 중에는 한국어로만 제작된 판넬이나 배너를 부스에 부착하기도 하는데 이는 바람직하지 못하다. 동일한 형태의 부스라도 참가업체의 작은 아이디어로 많은 집객 효과를 얻을 수 있다. 예를 들면 어떤 참가기업은 부스 판넬과 임차한 전시대에 포장벽지 (Decoration Paper)를 도배하여 부스 분위기를 훨씬 고급스럽게 만들기도 한다. 다만 전시회 종료 후, 포장벽지를 제거할 때 판넬에 손상이 가지 않도록 특별히 주의해야 한다.

【그림】 같은 조립식부스인데도 포장벽지로 도배한 부스가 훨씬 고급스러워 보인다.

전시품을 Display 하기 전에 벽에 부착된 전시대가 견고한지 확인한 후, 카펫에 입혀있는 비닐을 제거하고 바닥을 청소하도록 주최 측이 고용한 청소요원에게 요청한다. 전시 기간 중 전시부스 특히, 장치사가 재활용하는 부스 판넬에 손상을 입히는 일이 없도록 유의한다. 부스 판넬에 못을 박는다든가 핀을 꽂거나 본드 자국이 남지 않도록 주의한다. 그래서 참가업체들은 대부분 고리, 끈, 망사 등을 이용하여 전시물을 설치한다. 독립식 부스로 참가하는 경우에는 장치일 내내 전시장에서 장치업체가 요청한대로 부스를 설치하고 있는지 확인하는 것이 바람직하다. 참가기업들은 부스 설치가 완료된 후 소화기와 비상구 위치도 확인해 둔다.

합판손상시청구함 (양면테이프부착, 스템플러)

합판 1 장 $30.00

【그림】『전시부스 합판손상시청구함. (양면테이프부착, 스테플러)
합판 1장당 $30』 이라는 경고문

【표】 전시품 디스플레이하기 전 부스 체크 리스트

항목	체크 리스트
√	전시구조물이 견고하게 설치 또는 부착되어 있는지?
√	부스 간판에 번호와 업체명이 맞는지? (특히 영문 스펠링)
√	주최 측에서 기본적으로 제공하는 집기 및 그 수 그리고 상태 (의자나 테이블이 흔들거리지는 않는지?)
√	추가로 요청한 집기 및 그 수 그리고 상태
√	조명 상태 (전구 숫자와 위치가 맞고 전기가 모두 들어오는지?)
√	전기 소켓 상태 (전기가 들어오는지?)
√	인터넷이 터지는지 그리고 그 속도는 적정한지?
√	부스에서 휴대폰이 잘 터지는지? (같은 전시장 내에서도 의외로 휴대폰 통화 사각지대가 있음.)
√	카펫 상태 (찢기거나 오물 자국은 없는지?)
√	부스 벽면 (제대로 고정되어 있는지?, 벽면에 흠집은 없는지?)
√	바닥 평평도 (전선이나 바닥 뚜껑으로 인해 바닥이 튀어나오지는 않았는지?)
√	부스 내 누수되고 있는 곳은 없는지?
√	부스 벽면에 설치된 선반은 튼튼하게 고정되어 있는지?
√	부스 벽면에 못을 박거나 접착제를 사용할 수 있는지?
√	전시대나 선반이 어느 정도까지 전시품 하중을 받쳐주는지?
√	급배수, 압축공기, 전화, 오디오, 비디오 등 부대 서비스를 신청하였다면 제대로 작동되는지?
√	소화기, 비상구 위치

64_전시품 Display 요령

부스 디자인은 참관객에게 자사 제품의 상품적 타당성을 평가받는데 중요한 역할을 한다. 따라서 전시부스의 규모와 디자인, 장식 및 조명 등이 자사나 출품국가의 위상 및 전시 제품과 조화를 이루면서 경쟁업체와 비교할 때 뒤떨어지지 않도록 신경을 써야 한다. 또한 부스 면적을 고려하여 자사제품 중 가장 자신 있는 품목을 전시하고 그것의 장점을 살린 부스 디자인이 필요하며, 방문객의 접근이 용이한 동선 구도와 그에 따른 전시품 디스플레이를 통해 자사 제품의 우수성을 보여주어야 한다. 특히 독립식 부스의 경우, 참가하는 전시회 성격에 맞게 부스 장치 형태를 선택해야 한다. 해외 유명 전시회의 경우 전체 부스 수가 2,000~5,000개나 되기 때문에 참가업체 중 독특한 아이디어로 수천개의 부스 중에서 눈에 띄는 부스를 만들어야 한다. 특히, 소비재, 섬유전시회의 경우 백화점의 쇼 윈도우처럼 부스 내 조명도 신경 써야 한다.

좁은 부스 안에 너무 많은 전시품을 Display하지 않도록 한다. 특히, 부스 벽면을 모두 배너, 사진, 샘플로 치장하는 일이 없도록 한다. 전시품은 현장에서 즉흥적으로 Display하는 것 보다 전시품 발송 때 미리 생각을 해두는 것이 좋다. 전시품 Display에 필요한 가위, 테이프, 고리, 줄 (끈), 풀, 스티커, 스테플러, 압핀, 기타 간단한 공구들은 미리 챙겨온다. 부스 벽면에 못을 박거나 흔적이 남는 접착제를 사용해서는 안 된다. 4각 테이블 위에는 명함과 카탈로그 및 접대용 과자 등을 충분히 비치한다. 전시 제품은 내방객의 입장에서 무엇이 가장 중요한지 고려해 배치, 진열하여야 한다. 잘 꾸며진 부스는 회사의 이미지를 제고시키는 효과가 있지만 허세뿐인 디자인, 인위적인 장식, 너무 많은 전시품 진열은 오히려 역효과를 불러일으킬 수 있으므로 가식이 없으면서도 눈에 잘 띄도록 부스를 디자인하고 제품을 디스플레이한다. 또한 전시품 진열대 (선반)에 벨벳 테이블보를 깔고 전시품을 진열

한다던가 부스의 조명을 잘 활용하면 전시품을 훨씬 더 고급스럽게 연출할 수 있다.

조명광이 머무는 곳에 관람객의 시선이 머물기 때문에 조명 관련 작업은 매우 중요하다. 아무리 부스 내부의 디자인이 잘 되어 있다 하더라도 조명 처리에 따라 디자인의 이미지가 크게 좌우될 수 있다. 조명 설치는 부스 내부의 전시품 성격에 따라 다르나 기본적으로 부스를 밝게 함으로 산뜻한 이미지 조성이 가능하며, 조명광을 특정 제품 또는 이미지에 비춤으로 참관객의 시야를 더 집중시킬 수 있다. 그밖에 시연 (Moving Demonstration), 배우, 기타 설명기법 (부스 내 무대)등을 이용하고자 한다면, 외부 동선과 내부 (부스) 동선을 고려하여 필요한 공간을 확보하고 제품이 디스플레이 된 공간과 상호 겹쳐지지 않게 하되, 메시지 전달은 동일선 상에서 이루어지게 계획해야 한다. 제품이 디스플레이 된 공간군에서 벗어나서 시연을 하면 참관객에겐 제품 공간과 구연 공간을 동시에 보아야 하는 번거로움이 생겨 정보 전달이 산만해지게 되기 때문이다.

【그림】 전시회 시연 장면

통상 주최 측에서는 개막 전일 부스 설치를 마친다. 개막 전일, 전시장에 들어오면 주변에서 부스 설치 공사를 하고 있으며 여기저기 흩어져 있는 전시품 운송박스, 각종 쓰레기와 폐자재로 부스 주변이 지저분하고 어수선하다. 조립식 부스의 경우, 자기 부스 위치를 확인했으면 가장 먼저 해야 할 일이 부스에 설치된 부스 번호와 회사명이 제대로 표기되어 있는지를 확인한다. 특히, 회사영문 스펠링이 틀린 곳이 없는지 확인 한 후, 이상이 있다면 즉시 주최측에 수정을 요청한다. 이때 주최 측으로부터 전시회 디렉토리 입수가 가능하다면 디렉토리에 자사 부스 정보가 제대로 수록되어 있는지도 확인한다. 다음에는 주최 측에서 제공하는 기본 집기 (테이블, 의자, 전시대, 조명 등)가 이상이 없는지 확인 한 후, 전기[16], 전화, 인터넷 등 Utility 상태로 체크한다. 아울러 부스 내 바닥 카펫이 찢기거나 오물이 떨어져 있지는 않은지 살펴보고 부스 바닥이 전선이나 설치된 바닥 뚜껑으로 고르지 못하고 돌출된 부분이 있다면 걸려 넘어지지 않도록 최대한 평평하게 한다. 일부 참가기업들은 사전에 주최측에 전시대 위치 변경이나 별도의 비품 임차를 요구하는 경우도 있는데 당초 요청대로 설치 또는 반입되어 있는지도 살펴본다. 조립식 부스의 경우, 별도로 현지어 또는 영문으로 제작된 회사 및 제품을 소개할 수 있는 판넬, 배너, 모형, 소도구 등을 별도 준비해가는 것도 바람직하다. 일부 국내기업들 중에는 한국어로만 제작된 판넬이나 배너를 부스에 부착하기도 하는데 이는 바람직하지 못하다. 동일한 형태의 부스라도 참가업체의 작은 아이디어로 많은 집객 효과를 얻을 수 있다. 다음은 제품들이 최종적으로 진열되고 배치되기 선에 확인해야 할 사항들이다.[17]

【표】 전시품 Display 하기 전 최종 확인 사항

항목	체크 리스트
√	제품들이 여러 가지 면에서 내방객들의 시선을 끌 수 있는가? (예컨대 디자인, 색상, 포장 등의 면에서)
√	어떻게 사용자들이 전시되는 제품을 사용할 경우 누릴 수 있는 이점을 명확하게 보여줄 수 있는가?
√	내방객들이 자유롭게 만져볼 수 있거나 조작할 수 있도록 할 것인가? 혹은 파손이나 분실에 대비하여 내방객들이 자유롭게 만지거나 조작하는 것을 일정수준에서 통제해야 할 것인가?
√	어떤 정보를 내방자에게 전달해야 하는가?
√	전시부스 내에서의 각종 서비스가 어떻게 제공될 것인가?
√	가구와 전시회 진행을 위해 필요한 각종 가구들의 색상과 질이 적당한가?
√	조명장치 활용이 적절하여 내방객들의 시선을 집중시키고 제품에 대한 선전효과를 높이는데 기여하는가?
√	사진 슬라이드 상영, 시청각 매체 (TV, 멀티비젼 등)를 적절히 활용할 것인가?

【그림】 비교적 깔끔하게 display한 부스

---

16) 부스 디스플레이시 주의할 점은 당초 예상한 전력소비량을 초과하여 사용치 않도록 준비해야 한다. 만약, 전력소비량을 기준치 이상으로 사용하면 전원에 부하가 걸려 부스의 전원이 꺼질 수 있기 때문이다.

17) 전시마케팅 성공가이드 (무역협회) P181 인용

65_해외전시회 참가 시 해서는 안 될 행동 10가지

　이제는 국내 수출기업들도 해외전시회에 많이 참가하다 보니 과거에 비해 부스 운영 매너도 좋아졌고 상담도 전략적으로 임하는 등 프로화 되어가고 있다. 그러나 아직까지도 간혹 눈살을 찌푸리게 하는 참가업체도 있는 만큼 전시회 참가 시 해서는 안 될 행동 10가지를 나열해보자면 다음과 같다.

　첫째, 아직도 부스에서 식사를 하는 참가업체가 있다. 식사는 전시장내 카페테리아나 실외에서 하도록 한다. 만일 자리를 비울 수 없는 사정이 있다면 어쩔 수 없이 부스에서 식사를 할 수 밖에 없겠지만 가능한 한 부스 내에서는 냄새가 나지 않는 음식으로 가려 먹어야 한다. 음식 냄새가 강한 한식 특히 김밥을 부스내에서 먹을 경우, 먹는 사람은 잘 느끼지 못하겠지만 옆 부스의 한국기업들 뿐 아니라 바이어들에게도 불쾌감을 줄 수 있다. 심지어

【그림】 바이어는 기다리는데 정작 참가업체가 자리를 비웠다. (왼쪽)
전시부스 안에서 식사하는 장면 (오른쪽)

반입 금지 품목인 전기포트를 갖고 들어와 부스 내에서 컵라면을 먹는 일은 절대 없어야 한다. 전열 기구를 잘 못 쓰면 과부하가 걸려 부스 내 전력이 차단될 수도 있다.

둘째, 전시회 기간 중 부스를 비우지 않는다. 이 역시 불가피한 경우, 옆 부스 참가자나 KOTRA 직원들에게 얼마간 자리를 비운다고 미리 알려준다. 자리를 비운 사이 바이어들이 자주 찾아 오는데 언제 돌아올지 모르는 참가업체를 두고, 바이어를 마냥 기다리게 할 수 없기 때문이다.

셋째, 바이어가 오지 않아도 무료한 표정을 짓거나 졸지 않는다. 시차나 피곤 때문에 졸리면 일어서 있는다. 그리고 언제라도 바이어를 맞이할 준비를 하며 굳은 표정을 짓지 않도록 한다. 바이어들이 들어오면 즉시 일어나 반갑게 맞이한다.

넷째, 부스 밖으로 까지 통로에 전시품을 전시하지 않는다. 전시품 비치나 홍보물을 설치할 수 있는 곳은 부스 내로 한정된다. 통로 설치는 참관객들의 통행에 방해가 될 뿐 아니라 이웃 부스의 시야를 가리게 된다.

다섯째, 구매 의사가 없는 바이어라도 속단하고 무시하지 않는다. 지금 당장 구매를 하지 않을 지라도 언제 다시 연결될지 도 모른다. 외모만 보고 바이어를 무시하는 태도는 절대 지양해야 한다. 항상 최선을 다해 바이어를 대하고 좋은 인상을 남기도록 한다.

여섯째, 호객 행위나 직매 행위를 하지 않는다. 이런 행위를 묵인하는 일부 국내전시회에 참가했던 업체들이 해외전시회에 나와서도 거리낌 없이 대놓고 호객이나 직매행위를

【그림】 전시품에 가격표를 부착하고 직매하는 행위를 해서는 안된다.

하는 것은 국가의 품격에도 손상을 줄 뿐 아니라 경우에 따라서는 전시회 기간 중 퇴출될 수도 있으므로 주의해야 한다. 특히, 각 전시품에 가격표를 부착해 놓고 직매하는 행위는 하지 말아야 한다.

일곱째, 지키지 못할 약속이라면 하지 않는다. 우선 당장 바이어의 호감을 끌기위해 또는 바이어의 말길을 제대로 이해하지 못하고 먼저 Yes부터 하고는 귀국 후 무시해버리는 상담태도는 결코 바람직하다고 할 수 없다. 바이어의 요구와 질문에 신중을 기하고 지킬 수 있는 약속만 한다.

여덟째, 첫 대면부터 주문서를 꺼내드는 성급함을 보이지 않는다. 부스를 찾아 온 바이어가 충분한 시간을 갖고 전시품을 살펴보도록 기회를 주며 바이어의 이야기를 잘 경청한다. 그리고 바이어에게 좋은 첫 인상을 주도록 신뢰성을 잃치 않으면서 자사 제품의 우수성을 차분히 설명한다.

아홉째, 부스 안이나 밖을 지저분하게 하지 않는다. 부스 안으로 많은 바이어들이 찾아 오게 되면 진열된 전시품이 흐트러질 수도 있고 부스 안이 지저분해질 수도 있다. 따라서 전시회 시작 전, 휴지통을 부스 내에 비치하고 시간 날 때 마다 전시품을 정돈한다. 특히, 전시회 하루가 마감되면 다음 날, 정돈된 상태에서 상담에 임할 수 있도록 부스 전체를 정리하고 자리를 뜬다.

【그림】통로에 홍보판을 세워 둔 부스와 주변이 지저분한 부스

마지막으로 전시회 기간 중에는 음주하지 않는다. 요즘은 그런 사람들이 별로 없지만 하루 전시회를 마치고 다음날 술 냄새를 풍기며 다시 상담에 임하는 경우도 간혹 있었다. 항상 정갈한 복장과 반듯한 자세로 바이어를 대하도록 한다.

66_전시장에서 바이어 감별법

2013년 5월, KOTRA가 2012년에 파견한 해외전시회 참가 기업들을 대상으로 실시한 설문 조사에 의하면 참가업체의 65% 가량이 전시회 기간 중 30명 이상의 바이어들과 상담을 한 것으로 조사되었으며 심지어 10% 가량은 100명 이상의 바이어들과 상담하였다고 응답하였다. 전시기간 중 많은 바이어들과 상담하는 것은 바람직하지만 부스를 찾아준 바이어들이라고 해서 모두 성약 가능성이 있는 바이어라고는 할 수 없다. 그렇다고 밖으로 들어난 외모만 보고 속단하여 무례하게 응대하는 행위는 절대 피해야 한다. 실제 전시회에 참가한 우리 기업들 중에는 바이어 외모나 몇 마디 이야기만 나누고서 가능성 없는 바이어라 쉽게 판단하여 바이어에게 앉으라는 말도 하지 않고 카탈로그 조차 주지 않는 경우도 본 적이 있다.

그렇다고 한정된 시간에 특히, 한꺼번에 여러 바이어들이 부스를 방문하는 경우, 찾아오는 모든 바이어들에게 무한정 상담 시간을 할애할 수는 없다. 일반적으로 성약 가능성이 높은 바이어들의 특징을 나열하자면 ▲ 전시품을 꼼꼼히 살펴본다. ▲ 부스를 2번 이상 방문한다. ▲ 꼬치꼬치 묻는다. ▲ 대화 내용을 수첩에 적는다. ▲ 제품과 시장에 대해 잘 알고 있다. ▲ 처음부터 오더하거나 에이전트를 달라고 하지 않는다. ▲ 명함을 받아보면 전시품과 관련된 회사에 근무한다. ▲ 바이어 쪽에서 먼저 다시 만나자고 제한한다. ▲ 카운터 샘플이나 도면, 사진을 휴대하고 부스에 들어온다. ▲ 상담 후 전시품이나 샘플을 구입하겠다고 한다. ▲ 혼자 보다는 2명 이상이 부스를 여러 차례 방문한다. 등을 들 수 있다. 이런 바이어들은 정성을 다해 상담하고 귀국 후 사후관리를 위해서도 상담 내역을 꼼꼼히 잘 기록해두어야 한다.

반면에 성약 가능성이 크지 않은 바이어들의 특징은 ▲ 제품과 시장에 대해 잘 모른다. ▲ 상담은 하지 않고 샘플부터 요구한다. ▲ 당장 오더를 하겠다거나 에이전트를 달라고 한다. ▲ 명함이 없거나 명함을 주더라도 전시품과 관련 없는 회사에 근무한다. ▲ 성격이 다른 여러 품목을 취급한다. ▲ 수출입 절차에 대해 무지하다. ▲ 전시품을 건성으로 본다. ▲ 말에 과장이 심하다. ▲ 부스에 들어와 상담 후, 우리 회사 전시품목과 별 관련이 없는 인근 부스로 들어간다. ▲ 영어 소통이 잘 안 되는 바이어이다.

【그림】 전시회 상담에서는 최대한 예의를 갖추고 진지한 자세를 보여야 한다

그러나 국가마다 바이어의 특성과 상관습, 비즈니스 매너가 상이하므로 전시회 참가 전, KOTRA 시장정보사이트인 www.globalwinodow.org를 방문하여 국가정보에서 관련 항목을 반드시 숙지하고 전시회 상담에 임하도록 한다.

설사 가능성이 크지 않는 바이어로 판단되더라도 바이어가 기분 상하지 않도록 유념하면서 상담 시간을 최소화 한다. 즉 이런 바이어에게는 긴 설명보다 카탈로그로 상담을 대신하도록 한다. 그러나 이러한 바이이들 중에는 지금 당장은 아니더라도 미래의 잠재 바이어가 될 수도 있으므로 바이어가 충분히 전시품을 관찰할 수 있도록 시간을 준다. 또한 위의 열거는 어디까지는 일반적인 특징이고 경우에 따라서는 설사 그 제품에 대해 잘 모르는 듯 하지만 의외로 좋은 바이어일 수도 있으므로 (특히 지금까지 취급하지 않았던 새로운 아이템을 찾는 진성 바이어) 바이어들이 한꺼번에 몰리는 경우가 아니라면 매사 최선을 다하는 자세가 중요하다. 다른 바이어와 상담 중인데 부스를 방문하는 바이어가 있다면 양해를 구하고 얼마 후에 다시 방문해 줄 것을 정중히 요청한다. 또한 가능성이 있는 바이어라면 당일 전시회가 끝나고 별도의 장소에서 다시 만나는 것이 바람직하며 바이어가 부담이 되지 않는 범위 내에서 우리나라 전통 자게 명함케이스, 키홀더, 보석상자,

아랍에미리트 (United Arab Emirates)   🕐 14년 8월 29일 9시 06분 오전

> **인구** : 9,205,651명
> **면적** : 83,600 ㎢
> **수도** : 아부다비
> **언어** : 아랍어, 영어
> **화폐** : Dirham, Fils

국가듣기 ▶

[국가별 BizGuide] ▶

전체국가보기

분류	항목		
I.국가일반	국가개요	정치사회동향	한국과의 주요이슈
II.경제	경제지표 DB 지역무역협정 체결현황	경제동향 및 전망	주요산업동향
III.무역	수출입동향 대한수입규제동향 지식재산권 시장특성 주요 전시회 개최일정	한국과의 교역동향 및 특징 관세제도 통관절차 및 운송 바이어 발굴 수출 성공실패사례	수입규제제도 주요인증제도 수출유망품목 상관습 및 거래 시 유의사항 수출 시 애로사항
IV.투자	투자환경 한국기업 투자동향 주요 투자법 내용 진출형태별 절차 투자진출 시 애로사항 금융제도	투자 인센티브 제도 한국기업 진출현황 투자방식 투자법인 철수 및 청산 노무관리제도 외환관리 및 자금조달	외국인 투자동향 투자진출 성공실패사례 투자진출형태 투자입지여건 조세제도
V.Business 참고정보	물가정보 이주정착 가이드 출입국 및 비자제도 유관기관 웹사이트	취업유망분야 및 유의사항 생활여건 관광, 호텔, 식당, 통역 KOTRA 무역관 안내	비즈니스 에티켓 취향정보 출장 시 유의 및 참고사항

【그림】 www.globalwindow.org의 국가정보

전통 탈 액자 등 간단한 공예품을 선물로 주는 것도 바이어에게 좋은 인상을 줄 수 있는 방법이다. 아울러 한정된 전시 기간 중 많은 바이어들을 만나 상담하는 것 보다는 소수지만 확실한 바이어를 확보한다는 선택과 집중의 전략을 택하도록 한다.

3. 비즈니스 에티켓

가. 복장

UAE 자국민의 경우 통상적으로 전통 의상을 즐겨 입으며 일상 생활에는 물론 회사 업무, 외부 행사 참석, 거래업체 상담 시에도 착용한다. 또한 파키스탄, 인도 등 출신 바이어들도 전통 의상을 고수하기 때문에 정장을 입지 않았다고 해서 상대방을 낮게 평가해서는 안 된다.

전통 의상을 입지 않는 바이어의 경우 더운 날씨로 인하여 넥타이를 하지 않거나 양복 상의를 입지 않기도 하지만, 공식적인 자리에서는 정장을 입는 것이 바람직하다. 특히, 정부기관 사무실이나 종교시설 같은 장소에서는 다른 곳에서보다 더욱 엄격하고 보수적으로 예절을 지켜야 한다. 잘 모른다면 미리 전화해서 복장을 어떻게 갖출지 확인한다.

UAE에서 적합한 복장 예시

행사	남성	여성
평상시	일반적인 서구 평상복	일반적인 서구 평상복. 때와 장소에 따라 다르다. 어디서나 긴 바지와 긴 치마를 입고 소매가 달린 윗옷을 입는 것이 바람직하지만, 외국인이 워낙 많아 대체로 자유롭게 입는 분위기이다.
격식을 갖춘 자리	전통 민속의상, 턱시도, 디너수트	야회복을 입되 장소와 참석자들을 고려한다. 서양인을 대상으로 하는 파티에서는 어느 정도 노출이 있는 옷을 입어도 된다.
업무관련	넥타이를 매는 정장부터 청바지까지 다양하다.	몸에 달라붙는 의상, 짧은 치마, 목선이 많이 드러나는 옷 등은 가급적 피한다. 얇은 셔츠를 입을 경우 속옷이 비치지 않도록 한다.

자료: WHY UAE (2012년 UAE 해외통상부 발행)

【그림】글로벌윈도우 국가정보 비즈니스에티켓 (UAE)

67_전시장에서 효과적인 상담 Tip

통상 전시회 개최기간은 3~4일이며 하루 8시간 내외로 개장한다. 따라서 전시회에서 의자에 앉아 1시간 정도 상담할 수 있는 바이어는 하루에 많아야 6~7명 정도이다. 전시장 부스 내에서 짧은 시간 동안 효과적인 상담을 하기 위해 해야 할 행동과 삼가야 할 행동을 구분하여 나열하자면 다음과 같다.

우선 전시회 참가 시 해야 할 행동을 보면 ▲ **항상 부스를 찾아오는 바이어에게 친절하고 웃는 낯으로 대한다.** 좋은 인상은 좋은 전시품 만큼이나 중요하다. 바이어가 들어오면 바로 응대할 수 있는 적극적인 자세를 취한다. ▲ **바이어와의 상담 일지를 꼼꼼하게 작성한다.** 상세한 기록을 남기지 않으면 많은 바이어를 만나고 귀국하여 사후조치를 하려고 해도 누가 누구였고 어떤 이야기가 오고갔는지 기억할 수가 없다. ▲ **유력 바이어에게 증정할 판촉물 또는 기념품을 준비한다.** 바이어도 전시장에서 여러 참가업체를 만나게 되는데 회사명이 새겨진 간단한 기념품 (주로 우리나라 전통공예품)을 받게 되면 기념품을 준 회사를 오래 기억할 수 있을 것이다. ▲ **바이어 접대용 다과를 준비한다.** 우리나라 전통과자나 차와 같은 접대용 다과는 상담을 훨씬 부드럽게 만들어 주기 때문이다. ▲ **시간을 내어 경쟁사의 제품 정보를 최대한 수집한다.** 전시회 참가 목적은 단순히 상담만을 위함이 아니다. 시장 트랜드나 경쟁사들의 전시기법 등을 파악할 수 있는 절호의 기회로 활용해야 한다. ▲ **전시회 개최시간을 준수한다.** 이미 개장이 되었는데 전시 부스에 늦게 나온다던가 아직 끝나지 않았는데 부스에서 조기 퇴거하는 일이 없도록 한다.

▲ **통역에게 전시품에 대한 정보를 제공하고 사전 교육한다.** 통역은 전시품에 대한 전

문가도 아니고 비즈니스에 통달하지 않을 수도 있다. 따라서 전시품에 대한 특징, 용어, 상담 시 주안점 등 상담에 필요한 지식을 갖추도록 미리 교육해야 한다. **▲ 전시회 기간 중 부스로 출근하면 전시품을 정리하고 주변을 청소한다.** 전시회 기간 중 많은 참관객들이 부스로 들어오다 보면 전시품이나 홍보자료가 흐트러져 있을 수도 있고 부스 안이 지저분해 질 수 있다. 항상 부스 안을 청결하게 유지한다. **▲ 복장은 정장을 하고 면도, 두발 상태 등 외모를 확인한다.** 전시회 출장자는 참가업체의 얼굴이다. 깔끔한 인상은 신뢰구축에 많은 도움이 된다. **▲ 입장 배지 및 신분증은 항시 소지한다.** 많은 전시회들이 최근 지구촌 곳곳에서의 테러 사태로 인해 전시회 출입자들을 엄격히 통제하고 있다. 입장 배지가 없으면 출입을 불허한다. **▲ 전시장 내 분실 사고를 당하지 않도록 유의한다.** 전시장에는 소매치기와 좀도둑이 많으므로 전시장, 호텔 및 식당에서 항상 소지품 관리에 유의하여야 한다. 귀중한 샘플, 여권, 지갑 등은 잠금장치가 있는 장소에 보관하는 등 안전에 주의하여야 한다. 전시장내 분실사고는 선진국이라고 예외가 아니다. **▲ 다음 날 전시회를 위해 가능한 일찌감치 잠자리에 든다.** 시차 적응도 되지 않은 상태에서 긴장의 끈을 놓치지 않고 계속 상담한다는 것은 매우 피곤한 일이다. 따라서 좋은 컨디션을 유지해야 상담에 열중할 수 있으며 이를 위해 충분한 휴식과 숙면이 요구된다.

반면에 전시회에서 삼가야 할 행동을 열거하면 **▲ 부스에서 식사하지 않는다.** 특히 부스에서 도시락이나 컵라면을 먹게 되면 강한 음식냄새로 바이어들에게 불쾌감을 줄 수 있다. 이는 국가관의 이미지와 타기업의 상담에 많은 피해를 줄 수 있으므로 자제해야 한다. 식사는 카페테리아 등 식당을 이용한다. **▲ 부스를 비우지 않는다.** 부득이 부스를 비울 때에는 통역, KOTRA 직원 또는 인접부스 참가자에게 언제 돌아온다는 말을 반드시 남기도록 한다. **▲ 바이어가 안와도 무료한 표정을 짓거나 졸지 않는다.** 딱딱한 표정은 바이어들이 부스로 들어오고 싶은 마음을 가시게 만들 수도 있다. **▲ 부스 밖으로 까지 통로에 전**

【그림】 전시회 기간 중 식사는 카페테리아를 이용하고 항상 웃으며 바이어를 대한다.

시품을 전시하지 않는다. 전시장 복도는 좁은 편인데 여기에 전시품이나 홍보대를 설치하는 것은 참가규정에 위배되어 제재를 받게 된다. 특히 비상구는 반드시 비워두어야 한다. ▲ 구매 의사가 없는 바이어로 속단하고 무시하지 않는다. 이번은 아니더라도 시간이 흐른 뒤 얼마든지 구매할 수도 있기 때문이다. ▲ 지키지 못할 약속이라면 하지 않는다. 상담 중에는 이것 저것 약속하고서는 귀국 후 아무런 조치도 취하지 않는 행위는 신뢰구축에 치명적인 악영향을 미치게 된다. 따라서 상담 중 꼭 실행할 수 있는 약속만 하도록 한다. ▲ 호객 행위나 직매 행위를 하지 않는다. 대부분의 전시회에서는 직매를 허용하지 않고 있으나 전시품의 직매 행위에 관하여 전시주최자마다 다를 수 있으니 사전 확인이 필요하다. ▲ 자사 부스 이외 장소에서 프로모션을 하지 않는다. 부스로 바이어의 방문을 유도하기 위해 전시장내을 돌아다니거나 공공장소에서 홍보물을 배포하지 않는다. ▲ 전시회 기간 중에는 음주하지 않는다. 극소수지만 일부 참가사들 중에는 전일 음주 후 술 냄새를 풍기며 상담에 임하는 경우도 있었다. 항상 상쾌한 분위기에서 상담에 임하도록 한다. ▲ 단체로 전시회에 참가하는 경우, 지나친 개별 행동은 하지 않는다. 지나친 개별 행동으로 같이 참가하는 다름 업체에게 부담을 주어서는 안 된다.

【그림】 전시장 통로에 전시품이나 홍보물을 비치해서는 안된다.

【그림】 전시장에서는 품격 있는 상담자세가 중요하다.

많은 비용과 시간, 인력을 투입해서 참가하는 전시회인 만큼 국제 비즈니스맨으로서 품격 있는 행동을 하는 것이 참가 성과를 높인다는 점을 항상 명심한다.

68_ 성약을 위한 필수작업,
상세한 상담일지 작성

　짧은 전시회 기간 중 많은 바이어들을 만나 상담하면서 제대로 기록을 남기지 않으면 귀국 후 돌아와 누구와 어떤 상담을 했는지 헷갈릴 뿐 아니라 정작 중요한 내용을 파악하지 못해 사후관리에 어려움을 겪게 되고 이는 바로 미흡한 전시회 참가성과로 이어지게 된다. 상담 장소에서 미처 파악하지 못한 정보가 있거나 파견자의 질문에 대한 바이어의 답변을 얻어내지 못하여 다시 바이어를 접촉하게 되면 시간이 그만큼 지체될 뿐 아니라 바이어로부터 신뢰를 얻을 수도 없고 경우에 따라서는 바이어 측에서 답변을 기피하거나 지연시킬 수도 있다. 따라서 출장자는 기업과 제품 특성에 맞게 나름대로 상담일지 양식을 미리 만들어 상담 과정에서 취득한 정보뿐 아니라 성약을 위해 필요한 모든 정보를 파악하여 상세히 기록하도록 한다. 일반적으로 상담일지에는 먼저 바이어에 대한 정보를 기록하는 란을 만든다. 물론 바이어로부터 받은 명함으로 대체할 수 있으나 바이어의 영어 구사정도나 업종, 신규/기존바이어 구분 등은 별도 표시 란을 만드는 것이 좋다. 특히, 짧은 상담시간 중에 이 바이어가 과연 얼마나 성약 가능성이 있는 바이어인가를 최대한 정확히 판단하고 분류하도록 한다.

　바이어의 부스 방문일시와 관심을 표명했던 품목 및 분야를 기재한다. 또한 상담 중 제공했던 전달품목 (예: 명함, 카탈로그/리플렛, 가격표, 샘플, USB, 기념품)이 있다면 그것도 표시해둔다. 다음은 가격, 품질, 디자인, 브랜드, 납기, A/S, 최소주문량 등과 관련, 바이어 요구사항과 반응을 상세하게 기록해두는데 이 부분이 가장핵심이 되는 내용이다.
　또한 향후 조치 요망사항, 바이어의 기존 거래국가 또는 거래처와 같은 바이어 영업 관련 정보와 함께 현장에서 바이어가 주문을 했다면 주문 내역도 상세히 기록해둔다. 아울

바이어 상담일지

상담일지 : 20   년   월   일   시

이름 (name)		관심품목 (Interesting)	
회사명 (Company)			
국적 (Nationality)			
취급품목 (Item)			
판매액 (Sales)			
상담내용 (Detail)			
요구사항 (Require)			
기타 (Etc)		결과 평가	

【그림】 너무 단순한 바이어 상담일지는 필요 정보를 누락시킬 수 있다.

러 성사가능성, 특기사항, 향후 상담일 확정 여부, 바이어에 대한 인상 및 느낌 등의 상세한 기재도 잊지 않도록 한다. 상담일지 양식을 미리 준비해 가지 않거나 바이어정보, 상담내용, 요구사항 등 과 같이 기재 양식을 너무 간단하게 만들어 가면 구체적인 상담내용이나 파악해야 할 항목을 놓칠 수 있으므로 가능한 구체적으로 파악해야 할 항목을 만들어가는 것이 실수를 줄일 수 있는 방법이 된다.

【표】 상담일지 샘플

상담일지		
전시회명		
1. 참관객 (바이어) 주소 <명함으로 대체 가능>		
이 름		전화	
직 책		팩스	
부서명		이메일	
회사명		홈페이지	

영어구사정도		매우 유창 ( ) 유창 ( ) 보통 ( ) 빈약 ( ) 매우 빈약 ( ) 불통 ( )
구분	I	수입상 ( ) 유통업체 ( ) 도매상 ( ) 소매상 ( ) 제조업체 ( )
	II	기존 바이어 ( ) 신규 바이어 ( )
	III	대기업 구매바이어 ( ) 샘플 주문바이어 ( ) 관심 많고 오더 가능성 있는 바이어 ( ) 일반바이어 ( ) 정부/단체 종사자 ( ) 일반인 ( )
	IV	즉시 거래가 가능한 주요 바이어 ( ) 향후 거래가능성이 높은 바이어 ( ) 지속적인 Follow-up이 필요한 바이어 ( ) 추가적인 Follow-up이 불필요한 바이어 ( )

2. 부스 방문 일시
20 년 월 일 시 분

3. 관심품목

4. 관심분야
수입 ( ) 에이전트 ( ) 합작 ( ) 제3국 진출 ( )

5. 전달물품
명함 ( ) 카탈로그/리플렛 ( ) 가격표 ( ) 샘플 ( ) USB ( ) 기념품 ( ) 기타 ( )

6. 바이어 반응	
가격	
품질	
디자인	
브랜드	
납기	
A/S	
최소주문량	
기타	

7. 향후 조치 요망사항

8. 현지 주문 내역

9. 바이어의 기존 거래국 또는 거래처, 거래량

10. 성사 가능성
매우 높음 ( ) 높음 ( ) 보통 ( ) 낮음 ( ) 매우 낮음 ( )

11. 향후 상담일 확정 여부
예 ( ) / 날짜   아니오 ( )

12. 특기사항

13. 중요성 및 시급성

14. 바이어 인상 및 느낌

69_선물을 활용하여 바이어의 마음을 잡아라

이 세상에서 선물 싫어하는 사람은 없다. 물론 전시회에서의 선물 (기념품)이 성약을 약속하지는 않는다. 그리고 지나친 선물은 오히려 바이어에게 부담을 주어 마이너스 효과를 가져오기도 한다. 그러나 가벼운 마음으로 주고 받을 수 있는 선물은 확실히 비즈니스 관계에서 윤활유의 역할을 한다. 특히 아시아, 중동 및 아프리카에서 선물의 효과는 매우 크다. 우리 기업들 중에는 해외전시회에 참석하여 참관객이나 주요 바이어들에게 선물을 주는 사례가 많지 않기 때문에 이를 활용하면 바이어에게 좋은 인상을 남길 수 있다. 간단한 선물은 비용도 크게 들지 않을 뿐 아니라 선물에 회사 로고와 함께 회사 이름을 표시해서 주면 홍보 효과도 함께 올릴 수 있게 된다. 반면 대부분의 해외기업들은 어깨에 맬 수 있는 종이나 헝겊으로 만든 가방 (주로 카탈로그 등 전시회에서 수집되는 홍보물을 담는 용), 볼펜, T-셔츠, 립그로스 또는 캔디, 쵸코릿 등을 참관객들에게 나누어 준다. 또 일부 큰 규모로 참가하는 외국기업들 중에는 부스내에 와인바를 설치하여 포도주, 위스키,

【그림】해외전시회 참가기업들 중에는 참관객들에게 식음료를 제공하기도 한다.

커피 및 소프트드링크 등을 주기도 하고 심지어는 파스타, 샌드위치, 햄버거 등 간단한 식사거리를 제공하기도 한다.

해외전시장에서 참관객들에게 나누어 줄 수 있는 선물은 단순히 부스를 찾아오는 참관객, 가능성이 중간 정도인 바이어, 가능성이 매우 높은 바이어로 구분하여 준비하는 것이 좋다. 부스 내 테이블이나 Information Desk에 한국 전통 과자나 사탕을 비치하여 찾아오는 손님들이 부담감 없이 집어갈 수 있도록 한다. 또한 이러한 과자는 가격도 저렴하고 한국만의 특징을 살릴 수 있으며 무게나 부피도 크지 않아 운반하기도 쉽다.

【그림】 모든 부스 방문자에게 제공하기 알맞은 한국 사탕과 과자

상담을 진행한 바이어 중 성약 가능성이 중간 정도인 바이어에게는 자개로 만든 열쇠고리, 태극부채, 자개 USB 등이 적당하다. 이런 선물에는 회사 이름과 로고를 인쇄하는 것이 좋다.

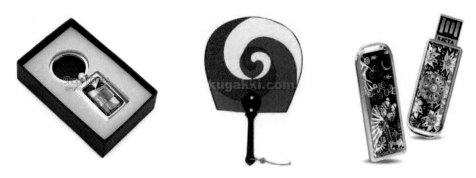

【그림】 성약 가능성이 중간 정도인 바이어에게 줄 수 있는 선물 예

성약 가능성이 매우 높은 바이어나 기존 거래 관계가 있는 바이어에게는 자개명함셋트, 자개보석함, 우리나라 전통탈 액자 등을 선물하면 바이어들이 매우 좋아한다. 다만 중동 이슬람신자들은 우상숭배 금지라는 종교상의 이유로 탈을 좋아하지 않으며 인삼주 등 주류도 선물하지 않도록 한다.

  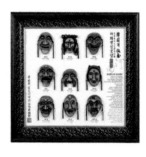

【그림】 성약 가능성이 높은 바이어에게 줄 수 있는 선물 예

그러나 우리나라 사람들이 외국인들에게 흔히들 선물하는 인삼차, 인삼주 등 인산제품을 별로 반기지 않는 바이어들이 의외로 많다. 또한 해외전시회에 참가했던 국내 기업들 중에는 전시부스에서 상담했던 바이어와 함께 사진을 찍은 후, 사진액자 (Photo Frame)에 사진을 넣어 상담했던 바이어들에게 특사배달로 보내주기도 한다. 국내참가업체들과 마찬가지로 전시기간 중 많은 참가업체들과 상담을 했던 바이어들도 시간이 지나면 누구와

kotra

다. 선물

요르단인이 집으로 초대할 시의 선물로는 주로 케익, 과자, 꽃등을 권유한다. 또한 고가의 제품보다는 한국의 전통 건강식품이나 차. 전통 제품 등 선물하면 매우 좋아한다. 단 술 또는 돼지고기가 가미된 식품 (예: 돼지기름을 사용한 라면 등), 한국의 전통탈 등은 금기시하므로 나누어 먹거나 선물로 제공하지 않도록 해야 한다. 요르단에서의 한국제품의 성가를 감안할 때, 일부 VIP 급 인사들에 대한 선물로서는 한국산 핸드폰, MP3, 디지털 카메라 등도 매우 유용한 선물의 하나이며, 한국의 전통보석함, 명함집, 도자기 등도 좋은 선물이다. 혹 향수 등 개인 취향의 제품을 선물할 경우에는 반드시 사전에 개인적인 취향을 확인하고 제품을 고르는 관심도 필요하다. 무슬림이라 하더라도 가끔씩 술을 마시는 사람도 있으나, 이들에게도 가급적 술을 선물하는 것은 자제하는 것이 좋으며, 특히 많은 사람들 앞에서 그가 술을 마신다고 말하거나, 혹은 술 선물을 하는 것은 좋지가 않다.

【그림】 KOTRA 글로벌윈도우 국가정보 (요르단)중 선물 관련 정보

상담했는지 잘 기억하지 못할 수도 있다. 그러나 예상치 못했던 정성이 담긴 기념품을 받은 바이어들은 그 국내기업에 대해 좋은 이미지를 갖게 될 것이다. 또한 사진을 보낸 국내 출장자도 바이어로부터 받은 명함과 함께 사진을 첨부해 보관 해 두면 그 바이어와의 상담 내역과 얼굴을 기억할 수 있어 사후관리에 많은 도움이 될 것이다. 가국 바이어들이 선물 받기를 좋아하는지 그리고 어떤 선물을 선호하는지는 KOTRA www.globalwindow.org 의 국가정보 비즈니스 에티켓을 검색하면 알 수 있다.

70_출장자가 전시장에서 상담 이외 해야 할 일

해외전시회에 참가하는 대부분의 국내기업 출장자들은 전시회 기간 내내 부스에 머물며 상담하는데 시간을 다 보낸다. 물론 전시회 참가 목적 일 순위가 되도록 많은 바이어들을 만나 많은 오더를 받기 위함이므로 상담에 몰두 할 수 밖에 없고 더구나 파견인원이 혼자일 경우는 더욱 더 그러하다. 그러나 가능한 조금이라도 시간을 내어 전시장 전체를 둘러보는 것도 중요하다.

도대체 이 전시회의 전체적인 분위기는 어떤지, 어떤 기업들이 어떤 규모로 어떤 제품을 갖고 나왔으며 바이어들과 얼마나 활발한 상담을 전개하고 있는지 파악하는 것도 중요하다. 3~4일간 계속되는 전시회 기간 내내 자기 부스에만 머물다 보면 전체적인 전시회 분위기를 파악할 수 없다.

【그림】 Bio 2014 환영 리셉션

같이 참가한 국내기업 출장자는 물론이고 외국 참가기업, 전시주최자 및 바이어들과 네트워킹을 할 수 있는 좋은 기회를 최대한 활용해야 한다. 일부 전시주최자들은 전시회 기간 중 저녁때 별도의 리셉션을 마련하기도 하고 일부 참가업체들은 식음료를 준비하여 전시회장에서 네트워킹을 하기도 한다. 이런 자리에 나가게 되면 최신 시장정보도 얻을 수 있고 유력인사들과 친분을 쌓을 수도 있다. 또한 전시장을 돌면서 어떤 신제품들이 전시되었는지 어느 부스로 참관객들이 몰려드는지 그리고 그 이유는 무엇인지도 살펴본다. 경쟁기업들은 어떤 규모로 어떤 제품을 갖고 나왔는지 그리고 부스 디자인은 어떻게 했는지도 조사하면서 벤치마킹이 가능한 것은 자료 수집도 하고 허락된다면 사진 촬영을 해둔다.

【그림】 참관객들이 몰려드는 부스는 그 이유가 있다. 새로운 전시품들도 눈여겨 봐둔다.

【그림】 세련된 전시부스를 살펴보고 아이디어를 구하면서 안목을 높이도록 한다.

그리고도 시간이 된다면 전시회에서 개최되는 부대행사에도 참가하도록 한다. 신제품, 신기술 관련 세미나에도 참석해본다. 특히, 그해 출품한 전시품 중 우수상품 (우수디자인) 으로 선정된 상품만을 별도로 전시하는 관이 있다면 반드시 가보도록 한다.

【그림】 부대행사로 개최되는 세미나, 우수상품전시관 등도 가보도록 한다.

유명전시회 기간 중에는 현지 언론인들 뿐 아니라 우리나라 취재진들도 전시장을 방문한다. 중소기업들이 언론인들을 만나기가 쉽지는 않겠지만 기회가 된다면 언론인들의 취재 협조에 적극 참여한다. 실제 중소기업들이 현지 언론인과 인터뷰를 통해 현지 및 우리나라 언론에 보도되기도 하는데 이는 추후 상담 시 적극 활용할 수 있는 소스가 되기도 한다. 특히 일본 바이어들은 국내외 언론에 보도된 자료를 보여주면 그 회사를 높이 평가하는 경향이 있다고 한다.

【그림】 전시회 기간 중 언론을 활용한 예

전시회 기간 또는 종료 후, 전시주최사를 접촉하여 다음해 전시회 참가신청서를 제출하고 부스 배정 시 배려해 줄 것을 요청한다. 아울러 인근 KOTRA무역관도 방문하여 현지 시장정보를 수집한다.

71_전시회 세미나 참가 요령

최근에는 많은 해외전시회에서 세미나, 신제품 발표회, 체험행사, 팻션 쇼, 우수전시품 특별전시회, 체용박람회 등 다양한 부대행사가 동시에 개최되고 있다. 이중 가장 흔한 부

Monday, June 23	
7:30 am – 5:00 pm	Registration Open *Lobby D, Ground Level*
7:30 am – 5:00 pm	11th Annual Community College Program *Embassy Suites San Diego Bay - Downtown*
7:30 am – 6:00 pm	Business Development Basics & Advanced Business Development Courses(co-located with BIO 2014) *San Diego Marriott Marquis & Marina, San Diego Ballroom Foyer*
7:30 am – 6:15 pm	*Nature Conference* on Genomic Technologies and Biomaterials for Understanding Disease (co-located with BIO 2014) *Rooms 28A - E, Upper Level*
8:00 am – 4:30 pm	International BioGENius Challenge *Westin San Diego Gaslamp Quarter, California Ballroom B*
8:30 am – 6:30 pm	10th Annual Entrepreneurship Boot Camp* *Room 9, Upper Level*
9:00 am – 4:30 pm	BioTech Primer: The Science Driving Biotech Healthcare _(co-located with BIO 2014) *Manchester Grand Hyatt* Register Today!
2:00 pm – 3:00 pm	What to Expect at BIO 2014: First-Time Attendee Orientation Session *Room 3, Upper Level*
2:00 pm – 3:30 pm	The Bioethics of Drug Development: You Make the Call *Room 5B, Upper Level*
3:30 pm – 4:45 pm	Social Media Session: Like, Share and Tweet Your Way to Change *Room 3, Upper Level*
7:15 pm – 9:00 pm	**BIO Welcome Reception** on the USS Midway *910 N. Harbor Drive (Transportation Provided)*

【그림】Bio 2014 기간 중 세미나 일정 (2014년 6월 23일)

대행사는 세미나이다. 세미나에서는 신기술, 산업 및 시장동향 및 전망, 유통구조, 법적 제도 소개 등 그 주제가 다양하여 많은 참관객들이 몰려들고 있다. 그러나 국내기업이 전시회에 1명만 파견하는 경우, 부스에서 상담하면서 이러한 세미나에 참석하기란 쉽지 않다. 따라서 통상 2명 이상이 파견되거나 참가가 아닌 참관 목적으로 전시장을 방문하는 기업인들이 많이 참석한다.

전시회 기간 중 개최되는 여러 세미나 중 어느 행사에 참석할 것인가는 전시장 현장에 와서 결정하는 것 보다는 해당 전시회 홈페이지를 통해 관심 세미나를 선정하고 가능하면 미리 신청하는 것이 좋다. 온라인 사전 예약제는 보통 할인 혜택이 주어지고 현장에서 등록하는데 필요한 시간을 절약할 수 있기 때문이다. 세미나를 통해 전문가들로부터 최신

	Convention Access & Partnering	Convention Access	EDUCATION & EXHIBITION ACCESS	Education & Exhibition Access	EXHIBITION ACCESS	EXHIBITOR BOOTH PERSONNEL
Register On or Before May 1, 2014	$1,895 members $2,595 non-members	$1,095 members $1,395 non-members		$595 members $895 non-members		
Register After May 2, 2014	$2,295 members $2,995 non-members	$1,395 members $1,695 non-members		$595 members $895 non-members		
Access to BIO Exhibition (Tuesday-Thursday)	✓	✓		✓		
Access to the BIO Business Forum & One-on-One Partnering System	✓					
Access to Exhibitor Booth Partnering in One-on-One Partnering System	✓					
BIO Welcome Reception on Monday, USS Midway	✓	✓				
BIO Gaslamp Receptions on Wednesday	✓	✓				
Keynote Luncheon on Tuesday	✓	✓				
Keynote Luncheon on Wednesday	✓	✓				
6+ High Level Super Sessions	✓	✓		✓		
BIO Session Tracks & Specialty Forums	✓	✓		✓		
International Market Briefings	✓	✓		✓		
BIO Business Forum Company Presentations	✓	✓		✓		
BIO Exhibitor Hospitality Receptions on Tuesday	✓	✓		✓		
BIO Career Fair (for job seekers)	✓	✓		✓		

Premier Networking & High-Profile Education

【그림】 Bio 2014 부대행사 참가비

정보를 수집할 수 있기 때문에 적극 참가하는 것이 바람직하다.

유명 전시회에서 병행 개최되는 대부분의 세미나는 유료인 경우가 많다. 일례로 매년 미국과 캐나다의 주요 도시를 순회하며 개최되는 『Bio International Convention』의 경우, 2014년 샌디에고에서 개최되었는데 입장료만 참관객 1인당 195달러이고 입장허용 부대행사 수에 따라 2014년 5월 1일까지 등록하는 회원사는 최저 595달러에서 최고 1,895달러를, 비회원사인 경우 최저 895달러에서 최고 2,595달러를 지불해야 한다. 더구나 5월 2일 이후에는 회원사의 경우 참관객 1인당 최저 595달에서 최고 2,995달러를, 비회원사의 경우 1인당 최저 895달러에서 최고 2,995달러를 내야 한다. 따라서 제한된 시간에 많은 비용을 지불하고 참가하는 부대행사인 만큼 자신과 기업에 필요한 주제를 다루는 세미나를 선정하여 미리 신청하는 것이 바람직하다.

주로 영어로 강의하는 세미나에는 영어 구사가 가능한 직원이 참석토록 해야 하며 언어 문제로 세미나를 완벽하게 이해하기 곤란한 경우를 대비하여 행사장에서 배포하는 자료들을 잘 챙기고 허락된다면 PPT 자료를 촬영하거나 연사의 설명을 녹음, 녹화하여 추후 다시 들어보는 것도 권할 만하다. 또한 세미나 개최 장소와 시간을 미리 숙지하여 행사에 늦지 않도록 유념한다.

이러한 언어상의 문제를 극복하기 위해 KOTRA에서 단체로 파견하는 전시회인 경우, 관할 무역관에서 국내 참가기업들을 위해 주로 현지 한국인 전문가들을 (예: 변호사, 변리사, 유통전문가, 대형수입상, 비즈니스 컨설턴트 등) 초청하여 전시회 개막 전날, 호텔이나 식당에서 다양한 주제로 설명회를 개최하여 참가기업들로부터 많은 호평을 받고 있다.

【그림】 라스베가스 CES와 마이애미 의료기기전 국내참가기업 대상 설명회

【표】 무역관 주최 참가기업을 위한 설명회 주제

CES 2014	라스베가스 자동차부품전	시카고 Bio 2013
- 미국 CE 산업동향 - 공동 A/S 및 Call Center 운영 방안 - IP Desk 소개	- 미국 자동차 애프터 마켓 시장동향 - 한미 FTA 활용 자동차 부품 진출 확대방안 - ISA기관으로서 한국 특허청의 위상 및 역할	- 미국 바이오 시장 동향 - 바이어 특허법 소개

72_전시회 사상 기회를 활용하라

　　최근에는 다수 해외전시회 주최자들이 참가기업들을 대상으로 전시회의 질적 향상과 참가업체 인센티브 차원에서 우수 참가업체를 선정하여 『New Products Awards』, 『Professional Awards』, 『Best Design Awards』, 『Innovations Awards』 등을 수여하는 시상행사를 갖는다. 주최측은 이러한 시상 내용을 전시 기간 중 발행되는 전시회 소식지에 게재하거나 대언론 홍보를 통해 시상 기업을 소개하기도 하고 시상 인증증명서를 전시부스에 부착할 수 있도록 허용하고 있다. 또한 선정된 우수 상품을 별도 공간에 디스플레이하여 참관객들의 발길이 이어지도록 하고 있다. 따라서 시상행사가 있는 전시회의 경우, 상을 수상하게 되면 자연스럽게 제품의 품질을 공인받게 되고 협찬기관이 주는 각종 특혜도 받게 된다. 그러므로 신제품이나 새로운 디자인 제품으로 참가하는 경우에는 참가 전시회에서 이런 시상기회가 있는지 살펴보고 신청해 보는 것도 바람직하다.

　　매년 11월, UAE 두바이에서 개최되는 「두바이 건축기자재 전시회 (Big 5)」는 중동 최대 건축전시회로 2008년부터 참가업체들을 대상으로 Facades & Structures, Energy Systems, Finishing Products, HVAC, 및 Water Technology 등 6개 분야에서 에너지 절약과 환경 친화적인 건축기자재를 생산하는 우수 기업을 엄선한 후, 전시회 기간 중 금, 은, 동상으로 구분하여 시상하고 수상된 기업명을 공개하고 있다.

　　수상 기업은 수상 마크를 전시회 기간 중 부스에 부착할 수 있는 기회가 주어진다. 「Gaia Awards」로 명명된 이 상은 매우 영광스러운 상으로 인식되고 있으며 수상된 기업의 부스로는 더 많이 바이어들이 몰려들어 활발한 상담을 하게 된다. 2008년 첫해, 우리나라

【그림】두바이 Big5의 Gaia Awards

기업도 영광의 수상을 하게 되어 수상 마크를 부스에 부착하였으며 많은 양질의 바이어들을 만나 커다란 성과를 올린 바 있다.

매년 1월, 라스베가스에서 개최되고 있는 세계 최대 가전제품전시회인 CES의 주관 단체인 전미가전협회(Consumer Electronics Association)는 1976년부터 혁신 디자인 및 엔지니어링 부문에서 우수한 제품을 평가하여 「이노베이션 디자인 및 엔지니어링 상」을 시상해오고 있는데 이 상은 높은 권위를 자랑하고 있다.

매년 CES에서는 기업들이 경쟁적으로 최신 제품을 선보이고 있는데 주최측은 매년 분야별로 「이노베이션 디자인 및 엔지니어링 상」을 시상하고 있으며 여러 분야를 막론하여 최우수제품에 대해서는 「최고 혁신상 (Best of Innovation)」을 별도 수여하고 있다. 그리고

【그림】2014년 CES 디자인 및 엔지니어링 상 수상 제품 (국내 L사)

선정된 제품은 별도의 관에서 전시된다.

이러한 상은 대기업만 수상하는 것이 아니다. 개인용 주변기기 전문 국내 중소기업 L사는 자사 제품 3종이 2014년 CES 디자인 및 엔지니어링 상 (International CES Innovations

- 최고 혁신상, 삼성전자 2개 LG전자 1개 수상

[디지털데일리 이수환기자] 삼성전자와 LG전자가 미국 라스베이거스에서 진행 중인 '2014 인터내셔널 CES(CES 2014)'에서 나란히 '최고 혁신상(Best of Innovation)'을 수상했다. LG전자는 곡면(curved, 커브드)TV 삼성전자는 스마트TV에서 두각을 나타냈다.

10일 삼성전자와 LG전자에 따르면 올해 CES 2014에서 열린 'CES 혁신상(CES Innovations Awards)'에서 삼성전자는 2개 LG전자는 1개 부문 최고 혁신상을 받았다.

삼성전자는 ▲65인치 고화질(풀HD) 스마트TV ▲곡면 발광다이오드(LED) 모니터가 LG전자는 곡면 초고화질(UHD) 유기발광다이오드(OLED)TV가 주인공이다. 최고혁신상은 이번 CES 2014에서 공개된 제품 중 총 26개 품목이 수상했다.

삼성전자와 LG전자의 대표 제품은 해외 언론의 주목을 받았다. 각 사는 각각 수상한 상이 더 권위가 있다며 신경전을 벌이기도 했다.

삼성전자 영상디스플레이사업부 김현석 사업부장은 "105인치 커브드 UHD TV와 벤더블 TV는 당사 TV 경험 및 기술력의 집합체"라며 "지속적으로 소비자에게 혁신적 경험을 제공하기 위해 최선을 다할 것"이라고 말했다.

LG전자 이인규 TV사업담당은 "LG전자의 앞선 기술력과 디자인을 다시한번 확인했다"며 "지속적인 연구개발(R&D)과 마케팅활동을 통해 고객들에게 차별화된 가치를 제공할 것"이라고 전했다.

〈라스베이거스(미국)=이수환 기자〉shulee@ddaily.co.kr

【그림】 삼성전자 CES 2014 최고 혁신상 수상 관련 기사 (디지털데일리 2014.1.14)

2014 Design and Engineering Awards)을 수상하였는데 이번 수상 제품은 컴퓨터 주변기기 부문에서 무선 올인원 키보드 TK820, 게이밍 하드웨어 및 액세서리 부문에서 무선 게이밍 마우스 G602와 게이밍 헤드셋 G430으로 총 3개 제품이다.

또한 독일 뉴렌버그 완구 박람회의 경우 Technology, Education 등 9개 부문으로 나누어 Innovation Award를 시상하고 있고 여기서 선정된 제품들은 박람회 기간 중 Innovation Center에 특별 전시되는 기회를 제공하고 있는데 이와 같은 시상 기회는 전시회 기간 중

73_전시회 종료 후
전시품 처리 방법

　　일반적으로 전시회 종료 후, 전시품 처리 방안은 현지 판매, 기증, 폐기 및 본국으로의 반송 등이 있다. 특히, 까르네를 활용하여 관세를 부과하지 않고 통관한 전시품은 원칙적으로 반입될 당시와 똑같은 조건으로 전량 본국으로 반송되어야 한다. 현지 판매, 기증 및 폐기의 경우에는 전시회 개최국에 관세와 기타 세금을 모두 납부한 후 정식 통관 절차를 거쳐야 한다.

코트라, 中 정저우에서 '한국우수상품전' 18일 개최

주간무역 press@weekltrade.co.kr

코트라는 중국 내륙 진출의 핵심 교두보로 자리 잡은 허난성(河南) 정저우(鄭州)에서 '한국우수상품전'을 5월 18일부터 20일까지 개최한다.

이번 상품전은 지난해 개최한 '우한 한국우수상품전'에 이어 급성장하고 있는 중국 내륙시장 개척을 목적으로 화장품, 식품, 생활가전, 생활용품 등의 분야에서 51개 중소기업들이 참가한다.

행사에는 5000여명에 달하는 중국 바이어가 참석해 우리기업과 수출 상담의 자리도 마련되어 있다. 데니스, 대상 등 중국 내륙시장의 대형 유통망과 공동 개최하는 구매 및 입점설명회도 열릴 예정이다.

특히 최근 중국 신정부가 강조하는 기업의 사회공헌에 부합하는 '국경없는 사랑 - 희망사업 및 사랑 나눔' 행사를 개최한다. 이 행사는 현지 희망학교에 한국기업과 중국 바이어가 기부한 물품들을 전달하는 CSR 활동으로 데니스, 대상, 롯데 등 총 35개 기업이 기부에 동참했다. 코트라는 이번 행사로 한국기업의 이미지 상승에도 긍정적인 영향을 미칠 것으로 기대하고 있다.

【그림】 최근 전시회 종료 후 전시품을 현지 기증하는 기업이 늘어나고 있다.

---

18) 박람회가 1등 기업을 만든다, P161-162 인용 (송성수저, 박영사)

설사 까르네 등을 활용하여 관세를 납부하지 않고 임시 통관된 전시품을 전시회 종료 후, 현지 판매, 기증 또는 폐기할 경우, 사후적으로라도 정식 통관 절차를 거쳐 관세 및 기타 세금을 납부하여야 한다. 다시 말해 전시회 폐막 전일 또는 당일, 면세 통관된 전시품 중 일부 또는 전부를 현지 처리하고자 하는 참가기업은 전시품 운송사 파견직원이나 현지 파트너에게 처리 계획을 알려주어야 하며 관세나 기타 세금이 크지 않은 경우, 운송사가 이를 대납하고 추후 해당 참가기업에게 대금을 청구하게 된다. 그리고 기계류나 중장비와 같이 반송 비용이 많이 나오는 품목은 정식 통관절차를 거쳐 사전, 현지 인수인을 정해 놓거나 박람회 기간 중 적정한 바이어를 물색하여 매각하는 것이 더 바람직할 수도 있다.

대부분의 해외전시회는 전시회 기간 중 전시품의 현지 판매를 허용하지 않고 있다. 직매를 허용하지 않는 전시회에서는 절대 직매를 해서는 안 된다. 직매를 허용하지 않는 전시회에서 직매를 하다가 발각되면 전시회 기간 중 전시장에서 퇴출될 수도 있다. 만일 전

시회 기간 중 전시품 구입을 희망하는 바이어가 있다면 관세를 납부한 후 정식 통관된 전시품이라 하더라도 전시회 종료 후 인도하는 조건으로 판매한다. 또한 전시기간 중, 관세를 납부하지 않고 임시 통관된 전시품을 판매할 경우, 원칙적으로 전시 종료 후 현지 보세 창고로 물품을 이동시키고 나서 적법한 수입 통관 절차를 거친 후에 현지 바이어에게 인도해야 한다. 어느 경우든 전시회 종료 후 인도한다는 조건으로 전시회 기간 중 판매 계약을 할 때에는 계약서를 받아두고 일정 계약금을 미리 받아두는 것이 안전하다.

【그림】전시회 종료 후 전시품 재포장 장면

본국 반송을 위한 전시품 재포장과 부스 부착 홍보물 철거 작업은 주최 측이 고지한 전시회 마지막 날 해당 시간부터 착수한다. 아직 전시품 철거 시간이 되지 않았는데도 반송을 위한 재포장과 홍보물 철거 작업을 하게 되면 인근 부스 참가업체들에게도 방해가

될 뿐 아니라 더 많은 바이어들을 만날 수 있는 기회를 스스로 포기하는 것이 될 수도 있으니 자제토록 한다.

전시회 종료 후 출장자는 직접 휴대해 갈 전시품과 운송회사를 통해 반송할 전시품으로 분류한다. 본국 반송을 위한 전시품은 당초 발송할 때 사용한 포장 박스를 재활용하도록 하고 카탈로그, 리플렛 등 인쇄 홍보물은 가능한 전시회 기간 중 모두 배포토록 한다. 대형가방이나 Carton Box에 넣어 귀국 시 핸드케리할 경우, 공항 통관에서 문제가 될 수 있으므로 한국에서 발송 시의 선적서류를 준비해서 보여 주도록 한다. 아울러 전시부스를 떠나기 전, 본국 반송용 포장 박스는 운송업체에게 정확하게 인도하고 운송업체로부터 수령증을 발부 받는다. 전시회 종료 후 발생된 쓰레기 등 폐기물은 깨끗이 치우고 간다.

【그림】 전시회 종료 후 자신의 부스를 깨끗이 청소하는 일본 참가기업

일부 우리 기업들 중에는 전시회 종료 후, 부스에 각종 쓰레기 및 폐기물을 방치한 채 떠나는 경우가 있는데 전시주최사에 따라서는 추후 청소비 인보이스를 보내 청구하기도 하며 미지급 시에는 다음번 전시회 참가를 제한하기도 하므로 주의해야 한다.

【표】 전시기간 후 전시품 처리 방안 및 유의사항

처리방법	세부내용
전시품을 기증할 경우	까르네 ATA로 반입된 전시품은 그대로 반출해야 하며, 바이어에 대한 기증을 확인할 수 있는 증빙을 출국 시 세관에 함께 제출한다.
전시품을 판매할 경우	대부분 유럽과 미국 전시회에서는 전시장내 전시품 판매행위를 금하고 있다. 만일 판매한다면 전시회 종료일 바이어에게 인도하고 참가기업이나 바이어가 관세를 납부한다.
전시품을 폐기할 경우	까르네 ATA로 반입된 전시품은 그대로 반출해야 하며, 폐기처리는 전시장 용역업체를 통해서 유료로 진행하고 관련 증빙을 받아서 세관에 제출한다.
전시품을 반송할 경우	까르네 ATA로 반입된 전시품은 전시장내 세관 혹은 공항세관의 도장을 받고 한국세관에서도 도장을 받는다.

4장

전시회 사후관리

74_해외전시회 성과
도출의 어려움

공기관이나 자자체, 협회 및 조합 등에서 한국관 또는 단체관을 구성하여 해외전시회에 참가할 경우, 전시 기간 중 매일 또는 전시회 마지막 날 참가기업들에게 『상담실적표』제출을 요청하는 경우가 많이 있다. 대부분 이들 파견기관들은 이 『상담실적표』상에 게재된 상담액과 계약액을 집계하여 전시회 참가 성과 기준으로 삼는다. 또한 언론에서도 참가기업들이 적어내는 이 금액을 기준으로 전시회 성과로 평가하여 보도하며 예산을 지원해 준 기관에서는 해당 전시회의 계속 참가 여부를 결정한다.

그러나 참가기업들이 작성하여 제출하는 상담액과 계약액은 별 신뢰할 만한 자료가 되지 못한다. 우선 기업들이 임으로 작성하기 때문에 그 금액이 정확할 수도 없을 뿐 아니라 참가기업의 기대 또는 예상과는 달리 실제 상담과 계약으로 이어질지도 확실치 않으며 일부 기업들은 상담 내역 공개를 꺼려하여 상담 결과를 정확히 기술해주지도 않는다. 따라서 참가기업들이 적어 내는 상담액과 계약액이 추후 실제 수출액과는 많은 차이가 날 수 밖에 없다. 즉 전시회에 참가하여 바이어와 상담 후, 실제 성약이 이루어지기 까지는 평균 6개월에서 최대 2~3년까지 걸리는 경우도 흔히 있기 때문에 전시 부스에서 1차 상담으로 정확한 상담액과 계약액을 도출해 내기란 거의 불가능하다. 물론 전시장 현장에서 오더 (특히, 샘플오더)를 받는 경우도 있지만 그 금액은 크지 않을 뿐 아니라 그나마 이런 경우는 흔치 않다.

심지어는 특정 해외전시회 참가 후, 1년 정도 지나 관세청 통계를 통해 각 참가기업들의 전시회 개최 국가로의 수출액이 얼마나 증가하였는가를 보고 전시회의 계량 평가를

시도하기도 하는데 이 역시 정확한 평가가 되지 못한다. 해외전시회에서 만나는 바이어들

말레이시아 기계전시회 참가한 부산 기업 4천여달러 계약추진 성과

8개사 참가 지원, 철저한 사전 마케팅이 계약 성과를 이끌어

이채열 기자 (oxon99@ajunews.com) | 등록 : 2014-06-02 09:46 | 수정 : 2014-06-02 09:46

아주경제 부산 이채열 기자 = 부산시와 부산경제진흥원은 5월 21일부터 24일까지 4일 간 개최된 '2014 말레이시아 기계 전시회(Metaltech Malaysia 2014)'에 부산 중소기업 8 개사 참가를 지원해 이중 4개사는 128천달러의 현장계약을 체결했으며, 계약 추진액 은 4,067천달러로 총 4,195천달러의 계약추진 성과를 거뒀다고 밝혔다.

1995년부터 시작돼 올해로 20회째를 맞이한 이번 전시회는 매년 10여 개국에서 500개 이상의 기업과 20,000명 이상의 바이어가 참가하는 말레이시아 최대 규모의 기계 전시 회다. 올해는 13개국에서 578개사의 기업이 참가했고 23,908명의 바이어가 참관했다.

이 중 한국,대만,중국,오스트리아,독일,싱가포르 등 6개국은 국가관을 구성해 참가했 으며 우리나라는 부산, 서울, 인천 경기 등 전국에서 30개의 기업이 참가했다. 부산의 경우 전국에서 유일하게 지자체 단체관을 구성해 참가했는데, 개막식에 참석한 말레 이시아 과학기술혁신부 장관이 부산관을 방문해 참가기업들의 전시제품에 높은 관심 을 보였다.

【그림】해외전시회 참가 성과관련 언론보도 (아주경제, 2014.6.2)

이 반드시 개최국 바이어들만이 아니라 제3국 바이어들과도 얼마든지 상담할 수 있으며 이는 제3국 바이어 소속 국가들로 수출이 이어질 수도 있기 때문이다. 그러나 집계하는 기관 입장에서는 제3국이 어느 국가들이지 파악이 불가능하다. 설사 전시회 참가 후 개최 국으로의 수출이 늘어났다고 하더라도 그 요인이 반드시 그 전시회에 참가했기 때문이라 고 단언할 수도 없다. 해외전시회가 아닌 다른 요인으로 인해 수출이 창출될 수도 있기 때문이다. 따라서 해외전시회를 단체로 참가 한 후, 그 전시회 종료하자마자 전시회 참가 를 통해 전체 수출이 얼마나 창출되었는가는 현실적으로 파악하기가 거의 불가능하다.

그렇지만 각 기업들 입장에서는 1년 정도 지나면 전시회 참가 성과를 어느 정도 파악할 수 있다. 전시회 기간 중 만났던 바이어들로부터 얼마나 많은 주문이 들어와 얼마나 수출되었는지는 쉽게 파악할 수 있기 때문이다. 따라서 파견기관에서 군이 특정 전시회 참가를 통해 수출이 얼마나 창출되었는가를 파악하기 위해서는 1년 정도 지난 후에 각 참가기업들을 개별 접촉하여 그 수치를 파악할 수 밖에 없는데 관건은 과연 참가기업들이 정확히 집계 되도록 얼마나 협조해주느냐에 달려있다. 아울러 해외전시회 참가 성과는 수출창출액이 가장 중요한 기준이 되겠지만 전시회 참가를 통해 시장정보를 수집하고 자사 제품의 경쟁력과 문제점을 파악하며 다양한 경험과 현장 교육, 인적 네트워크가 확대되는 것도 결코 무시해서는 안 된다.

한편, 한국전시컨벤션산업연구원이 『국고지원 해외전시산업 평가체계 및 시스템 개선방안 연구용역』에서 해외 연구들과 국내 기업의 해외전시회 참가환경을 고려하여 작성한 참가목표의 유형 및 각 유형별 성과 측정기준은 아래 (표)와 같다.

【표】 전시회 참가목표 유형별 성과 측정기준

구분	참가목표	측정기준 (Metrics)
판매목표	1. 세일즈리드창출	- 등급별 (A,B,C) 세일즈리드 창출 건수
		- 유효 세일즈리드 (B등급 이상) 창출 건수
		- 유효 세일즈리드의 상담 금액
		- 계약으로 연결된 세일즈리드 건수
		- 계약 전환비율 (sales conversion rate)
		- 계약 전환된 세일즈리드의 주문금액
	2. 계약 체결	- 전시회 기간 중 체결된 계약 건수
		- 전시회 기간 중 체결된 계약 금액
		- 전시회 종료 후 체결된 계약 건수
		- 전시회 종료 후 체결된 계약 금액
고객관계 관리목표	3. 신규 고객 획득	- 신규 잠재고객 (바이어) 발굴건수
		- 신규 유망고객 (바이어) 발굴건수
		- 신규 거래고객 건수
	4. 기존고객 관리관계	- 기존 고객과의 미팅 (약속) 건수
		- 기존 고객 신상품 시연/설명 횟수
		- 기존 고객과의 계약금액 (전시회 기간 중)
홍보목표	5. 신상품 소개/홍보	- 신상품 시연/설명 횟수
		- 샘플 요청 건수
	6. 브랜드 인지도 제고	- 부스 통행량 (부스를 지나간 참관객 수)
		- 부스 방문객 수
		- 홍보물 (브로셔, 카탈로그 등) 배포건수
		- 미디어 노출 건수 (전시회 개최 전,중,후)
		- 미디어 노출량 (지면 크기, 방송시간)
신시장 개발목표	7. 신시장 개척	- 신규 유망고객 (바이어) 발굴건수
		- 유효 세일즈리드 (B등급 이상) 창출 건수
		- 조회 요청건수/제안요청 (RFP) 건수
	8. 신규 판매채널 확대	- 신규 유통채널 확보건수
		- 신규 회사 파트너 확보건수
정보수집 목표	9. 시장정보 수집	- 시장정보 (고객, 시장동향) 수집량 (건수)
	10. 경쟁사정보 수집	- 경쟁사정보 (전략, 제품, 가격 등) 수입량 (건수)
	11. 고객반응정보 수집	- 자사 제품에 대한 고객반응 수집량 (건수)

75_해외전시회 참가
성과 미흡 요인

　최근 몇 년전, KOTRA가 정부지원 해외전시회 참가업체들을 대상으로 조사한 설문에 의하면 전체 응답업체 603개사 중 70.1%가 해외시장 개척을 위해 가장 중요하고 효과적인 수단으로 해외전시회를 선택하였으며 연 평균 4.4회 가량 해외전시회에 참가하고 있는 것으로 조사되었다.

　이와 같이 많은 국내 수출기업들이 해외전시회를 적극 활용하고 있으나 일부 기업들은 처음 해외전시회 참가 후 성과가 기대에 미치지 못하면 전시회를 폄하하거나 지원기관에 대한 원망 등 외부요인으로 돌리고 해당 전시회의 꾸준한 참가를 쉽게 포기하기도 한다. 해외전시회를 여러 번 참가한 기업일수록 공통적으로 전시회란 지속적으로 참가하여 자사에 대한 신뢰도와 인지도를 높이고 성과저하 요인을 분석하여 다음번 전시회에서는 실수를 되풀이하지 않는 자세가 중요하다고 강조한다. 전시회 참가 후 실제 성약이 이루어질 때까지 최소 6개월은 필요하며 보통 2~3년이 걸리고 심지어는 5년 이상 걸리는 경우도 있다고 한다. 따라서 단기간에 성과를 올리겠다는 성급한 자세를 버려야 하며 정말 성과가 크게 미흡했다면 그 요인이 무엇이었던가를 객관적으로 찾아내어 보완하는 전략이 중요하다.

우리 기업들이 해외전시회에 참가 후, 성과가 저조했던 흔한 사유를 열거하면 (표)와 같다.

【표】 해외전시회 참가 후 성과가 저조한 흔한 요인

구분	성가 저하요인
√	전시회 선정이 잘못되었다. (시기, 지역, 품목, 성격, 인근지에서 경쟁 유사전시회 개최, 주최자 능력 등)
√	전시회는 잘 선정되었으나 출품 전시품 선정이 잘못되었다. ■ 해당 전시회 주종 전시품과 거리가 있는 제품 ■ 해당 지역에서 별 수요가 없는 제품 ■ 현지 종교, 문화, 기후 등의 요인으로 인해 전통적으로 사용하지 않는 제품 ■ 너무 오래 된 모델 (유행, 신제품 출시 등으로 판매 격감 상품) ■ 디자인 소재가 현지 실정에 안 맞는 제품 ■ 인증, 수입허가 등 현지 수입 요건을 못 맞춘 제품 ■ 현지 소비자가 구입하기에는 너무 비싼 제품 ■ 경쟁사에 비해 경쟁력이 떨어지는 제품 등
√	미흡한 사전 준비
√	정보 부족
√	예산 제약
√	주변국들 정세 및 경제 불안, 경기침체 등으로 바이어 격감
√	부스 위치가 나빠 바이어들 접근에서 불이익을 받음
√	파견자 자질 부족 (외국어 구사력, 상담 능력, 상품 지식, 매너, 책임감 결여 등)
√	자사보다 경쟁력이 훨씬 앞선 경쟁국, 경쟁사들 대거 참가
√	너무 작은 규모로 참가 (부스 면적 제약으로 충분한 상품 전시 불가)
√	파견 인력 부족
√	부적격 통역 채용
√	빈약하고 너무 평범한 부스 Display로 바이어들의 시선을 끌지 못함
√	전시장내 전력, 인터넷 등 Utility 서비스 부실로 시연, Presentation 어려움
√	자사 제품 경쟁력에 비해 너무 경직적인 비즈니스 전략 (과다한 최소주문량, 샘플 미제공, 경직적인 가격 제시 등)
√	돌발변수로 전시품 도착 지연, 통관 지연 및 불허, 전시품 도난 및 망실 등
√	파견자 몸 컨디션이 나쁜 경우 (감기, 몸살, 소화불량, 불면 등)
√	단체로 참가하는 전시회의 경우, 파견 기관의 준비 소홀 및 업무 미숙

과연 전시회 선정이 잘못되었는지에 대한 판단은 신중을 기해야 한다. 따라서 전시회 참가 전, 먼저 참관을 하여 전시회의 전체적인 분위기를 파악하고 자사 제품에 맞는 전시회인가를 검증하는 것도 전시회를 잘못 선정할 수 있는 실수를 줄일 수 있는 좋은 방법이다. 설사 처음 참가한 후에도 성과가 기대될 것인지 확신이 서지 않는다면 최소한 3회 정도 참가해 본 후 지속 참가할지 중단할지를 결정하는 것이 바람직하다. KOTRA가 해외전시회에 참가한 경험이 있는 기업들을 대상으로 실시한 설문에 의하면 해외전시회에 처음 참가하여 수출계약이 이루어진 경우는 14.8%에 불과하였고 2~3회 정도 참가한 후, 첫 수출계약이 이루어지는 경우가 45.8%나 되었으며 4~5회 참가한 후에야 첫 수출계약이 이

루어진 경우도 23.1%나 되었다. 그리고 아무리 좋은 전시회라 하더라도 출품된 전시품에 문제가 있다면 좋은 성과를 기대할 수 없다. 현지에서 수요 자체가 없는 제품인지 수요는 충분하지만 자사제품의 경쟁력 저하로 바이어들의 반응이 신통치 않았는지를 파악한다. 특히, 일반적으로 우리 기업들이 요구하는 최소주문량은 성약에 커다란 걸림돌로 작용하고 있다는 점에 유념한다. 경기침체와 전시품 도착지연 및 통관불허 등 돌발변수로 인한 성과저하는 참가업체로서도 쉽게 해결할 수 없는 문제이다.

그러나 부실한 전시품 출품 등 사전준비 및 정보 부족, 예산 제약, 통역자의 능력 결여, 경직적인 비즈니스 전략, 참가규모 협소 및 파견 인원 부족 등으로 인한 성가 저하는 참가업체의 노력과 개선 의지가 있다면 상대적으로 쉽게 극복할 수 있는 요인이다.

【그림】 현지 수요가 없거나 적어 중동 전시회에 갖고 나가면 실패할 가능성이 높은 품목들

76_해외전시회 참가 후 사후관리 요령 10계명

해외전시회는 『조용필 컨서트』와 같은 일회성 이벤트가 아니다. 해외전시회 참가는 끝이 아니라 시작에 불과하다. 즉, 겨우 싹을 틔우기 위해 씨앗을 뿌렸을 뿐이다. 이 씨앗이 얼마나 풍성한 결실로 이어지느냐는 전시회 참가 후 사후관리를 어떻게 하느냐에 달려있다. 해외전시회에서의 상거래는 그 자리에서 거래가 성사되는 동대문, 남대문 재래시장에서의 그것과는 완전히 다르다. 해외전시회 참가 후 실제 거래가 성사되기 까지는 보통 6개월이 넘게 걸리고 심지어 2~3년 걸리는 경우도 있다. 전시장에서 상담이 잘 이루어져 성사 가능성이 높았으나 사후관리 소홀로 무산되는 경우도 있고 반대로 상담이 별 신통치 못했어도 사후관리를 잘하여 성사되는 경우도 흔하다. 따라서 사후관리는 해외전시회 참가를 통한 마케팅에서 가장 중요한 과정이라 할 수 있다. 해외전시회 참가 후 사후관리에 있어 우리 기업들이 반드시 유념해야 할 10가지 사항을 제시하면 다음과 같다.

첫째, 상담장에서 바이어와 나누었던 상담기록을 꼼꼼히 살피고 자사 제품의 가격, 품질, 디자인 등에 대한 바이어의 평가와 의견 그리고 거래조건, 귀국 후 요청했던 사항이 무엇이었는지를 다시 한번 파악, 정리하여 경영층에 보고하고 무역 담당 직원들과 정보를 공유한다. 그리고 사후관리 전략과 일정을 수립한다.

둘째, 전시장에서 처음 만난 바이어라면 상호간 신뢰구축이 최우선이다. 우리 회사와 제품에 대한 믿음을 심어주며 성장해가고 있는 회사라는 점을 인식시킨다. 기존 바이어들과의 착실한 거래 관계를 설명하고 자사에 대한 신용평가사의 평가보고서, 특허출연증, 정부 표창 및 언론보도 내용 등을 제시하는 것도 바이어에게 믿음을 줄 수 있는 방안중

하나이다. 그리고 거래 과정에서 이루어진 약속은 반드시 지켜나간다.

셋째, 외국기업과의 무역거래는 상호 이익을 전제로 한다. 우리 회사로부터 수입을 하게 되면 해당 바이어에게 어떤 이익이 돌아가게 되는지 객관적인 설명이 필요하다. 이를 위해 자사 제품의 경쟁력 최대한 부각시키고 타 경쟁업체 보다 우월한 거래조건을 제시하여야 한다.

【그림】해외전시회에서 사후관리는 너무도 중요하다.

넷째, 바이어가 거래에 관심을 갖게 되면 많은 문의와 요구사항을 제시한다. 아무리 사소한 사항이라도 최대한 서둘러 회신한다. 어떤 국내기업은 바이어 문의나 요구사항을 수신하게 되면 48시간 내 회신을 원칙으로 한다. 설사 당장 요구사항을 들어줄 수 없는 경우라면 언제까지 어떻게 조치하겠다는 회신만이라도 48시간 내 하는 것이 도움이 된다.

다섯째, 결코 서두르지 않는다. 오더를 받겠다는 조급한 마음에 너무 일찍 자신의 전략을 노출시키지 않도록 한다. 단계별로 조사를 거치고 최대한 자신에게 유리하게 상담을 끌고 가는 것이 이익을 극대화하고 실수를 줄일 수 있는 길이다.

여섯째, 첫 거래 시 바이어에 대한 완벽한 정보가 미비한 상태에서 외상거래, 에이전트 체결 등은 결코 바람직하지 않다. 한국무역보험공사를 통한 해당 바이어에 대한 신용조사는 반드시 필요하며 경우에 따라 KOTRA 무역관에 대해 그 바이어의 현지 평판을 문의한다. 아울러 수출위험 안전장치로서 수출보험에 가입하고 계약서상에는 분쟁 시 대한상사중재원의 중재에 따른다는 조건을 삽입토록 한다.

일곱째, 첫 거래부터 큰 이익을 얻겠다던가, 바이어가 수용하지 못할 주문량을 요구한 다던가 A/S 등은 바이어가 알아서 하라든가 하는 거래조건은 결코 바람직하지 않다. 경직 적인 거래방식은 거래성사의 커다란 장해요인이다. 처음부터 바이어에게 끌려 다녀서는 안되겠지만 최대한 탄력적인 접근이 필요하다. 특히 처음부터 과도한 최소주문량 요구는 우리 기업들의 가장 큰 약점이라는 지적을 많이 받는다.

여덟째, 전시장에서 처음으로 바이어를 만나고 나서 귀국 후 사후관리를 철저히 한다 고 하더라도 본격적인 거래로 이어지기는 쉽지 않다. 가능한 바이어를 국내로 초청하거나 불러들여 자사 공장이나 본사를 방문토록 하여 신뢰 관계를 구축하고 경우에 따라서는 우리 기업이 다시 한번 바이어를 방문하여 구체적인 상담을 진행토록 한다.

【그림】 해외전시회에서 상담했던 바이어들을 초청하여 본사나 생산시설을 직접 보여주는 것은 성약을 위해 매우 중요 과정이다.

아홉째, KOTRA와 중소기업중앙회는 연간 125회~150회의 해외전시회에 한국관을 구 성하여 참가 지원하고 있으며 특히 KOTRA의 경우, 전시회 종료 후에도 성약 시 까지 후 속지원하고 있다. 바이어와 사후관리 과정에 문제가 있을 때에는 해당 무역관에 적극 지 원을 요청한다.

마지막으로 사후관리에 대한 기록을 남기도록 한다. 기록을 남겨야 진행상황을 파악할 수 있고 담당 직원이 퇴사하거나 부서를 옮기더라도 후임자가 차질 없이 거래를 진행시 킬 수 있기 때문이다. 일부 중소 수출기업에서는 한 거래에 대해 담당자만 알고 있는 경 우가 많아 그 직원이 퇴사하고 나면 업무의 연속성이 결여되어 수출거래가 흐지부지 되 는 사례도 자주 발생하고 있다는 점에 유념해야 한다.

77_해외전시회 성과 극대화 방안

　해외전시회 참가는 수출시장 개척을 위한 여러 해외마케팅 수단 중 가장 효과적인 방안으로 알려져 있다. 짧은 시간에 한 장소에서 많은 바이어들과 상담할 수 있으며 다양한 시장정보를 얻을 수 있고 인적 네트워크도 강화할 수 있기 때문이다. 또한 WTO 체제하에서도 자국 기업의 수출지원을 위한 각국의 해외전시회 참가 지원은 허용되고 있다. 이런 이유로 많은 국가들은 선후진국을 막론하고 경쟁적으로 대규모로 국가관을 구성하여 유망전시회에 참가하고 있다. 우리나라에서도 중앙정부는 물론이고 거의 모든 지자체에서 국내 또는 관내 중소기업들의 신흥시장 또는 전략시장 진출을 위해 해외전시회 참가를 지원하고 있으며 많은 국내기업들도 해외전시회에 적극 참가하고 있다.

【그림】 많은 국가들이 국가관 형태로 해외전시회에 참가하고 있다.

　그러나 해외전시회에 참가하기 위해서는 오래 전부터 준비를 해야 하고 아무리 외부로부터 예산 일부를 지원받는다 하더라도 작게는 수백만원부터 많게는 수천만원까지 참가

기업들이 자체 부담을 해야 하기 때문에 선뜻 해외전시회 참가 결정하기를 주저하는 국내기업들도 많이 있다. 더구나 외부자금 지원 없이 필요예산의 100%를 모두 자체 부담해야 한다면 더욱 고민스러워진다.

많은 예산과 시간 그리고 인력을 투입하여 참가하는 해외전시회에서 소기의 성과를 거두기 위한 노하우는 무엇일까? 해외전시회 참가 성과 극대화를 위한 10 계명을 제시해본다. ① **우선 목적에 맞는 전시회를 찾아야 한다**. 전 세계에서 연간 3만건이 넘는 전시회가 개최되고 있다. 개최장소, 시기, 품목, 전시회 성격 등을 면밀히 검토하여 참가할 전시회를 선정하되 필요 시 참가신청 전, 참관을 통해 직접 눈으로 확인해보거나 적어도 이전에 참가했던 동종업체 또는 KOTRA 해외무역관을 통해 관련 정보를 최대한 수집한다. ② **참가하기로 결정하였다면 조기 신청한다**. 조기 신청하므로써 참가비 할인 혜택과 부스 배정에서 우선권을 받을 수 있기 때문이다. ③ **외부 기관의 재정지원을 최대한 활용한다**. 중앙정부나 지자체, KOTRA와 같은 수출지원기관에서는 많은 예산 및 해외마케팅 활동을 지원하고 있다. 단체 참가 전시회로 지원할 것인지 개별 참가 전시회로 지원할 것인지를 결정한 후, 지원신청기한을 염두에 두고 제출 서류를 미리 준비해 둔다. 참고로 2014년 산업부에서는 KOTRA를 통한 단체참가지원예산으로 148.5억원을, 한국전시산업진흥회를 통한 개별참가지원예산으로 26.2억을 각각 배정하였다.

【그림】 성공적인 해외전시회 참가를 위해서는 면밀한 전략이 필요하다.

④ **참가업체 매뉴얼을 꼼꼼히 숙지한다**. 전시품 운송과 반입/반출, 디렉토리 원고 제출, 기타 서비스 신청 및 호텔 예약 등 주최 측이 제공하는 전시회 참가에 필요한 정보를 세세히 살핀다. 참가업체 매뉴얼은 해당 전시회 홈페이지에 등재되기도 하고 우편 (이메일 포함)으로 발송되기도 한다. ⑤ **사전 마케팅 활동에 최대의 역량을 투입한다**. 아무리 많은

바이어들이 방문하는 전시회라도 사전 마케팅 활동은 반드시 필요하다. 바이어 정보를 최대한 입수하여 바이어들을 상대로 사전 마케팅 활동에 혼신을 쏟아야 한다. ⑥ **전시회 개최 지역의 상관습과 시장 상황을 알고 전시품을 준비한다.** KOTRA 해외시장 정보 사이트인 Global Window (www.globalwindow.org)를 방문하거나 시중에서 관련 도서를 구입하여 이들 정보를 사전 숙지한다. ⑦ **예기치 않은 상황에 항상 대비한다.** 전시품 미도착, 통관 불허 및 지연, 전시품 고장, 파손, 도난 등을 대비하여 전시품에 대한 대비책을 마련하고 (예: 카탈로그, 상품설명서, 샘플, 동영상 USB 등 상담 자료를 별도 휴대한다.) 예상 밖의 예산 집행 가능성에 대비하여 예비비도 별도 책정한다. ⑧ **전시주최자가 제시한 규정을 준수한다.** 금지품목 반입, 불법 직매, 디자인 및 상표 침해 행위, 경우에 따라 허락되지 않는 전시장내에서의 사진 촬영, 호객 행위, 전시회 종료 후 폐기물을 부스에 그대로 놔두고 떠나는 행위 등 전시주최자가 금지하는 행위는 절대하지 않는다. ⑨ **눈높이를 낮춘다.** 지나치게 높은 목표 책정은 오히려 역효과가 날 수 있다. 성과가 기대보다 못했다고 하여 바로 포기하지 말고 극단적인 경우가 아닌 한 전시회는 최소 3번은 계속 참가하는 것이 바람직하다. 그리고 성과가 기대에 미치지 못했다면 그 원인을 파악하고 다음번 전시회를 준비한다. ⑩ **전시회가 끝나면 그때부터 본격 시작이다.** 전시회에서 모든 거래 행위가 끝나는 것이 아니다. 전시회를 마치고 돌아와 얼마나 사후관리를 철저하게 하느냐가 전시회 성과 승패를 좌우한다.

해외전시회는 가장 효과적인 마케팅 수단이라는 사실은 다수 해외 전시전문기관의 연구뿐 아니라 국내 수출기업들 대상 설문에서도 항상 명확하게 들어나고 있다. 철저한 준비와 성과분석 그리고 사후관리야 말로 해외전시회 참가를 성공으로 이끄는 지름길이라 할 수 있겠다.

【표】 지속적인 전시회 참가를 강조하는 인터뷰 기사

홀5F의 아시아관에서 단연 돋보이는 관은 한국관으로 페어기간동안 참관객이 몰렸지만, 몇몇 업체에만 몰리는 '부익부 빈익빈' 현상이 유독 심화됐다. **한국관에 참가한 한 업체 대표는 "지속적으로 홍콩주얼리페어에 참가하는 이유는 단골 고객들과의 미팅도 한 몫한다"**며 **"단골 고객의 관리를 잘 해나가면서 소수일지라도 신규 바이어의 만남을 효과적으로 엮어나간다면, 참관객이 몰리든 몰리지 않든 그건 중요하지 않다"고 강조했다.** 한국관을 찾은 한 바이어는 "한국관이 마운팅, 완제품, 실버 등 각 업체별로 특색있게 구색을 맞춰나간다"면서 "좀더 공격적으로 한국관을 홍보하고 어필해 간다면 홍콩주얼리페어에서 큰 효과를 거둘 것"이라고 전했다.

[출처] '부익부 빈익빈' 심화된 2014년 9월 홍콩주얼리쇼|작성자 주얼리신문

78_해외전시회에서 상담했던 바이어 관리 방안

해외전시회 참가기업들은 전시회 기간 중 많은 바이어들을 만나게 된다. 전시회와 참가기업에 따라 다소 차이가 나지만 통상 전시기간 3~4일 동안 수십에서 수백명의 바이어들을 만난다. 이중에는 단순히 명함만 교환하는 경우도 있고 부스내에서 심도 깊은 상담까지 이어지는 바이어들도 있다. 전시회에 여러 번 참가한 기업들은 부스에서 30분~1시간 정도 상담을 해보면 바이어에 대한 대략적인 판단이 선다고 한다. 그러나 국내참가업체의 선입관, 섣부른 판단으로 가능성이 높아 보이지 않을 것으로 보였던 바이어로 부터 실제 큰 오더로 이어지는 경우도 있으므로 무조건 속단해서는 안되며 항상 최선을 다한다는 자세가 필요하다.

짧은 부스 내 상담 시간 동안 바이어에 관한 최대한의 정보를 수집하여 상담일지에 상세히 기록하고 귀국 후, 이를 토대로 바이어를 관리해 나간다. 성약가능성, 거래예상규모, 신규/기존거래선, 수입상 유형 등으로 구분하여 관리한다. 본격적인 사후관리에 앞서 전시장에서 만났던 바이어들을 성사 가능성이 높은 순서대로 우선 순위를 정한다. 많은 관심을 표명했던 바이어, 거래조건에 가장 근접했던 바이어, 구매력 또는 마케팅 능력이 클 것으로 예상되는 바이어, 이 분야의 전문바이어, 신뢰도가 가는 바이어 등이 우선 순위 바이어들이라 할 수 있다. 상담일지에서 분류한 바와 같이 바이어의 비중에 따라 등급을 A (즉시 거래가 가능한 중요 바이어), B (향후 거래가능성이 높은 바이어), C (지속적인 Follow-up이 필요한 바이어), D (거래가능성이 낮거나 추가적인 Follow-up이 불필요한 바이어) 등 4등급으로 나누어 관리하는 방법도 있다[19]. 그리고 바이어 상담일지와 명함은 잘 분류하여 관리한다. 별도의 바이어 D/B를 작성하여 관리하는 것도 바람직하다.

관리 대상 바이어들과는 메일을 주고 받으며 바이어들의 질의사항이나 샘플 요청에 조속하게 회신함으로써 신뢰감을 구축해나가고 별도 D/B를 통해 진행상황을 기록으로 남긴다. 첫 거래를 시작하기에 앞서 바이어 정보를 최대한 입수하고 신용조사를 통해 신용도를 반드시 확인한다. 또한 바이어가 활동하고 있는 국가의 상관습, 비즈니스 스타일, 유통과정, 시장특성 등을 숙지하도록 한다. 거래 가능성이 높은 것으로 분류되는 바이어에게는 신제품이 출시되는 경우, 꾸준히 상품정보와 샘플을 제공하고 특허나 해외상표 출원, 품질인증, 기업 수상 소식, 자사 관련 언론 보도내용 등을 전달함으로써 우리 기업이 성장해가고 있다는 확신을 심어주도록 한다. 또한 해외 주요 전시회에 참가하게 되면 관련 정보를 사전 제공하여 전시장에서 다시 만날 기회를 마련하며 상담이 진지하게 진행되면 국내기업이 다시 바이어를 방문하여 회사 규모나 구매 잠재력을 확인한다. 또는 바이어를 국내로 초청하여 자사 공장을 방문토록 하거나 국내 매장을 보여줌으로써 바이어에게 확신을 심어주도록 한다.

수차례 거래를 통해 신뢰 관계가 구축되면 외상거래도 할 수 있고 바이어에게 현지 마케팅비용을 지원할 수도 있다. 이런 단계까지 오려면 서로간의 믿음과 친밀감이 구축되어야 한다. 단순히 비즈니스 관계에서 벗어나 인간적으로 친밀감을 갖게 되면 비즈니스에 윤활유 역할을 하게 된다. 바이어 가족과도 친해지고 바이어 생일, 연말연시 축하카드와 선물도 주고 받으며 바이어와 친구처럼 지내는 기업들도 있다. 바이어가 한국에 오면 한국 관광가이드 서비스를 해주고 반대로 국내기업인이 그 나라에 갔을 때는 서로 도와주며 안내하는 친구 같은 바이어로 발전하기도 한다.

【그림】 바이어와 신뢰 관계가 구축되면 친구 같은 바이어로 발전하게 된다.

---

19) 박람회가 1등 기업을 만든다. (송성수저, 2006) P206 인용

또한 평소 바이어와의 원활한 소통이 이루어지도록 노력한다. 이러한 소통은 바이어의 우리 회사에 대한 신뢰도를 향상시키는데 결정적인 기여를 하게 된다. 바이어에게 수시로 전달하면 바람직한 내용은 다음 【표】와 같다.

【표】 바이어에게 수시 전달하면 좋은 것

구분	내용
√	신제품 개발 소식
√	신규로 특허나 인증을 취득한 소식
√	자사 관련 국내외 언론에 보도된 소식
√	각종 대회 입상 또는 수상 소식
√	대형 오더 수주 소식 (유통망 납품 소식) [경우에 따라]
√	전시회 등 대형 행사 참가 소식
√	새로 제작된 홍보물 전달

이와 함께 해외전시회에서 발굴된 바이어는 체계적인 관리가 필요하다. 바이어에 대한 특성별로 분류 관리하되 바이어에 관한 정보를 최대한 수집하고 신용조사를 반드시 거치도록 한다. 첫 거래인 만큼 보수적으로 접근하되 의사결정에 신중을 기하도록 하고 서두르지 말고 인내를 갖고 꾸준히 관리하도록 한다. 아울러 바이어와의 상담진행 내역을 꼼꼼히 기록하여 직원 교체 시에도 차질없이 인계인수하도록 한다. 바이어 관리 시 유의사항은 아래 【표】와 같다.

【표】 바이어 관리 시 유의사항

구분	유의사항
√	바이어를 분류하여 관리한다.
√	바이어에 대해 객관적으로 판단하고 관련 정보를 최대한 수집한다.
√	바이어의 과장과 허풍에 속지 않는다.
√	바이어 신용조사를 반드시 의뢰한다.
√	의사결정에 신중을 기한다.
√	샘플을 무료로 줄지 대금을 받고 줄지는 전략적으로 판단하라.
√	인내를 갖고 꾸준히 관리한다.
√	처음에는 보수적으로 신뢰관계를 구축하며 점차 탄력적으로 관리한다.
√	바이어와 인간적으로 친해지도록 노력한다.
√	바이어와의 상담진행 내역을 꼼꼼히 기록한다.
√	바이어와의 약속은 반드시 지킨다.
√	바이어 요구사항이나 문의사항에 대해서는 최대한 신속히 회신한다.
√	들어줄 수 없는 요구는 분명히 사유를 대고 거절한다.
√	거래에 도움이 될 수 있는 회사 정보를 바이어에게 지속 제공한다.
√	국내외전시회 참가 시 관리하고 있는 유력 바이어들을 초청한다.

79_해외전시회 참가 후 KOTRA 연결 프로그램

해외전시회 참가 후, 성약으로 연결시키기 위해서는 보다 심도 깊은 후속 상담과 확인이 필요하다. 따라서 많은 국내기업들은 전시회에서 만나 상담했던 바이어 중 성약 가능성이 높은 바이어를 선별하여 한국으로 초청해서 본사와 공장을 보여주기도 하고 국내기업이 다시 한번 바이어를 방문하여 보다 상세한 추가 상담을 하기도 한다. 여기에 더해 현지에서 지속적으로 바이어 관리와 지원을 대행해 줄 사람이 있다면 상담을 보다 원활하고 신속하게 진행시킬 수 있을 것이다.

국가 무역진흥 기관인 KOTRA에서는 중소기업들의 해외마케팅을 지원하기 위해 다양한 서비스를 제공하고 있다. 그중 해외전시회 참가 후, 성약과 연결시키기 위해 가장 많이 활동되는 프로그램으로는 해외비즈니스 출장지원, 열린무역관 사업, 지사화 사업 및 공동물류지원 사업 등을 들 수 있는데 이를 간단히 소개하면 다음과 같다.

① 해외비즈니스 출장지원

KOTRA가 국내기업으로부터 소정의 수수료를 받고 출장지 무역관을 통해 바이어 상담주선, 일정주선 (호텔 및 차량예약, 통역알선 등), 출장안내자료 및 상담장 제공, 현지체류 시 애로사항 등을 지원해주는 서비스이다. 이 서비스를 통해 무역관 장 최대 2일에 최대 5개사 바이어와 상담주선 해 주며 KOTRA 홈페이지 (www.kotra.or.kr)를 통해 신청가능하다. 수수료는 무역관별로 차등 적용되며 부가세 포함 30만~50만원 선이다. 전시회를 통해 만났던 바이어 이외 무역관으로부터 추가 상담 주선을 받기 위해서는 최소한 출국 3주 전에 서비스를 신청해야 한다. 해외비즈니스 출장 지원 서비스에는 통역원 섭외와 호텔 예약은 포함되어 있으나 KOTRA 직원이 직접 통역원으로 업무를 수행하지는 않는다. 따라서 시비스 의뢰 업체기 무역관이 섭외한 통역원에게 직접 통역비를 별도 지불해야 한다. 전시회에서 만났던 바이어를 재방문하고자 할 때 KOTRA 해외비즈니스 출장 지원서비스를 받게되면 무역관으로부터 업데이트된 시장정보를 들을 수 있고 보다 효율적인 비즈니스 출장이 될 수 있다.

② 열린무역관 사업

해외에 지사가 없는 국내기업이 해외 세일즈 출장에서 느끼는 가장 큰 불편사항 중 하나가 출장기간 동안 적정한 사무공간이 없다는 점이다. 물론 체류 호텔 방이나 호텔 내 비즈니스센터를 이용할 수 있겠지만 필요한 비품이 없거나 별도 사용료를 지불해야 하기도 한다. 이와 같은 출장국내기업들이 겪게 되는 불편함을 감안하여 KOTRA에서는 국내 사업자등록증을 소지하고 있는 중소 및 중견기업들에게 해외무역관을 개방하고 있다. 현지 공휴일을 제외한 업무일 기준 최대 5일간 이용 가능하며 컴퓨터 포함 책상, 전화/팩스, 인터넷과 바이어 상담실을 무료로 이용할 수 있다. 아울러 무역관으로부터 현지 경제 및 시장동향과 체류 안내 정보를 얻을 수 있다. 해외무역관 사무공간 이용 서비스는 이용 2주전에 KOTRA 홈페이지를 통해 신청서를 다운로드 받아 이메일이나 팩스로 신청하면 된다. 그러나 2개 이상 업체가 지역 및 일정을 중복하여 신청할 경우, 선착순으로 배정하며 연중 신청이 가능하다.

【그림】전시회 참가 후 성약을 위해서 KOTRA 후속 연결사업 참여가 필요하다.

③ 지사화 사업

지사화 사업은 해외무역관이 수출기업의 해외지사와 같은 역할을 수행하며 시장조사, 수출거래선 발굴에서 거래성사 단계에 이르기까지 해외판로 개척활동을 1:1로 밀착 지원하는 사업이다. 업체 선정기준은 해외무역관 관할지역의 수출유목품목 제조업체를 선정하되 소프트웨어 및 문화상품 등 무형상품 수출업체도 신청이 가능하다. 또한 최대 4년까지 1년 단위로 협약을 체결하는 것이 원칙이며 협약 종료 후에도 협약기간 중 거래관계에 있는 바이어와 상담 내용에 대해 6개월간 무료로 A/S를 시행하고 있다. 따라서 전시회 때 만난 바이어에 대한 정보를 무역관 지사화 사업 전담직원에게 알려주고 자사를 대신하여 지속적인 관리를 요청하면 좋은 성과를 기대해 볼 수 있다. 그러나 지사화 사업 서비스에서 계약체결 대행, 무역 클레임 해결 및 법적 분쟁 등 KOTRA와 해외무역관의 법적 성격상 지원할 수 없는 사항은 제외된다. 지사화 사업 참가비는 연간 단위로 일괄 납부해야 하며 무역관에 따라 250~350만원으로 차등 책정되어 있다.

④ 해외물류네트워크 사업

해외물류네트워크 사업이란 KOTRA 무역관이 해외 전문 물류서비스 기업과의 긴밀한 공조하에 저렴하게 해외물류센터를 자사의 해외지사처럼 활용토록 해 수출품 운송, 통관, 보관, 사후관리 및 배송, 대금수금 등의 업무를 대행해주는 서비스이다. 또한 KOTRA는 참가 기업들에게 현지 물류비용을 일부 지원하며, 해외마케팅 등 다양한 부가서비스 제공을 통해 국내수출기업의 해외시장 지출활대를 지원하고 있다.

【그림】 KOTRA 운영 해외 물류센터

신청대상기업은 현지 시장에 판로를 이미 확보하고 있으나 직수출에 따른 물류비 과다 지출 및 신속한 납품 시스템 부재로 수출 확대에 애로가 있는 국내기업이다. 또한 국내 사업자등록증을 소지한 대한민국 국적기업 (국내법에 의거 모기업이 대한민국 영토 내)으로 제조, 유통, 무역업체들도 이용할 수 있다. 따라서 해외전시회를 통해 바이어를 발굴한 기업들은 이 서비스를 이용함으로써 안정적으로 제품을 바이어들에게 공급할 수 있고 또한 즉각적인 A/S도 가능해진다. 2014년 7월 현재, KOTRA는 25개국 48개소의 해외물류센터를 운영하고 있다.

80_해외전시회 모니터링 방법

    해외전시회 참가의 주요 목적은 단순히 많은 바이어들과 상담을 하기 위함만은 아니다. 해외전시회를 통해 자사 제품의 경쟁력을 확인하고 시장 전체의 트랜드 (흐름)를 파악하며 신상품 동향에 관한 정보 수집 역시 바이어와의 상담 못지않게 중요하다. 따라서 많은 기업들은 전시회 기간 중 상담 이외에도 경쟁업체들의 부스들 뿐 아니라 각종 세미나, 설명회, 우수 상품 전시장등을 방문하여 최대한 많은 정보들을 수집한다. 이러한 정보들을 활용하여 신제품 개발에 힘쓰며 자사 제품의 부족한 부분을 보완하고 있다. 시장 모니터링을 게을리 하게 되면 우물 안 개구리 신세가 되어 세계 시장의 트랜드에 뒤처지게 되고

【그림】 CES 2014에서 우수상품으로 선정된 제품들

결국 경쟁력 약화로 이어져 아무리 여러 해외전시회에 참가한다 하더라도 소기의 성과를 거둘 수 없게 된다. 일부 기업들이 직접 부스를 배정받아 전시회에 참가하지 않더라도 많은 직원들을 해외 유명 전시회에 파견하는 이유는 이 때문이다. 해외시장의 흐름을 모르고 이미 철 지난 (유행에 뒤떨어진) 제품을 출품한다던가 해외경쟁 기업에 비해 지나치게 높은 가격으로 오퍼를 한다거나 해당 시장의 구매자들이 구입하기 어려운 조건으로 상담에 임하게 되면 그 결과는 뻔하기 때문에 지속적인 시장 모니터링은 필수적이다.

국내외 경쟁사의 제품에 대한 모니터링 뿐 아니라 자사 제품에 대한 지속적인 홍보 또한 중요하다. 해외전시회를 마치고 귀국해서도 자사에서 신제품이나 종전 품목보다 업그레이드 된 제품이 개발되면 해외에서 만난 바이어들에게 꾸준히 정보를 제공해야 한다. 이러한 전략은 바이어 관리와도 연결되어 있다. 해외전시회에서 만난 바이어들은 값비싼 구슬이라 할 수 있다. 그러나 아무리 귀중한 구슬이라도 꿰어야 보배이듯이 지속적인 관리와 정보 제공을 통해 성약으로 이루어지도록 해야 그 가치를 발할 수 있다.

시장은 항상 변화한다. 전시회 참가 당시 파악된 상황은 시간이 지남에 따라 변화하기 마련이다. 새로운 시장상황을 파악하여 적절히 대처하기 위해서는 어떤 신제품이 출현하고 있는지 수요, 가격, 유통망, 경쟁사간 어떠한 변화가 있는지를 주시하여야 한다. 한때 선풍적인 인기를 끌었던 DVD 플레이어, MP3, 비디오카메라 등은 스마트폰의 출현으로 더 이상 소비자들이 잘 찾지 않는 제품이 되어 버렸다. 수출하려는 국가의 국민소득이 크게 향상되고 있다면 중고품이나 옵션이 거의 없는 보급형 제품 구입은 감소될 수 밖에 없을 것이며 한때 해외에서 많이 팔렸던 우리나라 봉제완구, 화장솔, 모조장신구 등은 저임금을 무기로 한 후발개도국 제품의 유입으로 해외시장에서 더 이상 찾아보기 힘들다. 국내 수출기업들이 꼭 파악하고 있어야 할 시장 모니터링 내역은 (표)와 같다.

【표】 시장 모니터링 해야 할 주요 내용

구분	주요 내용
√	새로운 기능 및 디자인 상품, 신소재 상품 또는 대체상품이 출시되고 있는지?
√	제품 가격 수준이 변하고 있는지?
√	수출하려는 국가의 세금 (관세, 판매세, 부가세 등)에서의 변화나 수입규제 움직임이 있는지?
√	유통구조에 변화가 있는지?
√	해당국가 시장에서 수요가 변하고 있는지? (고가품과 중저가품, 신품과 중고제품, 옵션 최소상품과 옵션이 많은 상품, 한국제품과 경쟁국제품, 자국생산제품과 수입품 등)

✓	시장에서 진출기업들의 시장점유율 등 경쟁 상황이 변하고 있는지?
✓	수요 확대나 위축 요인이 있는지?
✓	기존 시장 타켓층이 다른 계층으로 전환되고 있는지? (성별, 연령별, 직업별, 소득계층별, 거주지별 등)
✓	경쟁사의 새로운 마케팅 전략이 출현되고 있는지?
✓	자사가 수출하려는 국가에도 자국 내 생산기업이 생겨났는가?
✓	자사가 수출하려는 국가의 경제 상황이 어떻게 변하고 있는지?
✓	자사가 수출하려는 국가 및 인근국의 사회 불안요인은 없는지?
✓	향후 시장전망은 어떠한지?
✓	새로운 진출 확대방안은 무엇인지?

해외 지사를 보유하고 있지 않은 대부분의 중소기업들이 전시회를 마치고 돌아와 전시회가 개최되었던 해당 지역에서의 시장 동향을 지속적으로 모니터링 하기는 쉽지 않다. 그러나 전 세계에 125개의 무역관을 보유하고 있는 KOTRA를 이용하면 비교적 쉽게 본인이 원하는 시장정보를 취득할 수 있다. 특히 KOTRA 시장정보 홈페이지인 글로벌윈도우 (www.globalwindow.org)를 방문하면 많은 최신 시장정보들을 얻을 수 있다.

초기 화면 상단 『해외시장정보』를 클릭하여 지역을 선정하고 다시 상단 메뉴에서 『상품산업동향』을 클릭한 후, 찾고자 하는 상품분류와 국가명을 콤보박스에서 지정하고 기간을 설정하여 검색을 클릭하면 각 무역관에서 올린 최신 정보를 접할 수 있게 된다. 또한 이 사이트의 스페셜리포트 하부 메뉴인 『심층리포트』에서도 많은 유익한 시장 및 산업정보를 찾아볼 수 있다. 글로벌윈도우 홈페이지에 수록된 정보 이외 추가 정보가 필요하거나 질의 사항이 있을 경우에는 KOTRA 홈페이지 (www.kotra.or.kr)로 들어가 해당 무역관 홈페이지를 방문하여 Q&A로 문의하면 간단한 답변인 경우, 근무일 수 기준 48시간 이내 회신을 받을 수 있다.

그러나 KOTRA 시장정보사이트에서 원하는 상품정보가 없거나 무역관에서 별도의 시간과 인력을 투입하여 고객이 원하는 정보를 조사해야만 하는 경우에는 유료인 KOTRA 해외시장조사사업을 활용해야 한다. KOTRA 홈페이지 (www.kotra.or.kr)을 방문하여 초기화면 중간 메뉴 중 『해외시장조사』를 클릭한다. 이 사업에서 제공되는 서비스로는 바이어 찾기, 맞춤형 시장조사, 바이어 연락처 확인, 원부자재 공급선 조사, 해외업체 검색서비스 등이 있는데 특정 지역의 시장정보를 얻기 위함이라면 『맞춤형 시장조사』를 활용하는 것이 가장 바람직하다.

81_해외전시회에서 에이전트 선정 시 유의사항

　해외전시회에 참가하여 처음으로 바이어를 만나 신뢰관계가 구축되고 바이어의 역량이 확인되어 에이전트로 지정해서 안정적으로 시장을 관리해 나갈 수 만 있다면 가장 바람직한 성공사례라 할 수 있다. 에이전트를 지정할 경우, 원하는 제품의 자세한 시장정보를 단기간에 확보할 수 있어 편리하고 진입에 따른 위험부담도 훨씬 줄일 수 있다. 특히, 마케팅 능력이 뛰어난 바이어를 만나 에이전트로 지정하게 되면 시장도 크게 넓혀 나갈 수 있고 A/S업무까지도 맡길 수 있다. 예를 들어 요르단은 인구 650여만명의 작은 시장이지만 능력 있는 요르단 에이전트를 확보하게 되면 시리아 (약 2,200만), 이라크 (약 3,500만), 레바논 (약 450만) 등 주변국들 뿐 만 아니라 사우디아라비아, 이집트, 리비아 등 중동 북아프리카까지 이를 통해 시장을 확대할 수 있다. 그러나 어떻게 신뢰와 역량을 갖춘 에이전트를 찾아내느냐가 관건이다. 또한 중동 및 아프리카 등 일부국가에서는 비즈니스를 하려면 반드시 현지 에이전트나 스폰서를 두도록 의무화하고 있으며 많은 바이어들 역시, 우리 기업들에게 에이전트쉽을 달라고 요구하기도 한다. 또한 시장이 크지 않은 경우, 독점에이전트를 요구하는 바이어들도 많이 있다.

　에이전트 선정 시 세밀한 검토와 검증과정을 거치지 않고 순간의 잘못으로에이전트를 잘못 선정하게 되면 계약기간 내내 마음고생을 해야 한다. 실제 일부 에이전트는 자신의 전문 품목도 아니면서도 이름만 걸어놓고 비즈니스는 거의 지원하지 않는 경우도 있다. 그러다 보니 더 좋은 바이어가 있는데도 기존의 에이전트 때문에 그를 통해 거래를 해야 하고 커미션도 줘야 하는 「울며 겨자 먹기」식 상황이 벌어지기도 한다. 조급한 마음에 충분한 검토나 검증 없이 에이전트를 지정할 경우, 판매 부진으로 인한 직접적 손실은 물론이고 클레임으로 인한 이중 피해를 입게 될 가능성도 높다. 또한 중동 및 아프리카 바이어들 중에는 자신이 왕실 및 정부 고위 인사들을 잘 알고 있다며 거짓말과 과장으로 에이전트를 요구하는 경우가 많으므로 특별한 주의가 요망된다.

따라서 에이전트 계약을 체결하기 전, 지금까지의 거래 관계는 물론이고 ① 에이전트를 원하는 바이어의 신뢰도, ② 제품에 대한 전문 지식 보유 여부, ③ 마케팅능력 (유통망/판매망, 디스트리뷰터 확보 및 시장개척 능력, A/S 능력, 물류시설 확보 능력), ④ 재정능

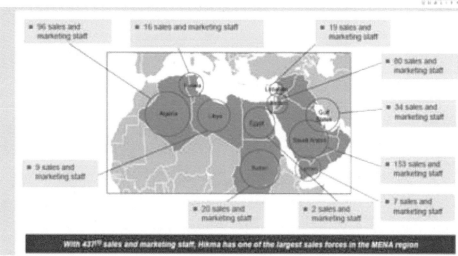

【그림】 에이전트 선정 성공사례 : 막강한 판매망을 보유하고 있는 요르단 Hikma사와의 에이전트 계약을 통해 셀트리온은 향후 10년간 중동 및 서북부 아프리카 17개국에 바이오시밀러 제품을 수출할 수 있게 되었다.

력, ⑤ 현지 홍보능력, ⑥ 현지 정부, 언론이나 유력인사와의 네트워킹 능력, ⑦ 현재 타사와의 에이전트 체결 내역, ⑧ 정보수집 능력, ⑨ 한국기업과의 거래 경험, ⑩ 현지 평판 등을 종합적으로 분석하여 에이전트의 자격을 엄격하게 검증하는 절차가 꼭 필요하다.

검증 절차를 마친 후, 에이전트가 제출한 시장분석과 마케팅 플랜을 꼼꼼하게 검토한다. 계약기간 중 연간 최소 보장 수입량, 각 제품의 판매목표와 타켓층, 반품 및 재고 처리 방안, A/S방안, 판매경로 (유통망), 시장 확대 방안, 인증 및 인허가 취득, 홍보 및 광고 대책, 대금 결제 방법 등이 포함되어 있어야 한다.

또한 에이전트 계약을 위해 에이전트 주재국이 법으로 규정한 표준 계약서가 있는지 살펴보고 별도의 표준 계약서가 없다면 최소한 ▲ 에이전트의 관할지역 범위, ▲ 대행하는 제품 및 서비스 범위, ▲ 에이전트 계약기간, ▲ 에이전트 수수료 및 커미션, ▲ 분쟁 발생 시 적용되는 법, ▲ 에이전트의 역할 및 책임, ▲ 계약 해지조건 등이 계약서상에 명확하게 기재되어 있어야 한다. 아울러 작성된 계약서에 대해서는 공증을 받도록 하고 일부 국가에서는 에이전트 주재국의 정부에 에이전트 계약을 등록해야만 하는 경우도 있다는 점을 명심한다.

에이전트 지정 후, 국내기업 역시 에이전트로부터 원하는 만큼 신뢰감을 에이전트에게 심어줘야 한다. 국내기업과 에이전트간의 신뢰가 무너지면 아무리 에이전트의 능력이 출충해도 성과를 기대할 수 없다. 아울러 에이전트에 대한 관리 또한 매우 중요하다. 에이전트가 역량을 최대한 발휘하여 시장을 개척할 수 있도록 여건을 조성해주고 지원을 아끼지 말아야 한다. 에이전트가 시장 확대를 위해 전시회에 참가한다던가, 특판행사를 실시한다던가 대대적인 광고를 실시할 때 최대한 지원해주고 A/S 에도 적극 협조하는 것도 중

【그림】 첫 에이전트 체결은 신중을 기해야 한다.

요하다. 픔질보증 및 납기 준수 역시 국내기업들이 꼭 지켜나가야 할 사항이다. 또한 에이전트가 계약대로 제대로 역할을 하고 있는지 지속적인 관리 및 검증을 하면서 끊임없이 커뮤니케이션을 이어나가야 한다. 특히, 독점 에이전트 계약을 체결했음에도 불구하고 에이전트 몰래 제3자를 통해 해당 시장에 진입하는 일이 없도록 각별히 유념한다. 이런 저런 사유로 에이전트와의 계약 관계를 종료하고자 할 때 양자간 앙금없이 헤어져야 한다. 불만을 품은 일부 에이전트들은 계약 기간 중 혹 있었을지 모를 위법, 탈법행위 등 부당한 행위에 (특히, 세금 포탈) 대해 주재국 정부에 신고하거나 소송을 제기하여 국내 수출업체의 입장을 어렵게 만들기도 한다.

82_바이어 신용조사, 이래서 중요하다

　해외전시회를 통해 처음 발굴된 바이어와 첫 거래를 할 때 가장 어려운 점은 그 바이어에 대해 정확히 알지 못한다는 점이다. 특히 일부 지역 바이어들은 자신이나 자신이 속한 회사를 과장하여 처음부터 독점 에이전트를 요구하기도 하고 심지어는 외상거래를 제안하기도 한다. 국내기업들 중에는 바이어에 대한 정확한 정보 없이 섣불리 거래에 응했다가 정직하지 못한 바이어를 만나 낭패를 보는 경우도 종종 발생한다. 일부 바이어들 중에는 처음 한 두차례는 정상대로 거래를 하여 우리 수출기업을 안심시킨 후, 지능적으로 사기 행각을 벌이는 경우도 있다. 따라서 바이어와 첫 거래 전에 그 바이어에 대한 가능한 많은 정보를 수집하여 바이어의 실체를 파악하는 것이 중요하다. 대부분의 KOTRA무역관에서도 첫 거래 시 신용조사의 필요성을 조언하고 있다. 바이어가 실제로 존재하는지, 구매 능력이 있는지 확신이 서지 않아 수출 계약을 망설이던 많은 기업들이 해외기업신용조사 서비스를 통해 이와 관련된 정보를 입수한 후 안심하고 수출계약을 체결하고 있다.

　이와 같이 신용조사란 추후 안전한 거래를 위해 해외 바이어의 기본정보, 재무정보 등을 토대로 바이어의 신용등급을 사전 확인하는 것이다. 주로 시장이 작은 지역의 바이어에 대한 신용상태는 KOTRA 해외무역관에서도 어느 정도 파악할 수 있다. 동종 업종에 종사하는 제 3의 바이어를 통해 간접적으로 해당 바이어의 수입규모, 영업능력 및 재정상태 등을 대략 파악할 수 있다. 그러나 대부분의 무역관에서는 바이어의 실존 여부 정도만 확인이 가능하다. 또는 바이어 주재국의 상공회의소 홈페이지를 통해 바이어 회사의 기본정보를 얻을 수 도 있으나 국가마다 업데이트 정도가 상이하므로 100% 신뢰할 수가 없다. 따라서 가장 좋은 신용조사 방법은 한국무역보험공사, 한국기업데이터,[20] D&B Korea, 신용보증기금 등 국내 신용조사기관을 이용하는 것이다. 이외 각 은행이나 지방자치단체, 중소기업청, 무역협회, 상공회의소 등에서 한국무역보험공사나 D&B Korea 또는 세계적으로 유명한 신용조사기관과 협력하여 신용조사 업무를 서비스 해주기도 있다.

특히 한국무역보험공사는 무역협회가 운영하고 있는 국내 최대 무역알선 바이어 검색 사이트인 『트레이드코리아닷컴』에 해외기업 신용조사서비스를 연동해 수출기업들이 30만여개에 달하는 해외기업 D/B를 더욱 쉽게 이용 가능하도록 하여 수출계약 체결 가능성을 높이고 있다. 또한 최근에는 지방상공회의소, 지방 중기청과 각 지자체들이 관할 지역 수출기업들을 위해 해외바이어 신용조사 지원사업을 활발하게 시행하고 있으며 한국무역보험공사는 한시적으로 무료로 신용조사 서비스를 지원하기도 한다.

가장 믿을만한 국내 신용조사 공기관은 한국무역보험공사 (K-sure)이다. 한국무역보험공사는 자체 해외지사와 전 세계 70여개의 신용조사기관과 연계하여 해외소재 기업의 기본정보, 재무정보 등의 신용조사를 실시하여 의뢰인에게 신용조사 보고서를 서비스하고 있다. 국내기업이 한국무역보험공사에 특정 국외기업체 대한 조사를 신청하면 한국무역보험공사는 해외지사나 연계된 신용조사기관에 조사를 의뢰하게 되고 조사기관은 해당 국외기업 (조사하려는 바이어 회사)에 대한 조사를 실시하여 한국무역보험공사를 경유, 요청 국내기업에게 전달하고 국내기업은 한국무역보험공사에 수수료를 납부하게 된다.

【표】 한국무역보험공사 신용조사 수수료 (2014년 9월 현재)

보고서 종류	기업규모	가격 (VAT 포함)		
		일반조사	재무제표미비	신용조사불가자 또는 장기소요 (40일초과)
요약보고서	중소·중견기업	33,000원	22,000원	면제
	대기업	66,000원	22,000원	면제
Full Report	중소·중견기업	49,500원	33,000원	면제
	대기업	99,000원	33,000원	면제

한국무역보험공사가 제공하는 신용조사 보고서에는 특정 국외기업의 일반현황, 신용등급평가정보 및 수출보험이용정보 등이 수록된 『요약보고서』와 신용조사보고서 원본까지 제공되는 『Full Report』등 두 종류가 있는데 수수료는 각각 상이하다. 또한 6개월 이내 기

---

20) 한국기업데이터 (www.kedkorea.com)과 D&B Korea (www.dnbkorea.com)은 민간 신용조사기업이다.

평가되어 새로 또는 추가 조사하지 않고 기존 자료를 구매하는 방법이 있고 처음 조사되거나 기존에 조사된 적이 있더라도 6개월 이상이 지나 신규로 조사가 필요한 경우도 있다. 기존 자료를 구매하는 경우 신청 당일 받아볼 수 있지만 신규로 조사해야 하는 경우, 접수 후 통상 3주가 소요된다. 또한 현지 사정에 따라 재무자료를 입수하지 못해 보고서 내에 포함되지 않을 수도 있으며 미주 및 일부 아시아 지역에서는 신용조사기관의 사정에 따라 Full Report가 제공되지 않을 수도 있다.

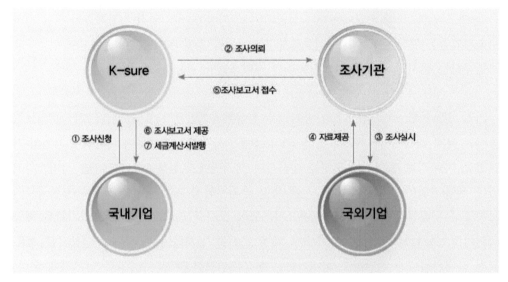

【그림】 한국무역보험공사 (K-sure) 신용조사 흐름도

　요약보고서에는 국외 기업개요, 최근 신용평가 이력, 특이사항, 주요주주, 관계회사, 거래은행, 결제상태, 결제조건, 무역보험이용정보, 재무사항, 주요재무항목 추가정보 (매출액, 순자산, 순이익, 부채비율 추이), 산업, 국외기업과 동종업종 평균신용등급 비교, 국가정보, 국가등급, 무역보험 국별 인수 방침, 해당국가 정치 및 경제 동향 등이 포함된다. 한편, 해외신용조사기관으로부터 입수된 국외기업 신용정보를 근거로 한국무역보험공사의 평가기준에 따라 기업들의 신용등급을 평가하고 있는데 A~F 급은 무역보험 가입 시 인수가능 등급이며 (A급이 최고등급임) G급은 인수제한 등급 (보험가입 여부를 영업담당자를 통해 문의 가능)이고 R급은 보험가입이 불가능한 인수불가 등급을 의미한다.

　한국무역보험공사에서는 한시적으로 중소 중견기업에 대해 연 10회까지 무료로 신용조사 서비스를 제공하기도 하고 또 일부 지자체에서는 해당 지자체 통상지원사업 (예: 해외전시회) 참가기업을 대상으로 A/S 서비스를 제공하기 위해 해외 바이어에 대한 신용조사 비용을 별도로 지원하고 있다. 지원희망 기업은 지원 승인을 받은 후 신용조사 비용을 먼저 결제하고 나서 해당 지자체에 지원금을 신청한다.

83_수출대금 회수 안전망
『중소기업 Plus+ 보험』

　　수출보험이란 수입자의 계약 파기, 파산, 대금지급지연 또는 거절 등의 신용위험과 수입국에서의 전쟁, 내란 또는 환거래 제한 등의 비상위험 등으로 수출자 또는 수출금융을 제공한 금융기관이 입게 되는 손실을 보상하므로써 우리나라의 수출을 촉진하고 진흥하기 위한 수출지원제도이다. 또한 이 제도는 공익적 특수성으로 인하여 비영리를 목적으로 한국무역보험공사에서 취급하고 있으며 아울러 수출보험은 WTO 체제하에서 용인되는 유일한 간접 수출지원 제도로서 정부의 수출진흥정책 및 산업지원 정책 수단으로 활용되고 있다. 따라서 수출자는 수출보험제도를 활용함으로써 수출대금을 받지 못하여 발생한 손실을 보상받을 수 있기 때문에 위험성이 있는 외상거래나 신규 수입자의 적극적인 발굴을 통한 신시장 개척과 시장다변화를 도모할 수 있다. 한국무역보험공사에서는 대외거래와 관련하여 13개의 보험제도의 2개의 보증제도 및 기타 서비스를 제공하고 있는데 중소기업들에게 가장 유용한 보험은 『중소기업 Plus+보험』이다. 『중소기업 Plus+보험』이란 보험계약자인 수출기업이 연간 보상한도에 대한 보험료를 납부하며, 수입자 위험, 신용장 위험, 수입국 위험 등 보험계약자가 선택한 담보위험으로 손실이 발행할 때 한국무역보험공사가 책임금액 범위 내에서 손실을 보상하는 보험이다. 현행 단기수출보험이 개별 수출거래 건별로 보험계약이 체결된 반면, 『중소기업 Plus+보험』은 수출기업의 전체 수출거래를 대상으로 위험별 책임금액을 설정하여 운영되고 있다. 이용자 요건은 한국무역보험공사 기준으로 수출자 신용등급 F급 이상이고 전년도 (최근 1년간) 수출실적이 US$ 3백만 이하인 중소기업이며 보험증권 유효기간은 1년이다. 이 보험의 주요계약사항은 (표)와 같다.

【표】주요계약사항

구분	내용
담보위험	(기본) 수입자 위험, 신용장 위험 (선택가능) (특약) 수입국 위험, 무역클레임 위험
보험계약기간	1년 단위 체결 및 갱신
대상거래	보험계약기간에 이루어진 수출거래
보상비율	100%
책임금액	위험별 책임금액 • 기본위험 (대금미결제위험) - 수입자/신용장위험 : 최대 US$ 30만 • 선택위험 (특약) - 수입국위험 최대 US$ 100만 - 클레임위험 : 최대 US$ 5만 • 최소책임금액 : US$ 1만
보험계약대상 수입자	청약 (신규거래선 추가)시 사전 등록 (신용조사 생략, R급 또는 고위험 인수제한국가 소재 수입자 제외)
수출통지	생략
국별인수방침	고위험 인수제한국가 외 적용배제
보험료 납부	연 1회 선납
보상관련	• 연속수출 면책적용 일부배제 (보험가입 이전 선적분이 만기경과 미결제인 상태에서 보험가입 후 연속 수출한 경우 면책 가능), 보험금 청구일로부터 1월 이내 지급 • 변제충당조항 적용배제, 채권회수의무 면제

『중소기업 Plus+보험』에서 위험별 책임금액 기본위험의 경우, 최대 US$ 30만이고 특약으로 가입할 수 있는 수입국 위험은 최대 US$ 100만, 클레임 위험은 최대 US$ 5만이며 최소책임금액은 US$ 1만이다. 또한 보험요율을 보면 수입자위험 0.8%, 신용장 위험 0.2%, 수입국 위험 0.02%, 클레임 위험 0.7%이다. 아울러 보험계약기간은 1년 단위로 체결 및 갱신하며 연간보험료를 선납해야 한다. 2013년 3월 현재 고위험 인수제한국가는 소말리아, 아프카니스탄, 예멘, 팔레스타인, 부탄 및 시리아 등 6개국이다.

【표】『중소기업 Plus+보험』 위험별 책임금액 및 기준요율

구분		책임금액	기준요율 (%)
기본위험	수입자 위험	최대 US$ 30만 까지	0.8
	신용장 위험		0.2
선택위험	수입국 위험	최대 US$ 100만 까지	0.02
	클레임 위험	최대 US$ 5만 까지	0.7

『중소기업 Plus+보험』은 한국무역보험공사의 또 다른 보험 상품인 단기수출보험과는

달리 수입자 신용조사, 인수한도 심사 및 수출통지가 생략되므로 보험가입기간이 단축되고 수출자의 부담이 경감되는 장점이 있다. 이 두 보험의 이용절차를 비교하면 (표)와 같다.

【표】 단기수출보험과 『중소기업 Plus+보험』 이용절차 비교

단기수출보험	중소기업 Plus+ 보험
① 수출자 신용조사	① 수출자 신용조사
② 수입자 신용조사	② 거래 수입자 등록 (20개 이내)
③ 인수(보상)한도 신청	② 책임금액 선택/보험료 납부
인수(보상)한도 심사	■ 수입자 신용조사 및 인수한도 심사 절차 생략 → 보험가입기간 단축
④ 보험증권 발급	
⑤ 수출통지	■ 수출통지 절차 생략 → 수출자 부담 경감
⑥ 보험료 납부	

『중소기업 Plus+보험』이 수출 초보기업들에게 유리한 점은 첫째 절차가 간소하여 이용이 편리하다는 점이다. 기업은 보험 가입 시 사전에 지정한 수입자와의 연간 전체 수출거래에 대한 위험을 보장받는 반면, 다른 수출보험제도와 달리 수출통지 및 수입자 신용조사 등을 요건으로 하지 않기 때문에 인력이 부족한 영세한 수출기업들이 손쉽게 이용할 수 있다는 것이 큰 장점이다. 둘째, 실질적 보험료 부담이 거의 없다. 가령 중소기업이 수입자, 신용장 위험, 수입국 위험, 클레임 위험 등 모든 종류의 위험을 US$ 10만 규모로 보장받고자 할 경우 보험료는 약 150만원 수준에 불과하다. 특히 중소기업청 외에도 무역협회 (업체당 150만원) 및 일부 지자체 (업체당 1~5백만원)에서 관련 보험료를 지원받을 수 있어 기업은 실질적 자기 부담없이 수출이행 후 대금미결제와 관련한 위험에 적극 대비할 수 있다. 두 보험의 차이점은 (표)와 같다.

【표】 단기수출보험과 『중소기업 Plus+보험』의 차이점

구분	단기수출보험	『중소기업 Plus+보험』
부보대상거래	개별 수출거래	전체 수출거래
보험료 계산·납부	거래건별 계산·월납	책임금액 기준 계산 연 1회 납부
수출통지	필요	불필요
국별인수방침	적용	고위험 인수제한국가만 적용
수입자 신용조사	필요	불필요
인수 (책임한도)	수입자별 책정	위험별 선택

84_국제 비즈니스 분쟁해결의 지름길, 『상사중재』

무역분쟁을 피할 수 있는 가장 좋은 방법은 거래상대방에 대한 신용조사를 반드시 거치는 것이다. 특히 첫 거래인 경우 신용조사는 필수과정이다. 신용조사 결과가 낮게 나오면 거래를 중단하는 것이 상책이다. 다음은 자신에게 유리한 표준계약서를 작성하여 클레임 발생에 대비한다. 대한상사중재원 홈페이지(www.kcab.or.kr), 한국무역협회 홈페이지(www.kita.net) 및 KOTRA 바이코리아 홈페이지 (www.buykorea.or.kr)을 방문하면 표준계약서를 다운로드 받을 수 있다. 아울러 계약과 관련된 모든 분쟁은 대한상사중재원의 중재로 해결한다는 문구를 삽입토록 한다. 그리고 만일의 사태를 대비하여 한국무역보험공사의 수출보험을 적극 활용한다.

당사자간 해결이 안 될 경우에는 제 3자를 통한 해결 방안이 있는데 여기에는 알선, 조정, 중재와 소송이 있다. 제 3자를 통한 해결 방안도 가능한 소송으로 가지 말고 그 전 단계인 알선, 조정 및 중재에서 해결을 보는 것이 바람직하다. 그러나 알선, 조정으로 해결이 안 될 경우, 당사자간의 합의에 의해 제 3자를 중재인으로 하여 중재인의 판정에 복종함으로서 분쟁을 해결하는 방안이 중재이다. 중재는 단심제이므로 분쟁이 신속하게 종결되며, 비용이 저렴하다. 중재심리가 비공개이기 때문에 당사자의 비밀이 보장되며 무역전문가로 구성된 중재인들에 의한 현실적이고 합리적인 판정을 받을 수 있다. 중재는 중재인의 판정에 절대 복종하여야 하며 그 결과는 강제성을 가질 뿐만 아니라 그 효력도 당사자간에는 법원의 확정 판결과 동일하며 (중재법 제12조) 뉴욕협약[21] (New York Conventio

---

[21] 국제적인 상거래의 활성화를 목적으로 중재판정에 대한 강제집행의 요구를 받는 국가 회의 국가영토 내에서 외국중재판정을 승인하고 집행 하기 위하여 유엔 주도하에 체결한 다자간 국제조약

n)[22])에 따라 외국에서도 (체약국 간) 그 집행을 보장해주고 승인해 줌으로써 소송보다는 더 큰 효력이 있다. 중재합의는 사전에 계약서의 한 조항으로 규정해 두는 방식 (사전 중재합의)과 분쟁이 발생한 이후에 별도의 서면으로 작성하는 방식 (사후 중재합의) 모두 가능하다. 그러나 분쟁이 발생한 후에는 중재 합의가 어려워지기 때문에 계약 체결 시에 계약서상의 한 조항으로 중재 소성을 규정하는 것이 바람직하다.

대한상사중재원의 국제중재절차는 다음과 같다.

❶ 중재합의

중재를 이용하기 위해서는 먼저 발생 분쟁을 중재를 통하여 해결한다는 합의가 필요하며 당사자 간 계약에 중재를 통한 분쟁해결을 내용으로 하는 분쟁해결조항이 있거나 당사자들이 이미 발생한 분쟁을 중재에 의해 해결하기로 서면 합의한 경우에 당사자들은 중재를 신청할 수 있다. 특별히, 2011년 9월 1일 이후에 중재합의가 이루어진 국제중재 즉, 일방 당사자가 대한민국 외의 곳에 영업소를 두고 있는 경우 또는 중재합의에서 정한 중재지가 대한민국 이외의 지역인 경우에는 당사자들이 달리 합의하지 않는 한 원칙적으로 국제중재규칙이 적용된다.

❷ 중재신청 (신청요금의 납입 및 중재비용의 예납)

신청인은 중재신청 시 한화 1,000,000원 (부가세 별도)의 신청요금을 납입하여야 한다. 중재신청이 접수되면 사무국은 양 당사자에게 정식으로 중재신청이 접수되었다는 사실을 통지하고 동시에 피신청인에게는 30일 이내에 답변서를 제출하여야 함을 안내한다. 사무국은 또한 중재비용 (관리비용, 중재인의 수당 포함)을 추산하여 양 당사자에게 이를 균분하여 예납할 것을 요청하고 납입된 예납금은 절차종료 시 정산한다.

❸ 답변서 제출 (반대신청서 제출)

답변서 제출 시 피신청인은 반대신청서를 함께 제출할 수 있으며, 반대신청은 본신청과 병합하여 진행하게 되는데 분쟁금액은 양 신청금액의 합계액이 된다. 이 경우 피신청인은 반대신청에 따른 별도의 신청요금을 납부하여야 하고 특별히 피신청인이 중재판정부의 관할에 대하여 다투거나 중재절차의 진행에 충분한 근거가 없다고 판단하는 경우에

---

22) 1973년 한국 가입, 2012. 9월 현재 147개국 가입

피신청인은 답변서에서 이러한 내용의 주장을 할 수 있다.

❹ 중재판정부의 구성

국제중재규칙에 따를 경우 당사자들이 달리 합의하지 않는 한 원칙적으로 당사자들에 의해 선정된 단독중재인이 판정을 내리게 된다. 당사자들이 요청할 경우 사무국은 전문성과 공정성을 갖춘 중재인들의 명단을 제공할 수 있고, 만약 당사자들이 중재인을 선정할 수 없거나 선정하지 않는 경우에는 사무국이 대신하여 선정한다. 이를 위하여 중재원은 중재인의 선정에 대하여 국제중재위원회의 자문을 받을 수 있다.

❺ 심리의 진행

중재판정부는 자신의 권한 하에 중재심리를 진행한다. 중재인이 당사자 주장을 청취하고 필요시 감정 및 증거조사를 할 수 있다. 심리는 비공개로 진행되며 통상 3회 개최한다. (신속절차는 1회) 중재판정부가 달리 정하지 않는 한, 구두 또는 서면의 모든 교신은 당사자들 간에 또는 각 당사자와 중재판정부 간에 직접 이루어진다.

❻ 중재판정문의 송달

중재심리가 종결되면 중재판정부는 판정을 내리게 된다. 당사자 합의 시 화해판정한다. 미납된 중재비용이 없을 경우, 사무국은 중재판정문을 당사자들에게 송달한다.

❼ 중재판정의 집행

중재판정부가 내린 중재판정은 당사자들에게 구속력을 갖는다. 사무국은 중재판정문 원본과 판정문 정본의 송달증명서를 관할법원에 송부한다. 당사자들은 중재판정문에 대하여 한국법원 또는 외국법원에서 집행판결을 받을 수 있다.

【표】중재의 특징

- 단심제로 법원의 확정판결과 동일한 효력을 갖는다
- 신속한 분쟁 해결이 가능하다. (국내중재 약 5개월, 국제중재 약 7개월)
  - 당사자 신속절차 중재진행 합의 시 2-3개월 (소송은 대법원까지 2-3년)
- 저렴한 중재비용 (1심 소송비용의 40-90% 수준)
- 뉴욕협약에 따라 회원국 간 상호 승인, 강제집행 보장
- 전문가에 의한 판단 (변호사, 전문기업인, 교수 등 인력풀 확보)
- 분쟁당사자가 중재인을 직접 선임 또는 배척
- 충분한 반론기회 부여 (충분한 변론기회, 시간, 증인, 증거물 제출 가능)
- 사건과 무관한 제3자 참여불허, 심리 비공개
- 민주적인 진행절차 (중개인은 당사자와 평등한 위치, 인격 최대 보장)

85_계약 체결 시 유의사항

무역거래에 있어 각국마다 상관습과 제도, 문화, 민족성이 상이하기 때문에 자신이 거래하고자 하는 국가의 바이어와 계약체결 시 유의사항을 잘 익혀두어야 실수를 최소화할 수 있다. 그러나 각국 바이어들과 계약체결 시 공통점은 모든 나라의 바이어들이 신뢰관계 구축을 중요시하고 있다는 점이다. 이번 한번만 주문을 받을 것이 아니라 지속적인 거래관계를 유지하고 자 한다면 신뢰관계 구축은 더욱 더 중요하다. 바이어들은 한국 수출기업이 자신의 요구와 문의사항에 대해 신속한 회신을 원한다. 어떤 국내 기업은 바이어로부터 요구나 문의사항이 도착되면 48시간 이내 회신을 원칙으로 하고 있다.

반면 우리 기업 입장에서는 여유를 갖고 상담에 임해야 한다. 바이어 입장에서도 우리 나라 뿐 아니라 여러 나라 수출업체들을 접촉해보고 자신에게 가장 유리한 기업을 공급처로 최종 택할 것이다. 정성을 들여 약속한 기한 내 후속조치를 다했음에도 불구하고 바이어로부터 아무런 연락이 오지 않는 경우도 있다. 이런 경우는 흔히 바이어가 장기 출장을 갔거나 해당 수출기업으로부터 바이어 입장에서 도저히 수용 또는 고려할 수 없는 (회신할 필요도 없을 정도의) 오퍼를 받았거나, 시장 상황 변동으로 수요 감소, 재고 누적 또는 자금 경색이 발생하여 수입을 포기 또는 연기했거나 바이어가 타 경쟁 공급업체로부터 회신을 기다리다가 그들의 오퍼와 비교 한 후 구매결정을 하기 위해 미루는 경우 등으로 생각할 수 있다. 따라서 바이어 입장에서 좀 느긋하게 기다려주는 자세도 필요하다.

해외바이어들이 한국기업과 계약 체결을 어렵게 하는 요인 중의 하나로 최소주문량이 너무 많다는 것이다. 첫 거래 바이어라면 당연 테스트 마켓을 위해 소량다품종으로 주문

할 수 밖에 없다. 안경테, 스카프 등 신변세화류의 경우가 특히 그러하다. 많은 바이어들이 대만 기업들은 소량다품종 주문도 선뜻 수용하는데 유독 한국기업들만은 최소주문량이 너무 많다는 지적을 흔히 한다는 점을 유념하여 최대한 탄력적으로 최소주문량을 수용하도록 한다.

최근에는 웬만한 수출기업들이라면 영문홈페이지를 보유하고 있지만 아직까지도 영문홈페이지를 갖고 있지 않는 기업들이 있다. 지자체, 무역협회, 상공회의소 등에서 영문홈페이지 제작을 지원하고 있으므로 이러한 프로그램을 적극 활용한다. 수출시 영품홈페이지 보유는 이제 선택이 아닌 필수조건이 되었다. 영문홈페이지 제작 시 실력이 없는 제작사에 의뢰하게 되면 내용도 부실해질 뿐 아니라 정확한 영문표현이 되지 않아 기업의 신뢰도에 악영향을 미칠 수 있으므로 가능한 경험이 많은 수출지원공기관이나 단체의 지원을 받도록 한다.

대구시, 수출 홍보물 제작 사업 참여업체 모집

주간무역 press@weeklytrade.co.kr

영문카다로그 300개사…수출홍보영상 45개사 지원

대구광역시는 한국무역협회 대구경북지부와 공동으로 대구소재 중소기업의 해외마케팅 역량 강화를 위한 수출 홍보용 자료 제작 지원 사업에 참가할 업체를 모집하고 있다. 대구 소재 기업은 대구시의 수출 홍보물 지원사업을 통해 QR(Quick Response)코드를 활용한 영문카다로그와 수출 홍보영상물을 제작할 수 있으며, 각각 사업에 300개사와 45개사씩 참가할 수 있다.

【그림】지자체의 중소기업 영문 홈페이지 제작 지원 관련 기사

첫 거래 시 무조건 외상을 요구하는 바이어는 주의해야 하며 처음부터 많은 물량의 오더를 기대해서는 안 된다. 계약서는 꼼꼼하게 작성해야 하고 계약 내용은 반드시 문서로 남겨야 한다. 따라서 대한상사중재원 홈페이지 (www.kcab.or.kr), 한국무역협회 홈페이지 (www.kita.net) 및 바이코리아 홈페이지 (www.buykorea.or.kr)를 방문하여 표준계약서를 다운로드 받아 이를 기본으로 하여 작성토록 한다. 또한 대금결제 방법 및 환율 변동에 대처하고 분쟁 발생을 대비하여 중재 조항을 삽입하는 것도 잊지 않도록 한다.

【표】 주요 국가별 계약 체결 시 유의사항

국가명	유의사항
네델란드	안정적인 제품 공급과 납기준수를 매우 중요하게 여기기 때문에 수출업체의 신뢰도는 공급선 결정에 핵심 요인이 된다.
독일	품질을 증명할 수 있는 인증을 반드시 갖추며 거래 시 저렴한 가격으로 오퍼하는 것이 중요하다.
러시아	사업상 문제가 발생하였을 경우에도 곧바로 계약서에 따른 옳고 그름을 따지는 것 보다는 먼저 개인적인 관계를 통해 상호이해를 구하는 것이 좋다.
미국	전 세계 공급업체들이 제품을 팔려고 접촉을 하기 때문에 일반적으로 오더를 신중하게 진행하는 편이다. 따라서 바이어에게 자사 제품이나 거래조건이 다른 공급자들에 비해 경쟁적임을 잘 알리는 노력이 필요하다.
베트남	느긋한 자세로 임하는 것이 필수적이다. 베트남 기업의 70~80% 정도가 국영기업이기 때문에 개인 기업과는 달리 의사 결정에 상당한 기간이 소요된다는 점을 이해해야 한다.
브라질	브라질 바이어들에게 한국식으로 독촉할 경우 사업에 실패하거나 이해할 수 없는 사람으로 오해 받기 쉽다.
싱가포르	첫 거래 부터 최소주문량을 너무 높게 설정하면 바이어는 거래를 쉽게 포기하게 됨을 유의할 필요가 있다.
이란	이란인은 선물을 주고받는 것을 매우 좋아하며, 따라서 처음 대면할 때 작은 성의를 보일 수 있는 선물을 준비하는 것이 좋다. 선물의 종류는 한국 토산품 등이 적당하다.
인도	대표적인 가격시장이라는 것을 항상 염두에 두어야 한다. 품질만을 강조해서는 결코 성공하기 어렵다. 가능하다면 제품의 기능을 옵션으로 두어 기능을 줄이는 한이 있더라도 가격에 융통성을 줄 수 있는 것이 좋다.
인도네시아	인도네시아에서 비즈니스를 하는 데는 인맥이 중요한 역할을 한다.
일본	일본 바이어와의 상담 시에는 시종일관 타협적 자세를 견지하는 것이 중요하다. 상담 이전에 자사 카탈로그를 미리 상대방에게 전달하는 것은 꼼꼼하다는 인상을 심어줄 수 있어 상담에 유리하게 작용할 수 있다. 일본인은 회사의 규모나 실적 등을 중시하므로 회사의 규모나 연혁, 재정 상태를 알 수 있는 회사소개 자료나 공개해도 무방한 거래처의 리스트 등의 자료를 카탈로그와 함께 제공하는 것이 상담에 매우 효과적이다.
중국	일반적으로 중국인들은 상담 시 먼저 상대방을 치켜세우거나, 거래의 장밋빛 전망을 설명하여 상대방의 호감을 산 후 상담을 진행한다. 따라서 외국인은 냉정한 태도를 유지하며 철저한 사업 준비와 계획서를 갖고 거래에 임해야 한다.
홍콩	문서 내용에 대해서 꼼꼼하게 확인해야 한다는 점이다. 계약서를 작성할 때에는 중국어 계약서 외에 가급적 영문 계약서도 체결하는 것이 좋다.
UAE	바이어와 상담할 때 첫 거래임에도 불구하고 중동 시장 특성상 에이전트를 체결하자고 하는 경우가 있으므로 이에 대한 사전 준비가 필요하다.

86_ 해외전시회 부가세 환급 방법[23)](#)

1. 독일

독일 지역에서 열리는 각종 전시회에 참가하거나 참관하는 과정에서 지출한 각종 경비 예컨대 호텔 요금, 전시부스 임대료 및 장치비, 독일 현지에서의 택시비 및 항공료, 기차 및 버스, 전차 요금 등에 대해서 까지 독일 정부로부터 부가세 16%를 환급받을 수 있다. 독일정부는 외국인들이 독일 현지에서 직접 지불한 항공요금, 호텔요금, 전시부스 임대요금 등에 대해 징수한 16%의 부가가치세를 환급해주고 있는데 단, 독일 현지업체를 통해 지불된 부가가치세는 환급대상에서 제외된다.

따라서 독일 현지법인의 이름으로 전시회에 참가하는 업체들은 부스임대료 등에 대해 부과됐던 부가가치세를 환급 받을 수 없다. 한국 본사 이름이 아닌 독일 현지 법인으로 전시회에 참가하는 업체들은 그 만큼 손해를 보는 것이라 할 수 있다. 또한 독일의 현지 관광안내 업체를 고용해 단체참관을 하는 경우 독일 현지관광 안내 업체를 통해 호텔 요금이나 현지에서 이용한 항공요금이 지불되는 형태를 취해서도 부가가치세 환급을 받을 수 없다. 독일정부로부터 부가가치세 환급을 받으려면 세금 환급 신청서를 작성해야 하는데 세금 환급 신청서는 모두 독일어로 기재해야 하는 등 작성이 어렵다. 한독상공회의소에서는 독일전시회 참가 혹은 참관업체를의 독일 현지에서 발급받은 각종 영수증을 근거로 16%의 부가가치세 환급 서류를 작성해주는 서비스를 제공해주고 있는데 소정의 수수

---

23) 전시마케팅 성공가이드 P98-99 발췌 (한국무역협회)

료를 받고 있다.

독일 세법상 부가가치세를 환급받기 위해서는 독일 공급자 즉 청구서를 발행한 독일 회사의 상호 및 주소, 한국측 구매자 즉 환급 신청인의 상호 및 주소, 납품된 상품의 내역 및 금액 (예 : 전시장에 필요한 회전의자 두개) 또는 제공된 서비스의 형태 및 범위 (예 : 3일간 호텔비), 상품 서비스가 제공된 날짜 및 청구서 발행일자, 청구서상의 상품 혹은 서비스의 순금액 (부가가치세를 제외한 금액), 순금액에 대한 부가가치세액 등이 별도로 기재돼야 한다. 특히 순금액과 부가가치세액이 청구서나 영수증에 각기 별도로 정확하게 기재되는 것은 매우 중요하다.

【표】 독일상공회의소 홈페이지 (korea.ahk.de) 부가가치세 환급 서비스 안내문

> 한독상공회의소는 한국기업이 전시회 참가 및 각종 비즈니스 관련 독일을 비롯한 유럽국가에서 지불한 비용의 부가가치세를 환급받을 수 있도록 지원해드립니다. 부가가치세 환급 신청이 가능한 국가는 현재 네덜란드, 노르웨이, 덴마크, 독일, 벨기에, 스웨덴, 영국, 오스트리아, 프랑스, 핀란드입니다. 또한 국내에 사업장이 없는 외국법인 또는 비거주자로서 외국에서 사업을 영위하는 자가 재화 또는 용역에 관련된 한국의 부가가치세를 환급받고자 할 경우에도 도움을 드리고 있습니다.

2. 기타 국가

미국의 경우 부가가치세 제도를 시행하고 있지 않아 미국 현지에서 지출한 각종 경비에 대해 부가가치세 환급을 신청할 수 없다. 또한 나라마다 부가세율이 다르고 부가가치세 환급대상이 상이하므로 부가가치세 환급대행 전문업체에게 일임하는 방법이 가장 무난하다. 단, 업체마다 수수료율이 상이한 관계로 최소한 2~3개소의 환급대행전문업체에 문의한 후 대행업체를 결정하는 것이 좋다. 대부분의 해외 전시회에서는 외국 참가업체들의 부가가치세 환급 안내문을 인터넷에 고지하고 있다.

【그림】 독일 부가세 환급대행업체 (www.emo-hannover.de)

유럽·캐나다 지역 사업자 부가세 환급 6월까지 신청

국민일보 ⓔ 기사입력 2002-05-24 11:38   최종수정 2002-05-24 11:38

'유럽에서 사업하시는 분 부가세 돌려받으세요'

부가세환급 대행사인 인세텍스(INSATAX)는 24일 유럽 22개국과 캐나다에서 사업경비와
함께 지출한 부가세를 환급받기 위해서는 다음달 말까지 해당 국가에 신청해야 한다고
밝혔다.

유럽에서 출장 무역박람회 등 각종 비즈니스를 하고 있는 사업자는 통상 15~25%의 부
가세,캐나다에서는 15%의 연방 및 지방세가 포함돼 있지만 지난해 사용금액에 대한 부
가세는 다음달까지 신청할 경우 되돌려받을 수 있다는 것.

이와 관련,인세텍스(www.insatax.com)는 지출내역이 담긴 영수증 원본만 보내면 모든
환급신청 업무를 대행해주며 수수료는 환급액의 18%,환급에 실패했을 경우에는 수수료
를 받지 않는다고 밝혔다.

【그림】유럽, 캐나다 사업자 부가세 환급 관련기사 (국민일보 2002.5.24)

【그림】이탈리아에서 개최되는 전시회의 해외참가업체 부가세 환급 안내 정보

87_차기 전시회 준비 요령

해외전시회에 참가 한 후, 그 성과를 분석하여 계속 참가할 것인지, 참가하지 않을 것인지를 결정한다. 계속 참가하는 경우, 규모를 확대할 것이지, 전년과 동일 규모로 참가할 것인지, 규모를 축소하여 참가할 것이지를 선택하고 참가하지 않기로 결정했다면 상황이 호전될 때 까지 당분간 참가를 중단할 것이지 앞으로 다시는 참가하지 않을 것인지를 결정한다. 그러나 이러한 결정은 신중하고 전략적으로 접근해야 한다. 가능성이 전혀 보이지 않는 전시회가 아닌 이상, 전시회 성과는 보통 짧게는 6개월, 길게는 2~3년이 걸릴 수도 있으므로 최소 3번은 참가하고 전시회 불참 결정을 내리는 것이 바람직하다.

【표】 전시회 참가 후 차기 전시회에 대한 선택방안

■ 계속 참가한다.
　① 전년보다 규모를 확대하여 참가한다.
　② 전년과 같은 규모로 참가한다.
　③ 전년보다 규모를 축소하여 참가한다.

■ 참가하지 않는다.
　① 상황이 호전될 때 까지 잠정 참가를 중단한다.
　② 다시는 참가하지 않는다.

참가했던 전시회에 대한 성과분석이 끝나 차기 전시회에도 다시 참가하기로 결정하였다면 바로 참가 준비에 착수하는 것이 바람직하다. 더구나 성과가 입증되어 오랫동안 참가해 온 좋은 전시회라면 전시회 기간 중 주최 측을 접촉하여 차기 전시회에 대한 자세한 안내를 받고 사전 참가신청을 해 둠으로써 유리한 위치의 부스를 확보하도록 한다. 대부분의 유명 전시회 참가기업들은 전시회가 끝나자마자 차기 전시회 신청을 완료하고 전시장을 떠난다. 또한 해외전시회 대부분은 조기할인제도를 실시하고 있으므로 재참가하기로 결정되었으면 조기 신청하므로써 할인 혜택을 받도록 한다.

참가를 위한 재신청 시 고려해야 할 요인은 참가규모, 부스 및 참가형태이다. 종전 참가했던 규모를 그대로 유지할 것인지 규모를 확대하거나 축소할 것인지를 결정하고 조립식 부스와 독립식 부스 등 부스 형태도 선정한다. 아울러 단체로 참가하는 방안과 개별적으로 참가하는 방안도 고려해야 할 요인이다. 대부분의 국내기업들은 1개 부스 규모로 참가하지만 보여 줄 전시품 확대, 참관객 대상 전시품의 시현 필요성, 대형 비디오 설치, 파견 인원 확대 등을 고려한다면 신청 부스를 늘려야 한다. 중소기업들은 조립식 부스를 선호하지만 전시회 참가 경험이 많은 기업들 중에는 보다 많은 바이어들의 시선과 방문을 유도하기 위해 독립식 부스로 참가하기도 한다. 단체와 개별 참가는 각각 장단점이 있으므로 자사에 가장 유리한 방식을 선택한다. 일단 전시회 신청이 종료되었으면 종전의 참가 성과를 분석하여 미진했던 부분을 보완하도록 한다. 편성 예산의 적정성, 사전 마케팅 활동, 전시품 선정 및 운송, 홍보물 준비 상태, 부스 내 Display 기법, 전시용 비품이나 조명, 파견직원 자질 및 인원의 적정성, 통역 활용도, 상담 전략, 전시회 종료 후 전시품 처리, 항공 및 호텔 예약 등에 문제점이 없었는지를 점검하고 문제점이 있었다면 차기 전시회에서는 실수나 부족함이 없도록 보완하고 수정해야 한다. 특히, 새로 개발될 전시품을 출발할 예정이라면 전시품 발송일 까지 해당 전시품이 준비하도록 하고 각종 카탈로그, 홍보영상 등도 충분한 시간 여유를 두고 제작한다. 아울러 이번 전시회에서 꼭 해야 할 활동과 일정을 수립한다. 차기 전시회 참가준비 시 고려해야 할 사항은 【표】와 같다.

【표】 차기 전시회 참가준비 시 고려해야 할 사항

구분	고려사항
√	참가규모, 부스형태 (조립식/독립식) 및 참가방식 (단체참가/개별참가)을 어떻게 정할 것인가?
√	외부예산을 지원받을 것인가? 독자예산으로 참가할 것인가?
√	지난번 전시회의 경우, 예산 편성은 적정하였는가? 비목별 예산의 과부족은 없었는가?
√	다음 전시회 참가 목적과 목표는 제대로 수립되었는가?
√	주최측에 부스 위치 변경을 요청할 것인가?
√	어떤 전시품을 출품할 것인가?
√	어떤 홍보물을 제작할 것인가?
√	현지에서 별도의 홍보 활동을 할 것인가?
√	사전 마케팅 활동상에 문제점은 없었는가? 개선 대책은 무엇인가?
√	다음 전시회에서 꼭 만나야 할 바이어는 누구인가?

√	전시품 운송회사를 다른 회사로 바꿀 필요는 없는가?
√	운송할 전시품 수량을 변동시킬 것인가?
√	출장자가 직접 휴대할 전시품은 무엇인가?
√	전시품 통관에 문제는 없었는가? 문제가 있었다면 대비책은 무엇인가?
√	참관객을 대상으로 제품 시현을 할 것인가?
√	부스 내 Display에 변화를 줄 것인가?
√	비품이나 조명을 추가로 임차하거나 설치할 것인가?
√	본사 파견직원을 누구로 할 것이며 파견 인원수를 변경할 것인가?
√	파견직원의 출장기간은 적정하였는가?
√	본사직원 대신 현지 에이전트를 참가시킬 것인가?
√	파견직원의 항공편과 호텔 예약 시 개선 요구사항이 있었는가?
√	통역을 별도 채용할 것인가?
√	현지 상담 전략에 어떤 변화를 줄 것인가?
√	다음 전시회에서 반드시 해결해야 할 비즈니스 처리 건은 무엇인가? 특히 지난번 참가했던 전시회 이후 미진 사항
√	부스내 상담 활동이외 전시기간 중 별도로 어떤 활동을 할 것인가?
√	전시회 종료 후 전시품 처리 방안은 무엇인가?
√	KOTRA에 지원을 신청할 것인가?
√	출장 기간 중 별도 방문해야 할 바이어와 기관 (예: KOTRA)은 있는가?
√	전시회 기간 중 수집해야 할 정보는 무엇인가?
√	차기 전시회에서 차차기 전시회 참가신청을 할 것인가?
√	전시회 종료 후 바로 귀국할 것인가?
√	어떤 국내외 경쟁사들이 다음 전시회에도 참가신청을 했는가?

【그림】해외전시회 성과를 올리기 위해서는 참가한 전시회에 대한 철저한 분석과
다음 전시회에 대한 착실한 준비가 중요하다.

5장

기 타

88_우리기업들의 해외전시회 참가현황 및 견해

　　2013년 5월, KOTRA는 2012년 정부지원 해외전시회 참가업체를 대상으로『해외전시회 참가 관련 설문조사』를 실시하였는데 전제 조사대상 1,404개 업체 중 603개 업체가 유효응답하였다. (응답률 42.9%) 유효응답 업체 중 '섬유, 직물'에 종사하는 업체와 '전기, 전자'에 종사하는 업체가 각각 84개 (13.9%), 70개 (11.6%)로 가장 많았으며, 전체적으로 총 50개 이상의 다양한 품목들이 나타났다. 또한 응답 기업들의 80.4%가 자산규모 100억 미만이었고 수출액은 200만불 이상 500만불 미만 업체가 대부분이었다. 전체 603개 응답업체가 최근 3년간 (2010~2012년) 참여한 모든 종류의 해외전시회 횟수는 연 평균 4.4회로 나타났고 해외전시회 참가 시 총 소요경비는 1회 평균 500만원~1천만원 미만 (31.8%)이 가장 많았고 1천만원~1천5백만원 미만 (26.4%)이 다음으로 높게 나타났다. 해외전시회 참가목적은『신규 바이어 및 유통망 발굴』,『기업 이미지 및 제품 인지도 향상』,『기존 바이어와의 거래관계 유지』,『동종 산업 (업계) 최신정보 수집』순으로 조사되었다.

　　해외전시회에 1회 참가 시 평균적으로 상담 (접촉)하는 바이어는 '30명~50명 미만 (30.2%), '10명~30명 미만' (29.7%), '50명~100명 미만' (25.9%) 등의 순으로 높게 나타났으며 전시회 참가 이후 실제로 거래관계 (수출계약 체결)로 이어진 업체 수는 '1~2개사'가 44.9%, '3~5개사'가 31.2%로 평균 5개사 이하가 전체의 3/4를 넘는 것으로 나타났다.

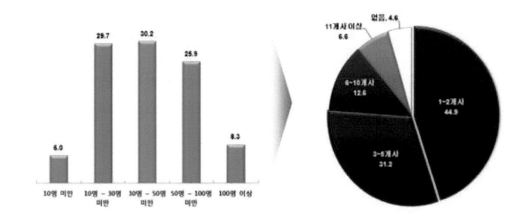

(단위: %/n=603)

【그림】 1회 참가 시 평균 상담 바이어 수/실제 거래관계로 이어지는 업체 수

한편 연간 해외전시회 참가 횟수에 따른 평균 상담 바이어 수를 살펴보면 '1회' 참가 시 '10명~30명 미만 (42.4%)'이 가장 많았고 '2회에서 7회' 참가한 경우에는 '30명~50명', '8회 이상'에서는 '50명~100명'의 바이어와 평균적으로 가장 많이 상담하는 것으로 나타나 해외전시회 참가 경험이 많아질수록 평균 상담 바이어 수가 증가함을 보여주고 있다.

평균 상담 바이어	해외전시회 참가 횟수						
	1회	2회	3회	4~5회	6~7회	8~10회	11회 이상
10명 미만	8.2	6.4	8.3	2.5	3.8	2.3	8.8
10명 ~ 30명 미만	42.4	30.4	26.6	23.3	32.1	30.2	26.5
30명 ~ 50명 미만	18.8	34.4	30.3	39.2	39.6	27.9	14.7
50명 ~ 100명 미만	23.5	21.6	28.4	21.7	17.0	32.6	42.6
100명 이상	7.1	7.2	6.4	13.3	7.5	7.0	7.4
계	100.0	100.0	100.0	100.0	100.0	100.0	100.0

【그림】 참가 횟수별 평균상담바이어수 (단위 : %/n=603)

수출 계약 성사까지 참가횟수와 기간을 살펴보면 해외전시회를 '2~3회' 참가한 후 첫 수출 계약을 이루었다는 업체가 45.8%로 가장 높은 비중을 차지한 반면에 총 응답 업체의 34.4%는 '4회 이상' 참가 후에 첫 수출계약을 체결한 것으로 조사되었다. 해외전시회 참가 후 첫 수출 계약을 체결하기까지 걸린 기간이 '6개월~1년'이라고 응답한 업체가 34.2%로 가장 높게 나타났으며, 전체 응답 업체의 40.3%는 1년 이상의 기간이 걸린 것으로 나타났다. 반면 해외전시회 참가 후 6개월 이내에 첫 수출 성약을 이룬 업체는 전체의 20.6%에 불과하였으며, 해외전시회 참가 후 첫 수출성약까지 무려 3년 이상 걸렸다고 응답한 업체도 4.8%를 차지하였다.

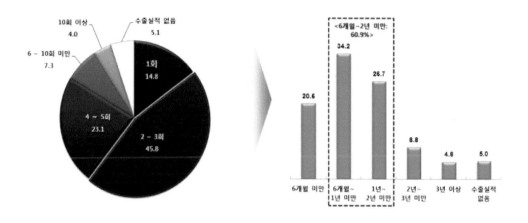

(단위 : %/n=603)

【그림】 수출계약 체결까지 참가 횟수 및 기간

그리고 기업규모 (자산규모, 수출액)별 해외전시회 참가 유형 선호도를 살펴보면, 기업 규모가 작을수록 단체참가를 선호하는 업체가 많은 반면, 규모가 큰 업체의 경우 상대적으로

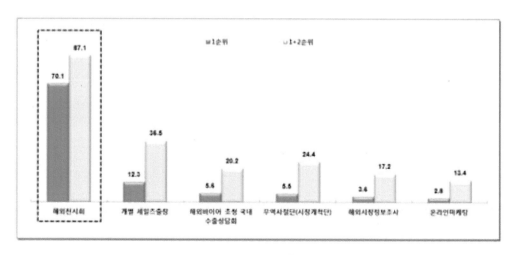

【그림】 시장개척을 위한 효과적인 수단 (단위: %/n=603)

개별참가 선호 또는 참가형태 무관으로 응답한 비율이 높았다. 아울러 전체 응답 업체의 70.1%가 해외시장 개척을 위해 가장 중요하고 효과적인 수단으로 '해외전시회'를 선택하였으며 (70.1%), 다음으로 개별 세일즈출장 (12.3%), 해외바이어 초청 국내 수출상담회 (5.6%), 시장개척단 (5.5%), 해외시장 정보조사 (3.6%), 온라인마케팅 (2.8%) 순으로 나타났다.

끝으로 해외전시회 참가와 관련하여 느꼈던 애로사항이나 건의사항을 문의한 결과 '지원금 확대' (25.1%), '폭 넓은 전시회 지원 필요' (10.1%), '바이어 발굴을 위한 전문화된 시스템 필요' (7.4%), '바이어 상담 주선 미흡' (6.2%), '사후관리 부족' (3.8%) 순으로 조사되었다.

89_해외전시회에 대한 일반적인 오해 I

대부분의 우리기업들은 해외전시회가 수출시장 개척을 위한 많은 해외마케팅 수단 중 가장 효율적인 방안이라는 것을 잘 알고 있다. 짧은 시간에 한 장소에서 많은 바이어들과 상담할 수 있으며 다양한 시장정보를 얻을 수 있고 인적 네트워크를 강화할 수 있기 때문이다. 이에 따라 중앙정부는 물론이고 지방자치단체에서도 관내 수출기업들의 해외마케팅을 지원하기 위해 해외전시회 참가에 필요한 다양한 서비스를 제공하고 있다. 그러나 수출초보기업일수록 해외전시회에 대한 철저한 사전 준비 없이 막연한 기대만 갖고 참가하는 경우가 많다. 특히, 해외전시회 참가 경험이 없거나 미천하다 보니 해외전시회에 대한 잘못된 생각을 갖고 있는 기업들도 많이 있다. 우리기업들이 흔히 갖고 있는 해외전시회에 대한 오해를 제시하면 다음과 같다.

■ 유명 전시회에 나가면 큰 성과를 올릴 수 있다.

많은 국내기업들은 세계적으로 유명한 전시회에 참가만 하면 큰 성과를 올릴 수 있을 것으로 착각하는 경우가 많다. 아무리 많은 참관객들이 전시회를 찾아온다 해도 자사 부스로 오지 않으면 의미가 없다. 물론 많은 바이어들이 참관하는 전시회라면 그만큼 바이어들에게 더 노출될 기회가 많으므로 성과를 올릴 가능성은 높아질 수 있으나 유명 전시회 참가 자체만으로는 성과를 보장받을 수 없다. 일반적으로 같은 품목으로 참가했다 하더라도 처음 참가한 업체들 보다 여러 번 참가하여 기존 바이어들을 확보하고 있으면 이들 참가 기업들 쪽으로 바이어들이 더 몰려든다. 또한 전시회 참가 전, 사전 마케팅 활동을 어떻게 했느냐에 따라 내방 바이어수도 달라진다. 따라서 얼마나 철저한 사전 준비와 함께 꾸준히 경쟁력 있는 상품을 갖고 출품하느냐가 전시회 참가 성과를 결정하는 가장 중요한 요인이라 할 수 있다.

■ 해외전시회 참가하면 짧은 시간 내 성약이 이루어진다.

물론 해외전시회에는 주로 구매책임자들이 참관하며 한자리에서 여러 참가기업들과 비교하며 상담이 이루어지므로 다른 해외마케팅 수단에 비해 상대적으로 성약이 쉽게 이루어지지만 마치 국내시장에서 상품 구입하듯이 그 자리에서 또는 한·두달 내에 성약이 이루어지는 경우는 거의 없다. 특히 첫 거래에는 시간이 더 오래 걸린다. 대부분 6개월 이상 혹은 1~2년 지난 후에 성약되는 경우도 흔하다. 바이어들 역시 다른 유사 전시회에도 참관하여 최대한 정보를 수집하고 자신에게 유리한 쪽으로 거래 하려고 한다. 따라서 너무 조급해하지 말고 인내심을 갖고 꾸준한 참가와 철저한 사후관리를 통해 한발 한발 앞으로 나가는 자세가 중요하다.

■ 외부기관으로부터 예산 지원을 받게 되면 해외전시회 참가 예산을 절약할 수 있다.

외부기관의 예산지원을 받아 참가한다고 해서 반드시 외부예산 지원 없이 독자적으로 참가하는 경우에 비해 본인 부담금이 줄어든다고는 할 수는 없다. 일부 기업들은 100% 자체 예산만으로 참가하는 경우, 최소한의 비용으로 참가한다. 부스장치에 많은 예산을 투입하지 않고 가장 베이식 (basic)한 형태로 참가하여 경비를 절감하려는 경우도 많다. 그러나

【그림】외부예산 지원을 받는다하더라도 고급스런 한국관 (왼쪽)으로 참가하게 되면
단순부스 개별참가 (오른쪽) 때 보다 참가기업의 예산이 많이 들 수 있다.

여러 한국 기업들이 단체로 참가하는 한국관은 국격 (國格)에 맞는 수준으로 디자인하기 때문에 외부 예산지원이 있다하더라도 개별 참가 시 보다 더 많은 기업분담금이 요구되는 경우도 있음을 유념해야 한다. 반면, 개별참가로 지원받게 되면 지원받지 않는 경우에 비해 확실히 예산을 절약할 수 있다. 그러나 개별지원을 받아 참가하는 경우라에도 지원금은 당초 정해진 용도 (주로 장치비, 참가비, 운송비 및 카탈로그 제작비 등 직접 경비)로만 집행하여야 하며 전시회 종료 후, 지출에 따른 증빙자료를 지원기관에 제출해야 한다.

■ 일찍 신청하면 좋은 위치의 부스를 배정 받을 수 있다.

물론 신청 선착순으로 부스를 배정하는 전시회도 많이 있다. 그러나 유명 전시회일수록 종전 어떤 규모로 얼마나 오랫동안 참가해 왔는지 득점 (Credit)에 따라 부스를 배정한다. 특히, 기존 참가해 온 기업들에게 부스 위치 우선권을 주는 경우가 많다. 따라서 처음 참가하거나 득점이 낮은 업체는 좋은 위치의 부스를 확보하기가 쉽지 않다. 전시주최자가 전시총면적을 확대하거나 기존에 참가했던 기업들이 더 이상 참가를 하지 않을 때 득점 순위에 따라 부스 위치를 업그레이드해 주는 경우가 대부분이다. 그러므로 대규모로 꾸준히 참가하는 것이 좋은 부스를 배정 받을 수 있는 가장 확실한 방법이다.

■ 부스는 고급스럽게 장치하여야 한다.

소재와 디자인, 조명이 고급스럽고 개성있는 부스는 아무래도 참관객들의 시선을 끌기 쉽다. 특히 시계, 보석, 의류, 화장품 및 신변세화류 등은 고급스러운 부스와 분위기를 살

【그림】전시품목에 따라 부스를 고급스럽게 할 것인지 단순하게 할 것인지를 결정한다.

리는 조명을 요구한다. 그러나 모든 품목이 다 그런 것은 아니다. 기계류, 자동차부품, 건축자재 등과 같은 하드웨어 제품은 부스 장치에 많은 예산을 투입할 필요가 없다. 결국 전시품에 따라 부스 장치 예산을 결정하는 것이 바람직하며 같은 부스라도 벽면에 고급 벽지 (Decoration Paper)로 도배함으로써 부스의 분위기를 살리고 제품을 고급스럽게 보일 수 있다. 그러나 이때 도배한 벽지가 부스 판낼에 손상을 주어서는 안된다.

90_해외전시회에 대한 일반적인 오해 II

■ **전시품은 소량이므로 관세 없이도 통관이 가능하다.**

전시품 통관기준은 국가마다 상이하다. 그러나 대부분의 국가들은 전시품이라 하더라도 정식통관을 원칙으로 한다. 따라서 관세를 비롯해 각종 세금을 납부해야 한다. 그러나 이러한 불편을 덜어주기 위해 전시회 종료 후 반입 시와 동일하게 다시 반출한다는 조건으로 관세 납부 없이 임시통관을 허용해주는 제도가 있다. 이것이 『ATA 까르네』인데 ATA협약 가입국 간에 일시적으로 물품을 수입/수출 또는 보세운송하기 위하여 필요로 하는 복잡한 통관 서류나 담보금을 대신하는 증서로서 통관절차를 신속하고 편리하게 하는 제도이다. 따라서 ATA 협약 가입국 간 통관 시에 『ATA 까르네』를 이용하면, 부가적인 통관서류의 작성이 필요 없음은 물론 관세 및 부가세, 담보금 등을 수입국 세관에 납부할 필요 없이 신속하고 원활한 통관을 할 수가 있다.

『ATA 까르네』 제도는 1961년 12월 6일 벨기에 브뤼셀에서 채택되어 1963년 7월 30일부로 협약이 발효되었으며 우리나라는 1978년 4월 4일 동 협약에 가입하여 동년 7월 3일부터 발효되었다. 현재까지 ATA협약에 가입된 국가는 우리나라를 비롯해 총 71개국이다. 따라서 해외전시회 참가를 위해 전시품을 관세 납부없이 통관하기를 원한다면 『ATA 카르네』 제도를 활용해야 한다. 『ATA 카르네』는 대한상공회의소에서 발급 받을 수 있다.

■ 국내 에이전트를 활용하게 되면 참가비가 비싸진다.

국내기업들의 해외전시회 참가가 확대됨에 따라 최근 우리나라에도 세계적으로 유명한 전시주최사들의 에이전트나 파트너사가 크게 늘어나고 있다. 이들 에이전트나 파트너사는 국내기업들에게 성과가 예상되는 좋은 전시회에 대한 정보를 제공하고 해당 전시회 참가를 적극 지원하고 있다. 특히, 해외전시회 참가 경험이 없거나 미천한 국내기업들이 직접 전시주최자와 접촉하는 과정에서 발생되는 언어나 시차 등 여러 가지 어려운 문제점들을 대신해서 쉽게 해결해주고 있다. 이러한 서비스는 거의 대부분이 무료로 제공되므로 참가비에 영향을 미치지 않는다. 전시회 참가 관련 요구 및 문의사항이 있을 경우에는 현지 주최사를 직접 접촉하는 것보다 국내 에이전트를 활용하는 것이 신속하고 편리할 수 있다.

■ 전시회 참가 준비 기간은 3~4달이면 충분하다.

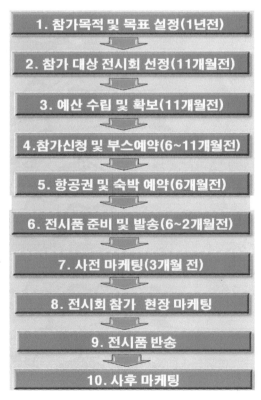

【그림】 일반적인 해외전시회 참가 절차

자사에 맞는 해외전시회를 발굴하여 신청, 전시품 준비, 사전 마케팅, 출장준비, 전시품 발송, 전시회참가, 참가결산 및 사후 마케팅까지 완료하려면 최소 1년 내지 10개월이 소요된다. 대체적으로 참가목적 및 목표 설정 (1년전), 참가 대상 전시회 선정 (11개월전), 예산 수립 및 확보 (11개월전), 참가신청 및 부스 예약 (6~11개월전), 항공권 및 숙박예약 (6개월전), 전시품 준비 및 발송 (2~6개월전), 사전 마케팅 (3개월전), 전시품 참가 현장마케팅, 전시품 반송, 참가결산 및 사후 마케팅으로 이어진다. 따라서 충분한 기간을 두고 준비하지 않으면 좋은 성과를 기대할 수 없다.

■ 통역을 채용하면 문제없다.

통역에 관한 상황은 전시회가 개최되는 국가에서 한국어와 현지어 구사가능자가 얼마나 많으냐에 따라 상이하다. 가장 좋은 인적자원은 비즈니스 경험이 있으면서 현지어가 유창한 교민이다. 그러나 많은 국가에서는 생활 언어가 아닌 전문 비즈니스 언어를 유창하게 구사할 수 있는 통역을 구하기가 쉽지 않다. 유학생이나 비즈니스와 관계없는 분야의 교민들은 상담 통역에 서투를 수밖에 없다. 따라서 통역에게만 의존해서는 안 되며 통역을 소개받았으면 전시회 개막 전날 까지 전시품에 대한 충분한 정보와 전문용어 그리고 자사 제품의 장점, 통역 시 특별히 강조할 사항 등을 충분히 사전교육해야 한다. 사전교육 없이 통역을 소개받은 당일, 통역을 의뢰하게 되면 제품에 대한 소개는 고사하고 제품 관련 용어 조차도 몰라 제대로 통역을 하지 못하는 경우도 흔히 있다. 또한 통역에게 부스를 맡겨놓고 자리를 비우는 일이 없도록 한다.

■ 전시회 개막일 가까이에는 인터넷으로 싸게 호텔 예약을 할 수 있다.

미국과 유럽에서는 유명 전시회가 개최되는 기간 동안, 항공임은 물론이고 호텔 숙박비가 천정부지로 오르게 된다. 특히, 유럽의 중소도시에서 개최되는 전시회 기간 동안에는 평상시보다 5~6배까지 숙박비가 오르며 그나마 동이 나서 전시장에서 멀리 떨어진 호텔에서 투숙할 수 밖에 없는 경우도 있다. 따라서 미리 호텔을 예약해두는 것이 반드시 필요한데 일부 국내기업들은 전시회가 촉박해지면 호텔들이 나가지 않은 방 또는 예약 취소된 방들을 인터넷을 통해 싸게 오퍼한다는 점을 이용하여 예약을 미루는 경우가 있는데 이는 극히 위험한 발상이다. 만일 전시회는 다가오는데 싸게 나오는 방이 없다면 최악의 경우, 호텔 예약이 불가할 수도 있다는 점을 유념해야 한다.

【그림】 유명 전시회 기간 동안에는 호텔 잡기가 매우 어려워진다.

91_전시회에서 저지르기 쉬운 우리 기업들의 위반사항

　최근 정부와 각 지방자치단체에서는 우리 내수기업들을 수출기업으로 전환시키고 아울러 수출초보기업들의 수출 역량을 강화하기 위해 다양한 지원을 하고 있다. 중앙정부와 지방자치단체는 그중에서도 가장 효율적인 해외마케팅 수단으로 알려진 해외전시회 참가사업을 지원하기 위해 지원 전시회 수를 늘리고 보다 많은 예산을 배정하고 있다. 또한 KOTRA가 최근 실시한 『해외전시회 참가 관련 국내 수출기업 설문조사』에서도 우리 수출기업들 역시, 전체 응답기업의 70% 이상이 해외시장 개척을 위해 가장 중요하고 효과적인 수단으로 해외전시회를 선택하였다.

　전시회는 일정 공간에서 많은 참가기업들과 참관객이 만나 상담, 정보수집, 네트워킹 등 다양한 비즈니스 활동이 이루어지는 행사이다. 따라서 전시회 주최 측에서는 안전하고 쾌적한 환경에서 합법적인 상행위가 이루어질 수 있도록 사전 참가 규정을 두고 있다. 모두(冒頭)에서 설명한 바와 같이 해외전시회는 우리 기업들이 가장 많이 활용하는 최고의 마케팅 수단이지만 국내외 전시회에서 일부 우리 기업들이 흔하게 위반하고 있는 사항을 열거하자면 다음과 같다.

■ 직매행위

　전시장내에서 직매행위를 허용하는 전시회도 있지만 대부분의 전시회에서는 직매행위를 금하고 있다. 그럼에도 불구하고 해외전시회에 나가보면 중국 등 일부 국가 참가업체들은 공공연히 가격표를 적어놓고 직매행위를 하고 있다. 우리 기업들도 많치는 않지만 참가비용 회수나 전시품 반송비 절약을 위해 직매행위를 하기도 한다. 이러한 규정 위반 행위는 국격에도 손상을 주므로 자제해야 한다. 몇 년 전, 스위스 바젤 시계박람회에 참가 했던 한 독일기업에게 전시회 기간 중도 아니고 전시회 종료 후, 고가도 아닌 출품 시계 한점을 팔수 있냐고 물었더니 참가 규정 위반이므로 절대 그럴 수 없다는 답변을 듣고 내 행동에 대해 창피스런 적이 있었다.

■ 통로에 전시품 비치나 홍보물 설치

참가업체들 중에는 통로에 전시품을 비치하거나 홍보물을 설치하여 이웃 부스 참가업 체로부터 항의를 받거나 주최측으로부터 당장 치우라는 지적 받는 경우도 있다. 많은 관 람객들이 붐비는 전시장내 통로에 전시품이나 홍보물을 두어 관람객들 이동에 불편을 초 래하거나 옆 부스를 가리는 행위를 해서는 안된다.

■ 전시장을 돌아다니며 홍보물을 배포하는 행위

전시장 참관객들을 자신의 부스로 유인하기 위해 전시장을 돌아다니거나 전시장 입구 에 서서 전단지 등 홍보물을 배포하는 행위는 엄격히 금지되어 있다.

■ 전시품 철거시간 미준수

전시주최자들은 사전에 전시품 철거시간을 공시하고 있다. 일부 국내기업들은 철거시 간에 앞서 홍보물을 탈착하고 전시품을 상자에 포장하기도 하는데 이런 행위는 마지막 순간까지 한명의 바이어라도 더 만나 상담하겠다는 자세에도 역행할 뿐 아니라 파장 분 위기를 조성하여 이웃 부스에도 나쁜 영향을 주게 된다.

■ 지적소유권 침해상품 전시

특히 선진국에서 개최되는 전시회에서는 지적소유권 침해상품의 전시를 철저하게 금 지하고 있다. 일부 후진국가들 중에는 우리나라 상품을 모방한 짝퉁 상품을 전시하여 우 리 기업들에게 피해를 주고 있지만 우리나라 기업들도 모조상품을 출품하는 일이 없도록 유념해야 한다.

■ 참가신청서에 명시한 전시품과 상이한 물품 전시

해외전시회보다 국내전시회에서 흔히 일어나는 일인데 해당 전시회와 관련 없는 제품을 선시하는 행위는 규정 위반이다. 특히 선진국에서 개최되는 해딩 진시회와 관련 없는 전시품의 진열은 그 전시회의 품격을 해치는 행위이므로 전시주최자들은 이를 철저하게 규제하고 있다.

■ 전시홀이나 전시부스의 바닥, 천장, 기둥, 벽면 손상

전시장내 시설물은 물론이고 전시부스 설치용 기자재는 전시회 종료 후 폐기되는 것도 있지만 최근에는 예산절감 및 환경문제로 인해 상당 부분을 재활용하기도 한다. 따라서 시설물이나 전시부스 판넬에 Damage를 남기게 되면 전시장이나 주최측 또는 장치업체 측에서 변상을 요구하므로 주의해야 한다. 특히 판넬에 페인트칠, 접착제, 못 등으로 손상을 입히는 일이 없도록 해야 한다.

■ 허용되지 않는 물품 전시장 반입행위

모든 전시장에서는 전열기구 등의 반입을 금하고 있다. 일부 국내기업들은 커피나 컵라면을 먹기 위해 커피포트 등 전열기구를 반입하다 전시장 입구에서 제지를 받기도 한다. 특히 커피포트는 과도한 전력사용으로 이어져 전원이 차단될 수도 있으므로 자제하여야 한다.

■ 전시회 종료 후 쓰레기 방치

많는 기업들이 전시회 종료 후, 자신이 사용했던 부스안에 각종 쓰레기, 폐기물을 방치한 채로 전시장을 떠나고 있다. 최소한 자신이 사용한 쓰레기와 버리고 갈 것은 대봉투에 담아 부스 구석에 놓거나 전시장내 쓰레기통에 두고 자리를 떠나야 한다. 과도하게 쓰레기를 방치해 두고 떠났다가 사후 주최사로부터 청소비 청구서를 받게 되는 경우도 있으며 청소비 미납은 다음번 전시회 참가 거절 사유가 될 수 도 있으므로 주의해야 한다. 부스를 깨끗하게 정리하고 가기로는 일본이 가장 모범국가이다.

【그림】전시회 종료 후 자신의 부스를 깨끗이 청소하는 일본 참가기업

이상과 같이 우리 기업들이 전시회에서 흔히 저지르는 위반사항에 유념하여 전시회 규정을 준수함으로써 품격 있는 참가기업이 되도록 해야겠다.

92_해외전시회 참관 요령

최근, 참관을 목적으로 해외전시회를 찾는 국내 기업들이 크게 늘어나고 있다. 대부분 이들 기업들은 수입 상담을 위해 전시회를 참관하지만 시장정보를 수집한다던가 다음 전시회를 처음 참가하기 전, 직접 해당 전시회 참관을 통해 참가 예상 성과를 살펴보기도 한다. 많은 예산과 시간을 투입하여 전시회를 참가하였다가 잘못된 전시회 선정으로 낭패를 보는 일보다는 번거롭지만 직접 눈으로 전시회 성격과 가능성을 타진해보는 것도 의미 있는 일이라 할 수 있기 때문이다. 이외 해외전시회 참관은 직원 교육을 위해서나 사기 앙양을 위한 인센티브 차원에서도 바람직하다고 할 수 있다.

대부분 해외전시회 참관은 개별적인 출장으로 이루어지나 해외전시회 참관단을 구성하여 파견하는 전문여행사를 이용하는 경우도 흔히 있다. 이들 여행사들은 우리 기업들이 자주 찾는 유명전시회를 중심으로 참관단을 구성하여 짧은 시간 동안 효과적으로 참관할

【그림】 참관단을 구성하여 전시회 참관을 하기도 한다.

수 있도록 프로그램을 제공하고 있으며 이외 관련 조합이나 협회에서도 단체로 참관단을 모집하여 전시회에 파견하고 있다.

우리 기업들이 흔히 방문하는 해외전시회는 지명도도 높고 대규모로 개최되는 전시회가 다수인 관계로 짧은 시간에 많은 참가기업들을 만나고 참관하기 위해서는 시간을 효율적으로 활용해야 한다. 시간 절약을 위해 사전 인터넷으로 해당 전시회에 대한 정보를 최대한 수집한 후, 참관 등록과 함께 현지 체류기간 중 만날 참가업체를 선정하고 필요하면 시간 약속까지 해두는 것이 좋다. 또한 시장조사를 위해 자료 수집과 부대행사 참가 계획도 수립한다. 통상 2~3일 참관할 계획이라면 참관 목적에 따라 일일 계획을 수립하는 것이 좋다.

이와 함께 항공편과 투숙호텔 예약도 서두른다. 유명 전시회 개최 기간 중에는 호텔 예약은 물론이고 항공티켓 구입도 쉽지 않다. 특히, 유럽 및 홍콩에서는 전시회 개최기간 중 일찌감치 호텔 예약이 동나버리고 숙박비도 평소보다 3-4배 가량 오르는 경우도 흔히 있다. 호텔 빈방 구하기가 도저히 불가능하다면 교민이 운영하는 게스트하우스나 전시장에서 다소 멀리 떨어져 있는 호텔이라도 찾아봐야 한다.

현지 호텔에 도착하면 전시장과 주요 호텔간 셔틀버스가 운영되는지를 알아보고 타는 곳을 미리 확인해 둔다. 전시장 등록대에서 참관 등록을 하는데 전시회에 따라 참가비가 매우 비싼 경우도 있으므로 인터넷을 통해 미리 확인하여 당황하는 일이 없도록 한다. 일부 전시회는 단순히 전시장 입장료만 몇 백달러씩하고 여기에 부대행사까지 참가하게 되면 수천달러에 이르는 경우도 있다. Information Desk에서 전시회 전체 위치도 (Floor Plan 또는 Floor Map)와 전시회 디렉토리 (Official Catalogue 또는 Show Directory)를 입수한다. 전시회 디렉토리는 대부분 유료로 판매된다.

그리고 각 Hall이 어떻게 구성되어 있는가를 가장 먼저 파악한 후, 방문해보고 싶은 업체들을 일일이 체크해보며 사전에 약속한 참가업체들이 있다면 그들 부스 위치를 파악하여 위치도에 표시해 둔다. 이와 같은 관심업체들을 염두에 두면서 전시장 각 Hall을 둘러보는 가운데, 전시장 전체 분위기나 어떤 곳에 무슨 전시품이 나와 있는지 눈 여겨 본다.

이때 각 Hall은 중앙통로와 대통로에 나와 있는 출품업체들을 먼저 보는 것이 전체 분위기를 파악하는데 도움이 된다. 전체 분위기를 파악 한 후, 관심을 가졌던 업체들을 중심으로 전시품을 세밀히 둘러본다. 특히, 카탈로그 등 각종 자료를 수집하기 위해 참가업체들이 무료로 나누어주는 어깨 끈이 달린 대형 손가방을 활용하거나 바퀴달린 가방을 휴대해서 전시장을 찾아간다. 아울러 특이한 사항을 잘 메모를 해두되 전시장 내에서 사진 촬영이 허락되는지도 미리 파악한다. 설사 사진 촬영을 금하지 않는 전시회라도 특정 부스나 전시품을 가까이서 촬영하려면 출품자의 허락을 받아야 하며 전시장은 가능한 여러 번 둘러보는 것이 좋다.

정보수집을 주목적으로 참관하는 경우라면 국내외 참가업체를 만나보고 컨퍼런스나 세미나 등 부대행사와 리셉션 및 환영 전야제에 참석하도록 한다. 아울러 현장에서 배포되는 홍보물 및 간행물들과 샘플을 최대한 수집하고 우수 전시품 전시관을 별도로 운영하고 있는 전시회이라면 이곳 방문도 놓치지 않는다. 차년도 전시회 참가를 위해 사전 참관하는 경우라면 가능한 전시주최자를 만나보고 인근 KOTRA 무역관을 방문하여 해당 전시회에 대한 무역관 의견을 들어보도록 한다. 아울러 향후 벤치마킹을 위해 경쟁기업들이 어떤 제품을 갖고 출품했는지 그리고 어떻게 Dispaly 했는지도 알아두어야 하며 특히, 바이어들이 많이 몰려드는 부스를 방문하여 그 요인이 무엇인지도 파악해 둔다.

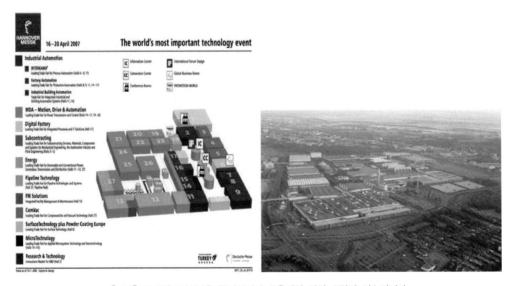

【그림】 이 넓은 전시장을 참관하려면 효율적인 일정 수립이 필수적이다.

유럽 전시장들은 한국에서 가장 큰 전시장인 KINTEX의 3~4배나 될 정도로 넓다. 이런 전시장을 짧은 시간 내 참관하려면 사전 면밀한 준비와 조사가 필요한 것은 너무도 당연하다. 아울러 유럽의 대형전시장에서는 전시장내의 전시홀 간 무료 셔틀버스를 운행하기도 하므로 도보로 움직이지 말고 이들 셔틀버스를 이용하도록 한다. 그리고 전시장에는 많은 사람들이 모이는 곳인 만큼 분실사고가 빈번하므로 특히 주의해야 한다.

93_전문여행사를 통한
해외전시회 참관

　최근 많은 국내 비즈니스맨들이 수입상담, 파트너 발굴, 시장조사 및 해외전시회 참가신청에 앞서 해당 전시회 사전 현장 확인을 위해 해외전시회 방문이 크게 늘어나고 있다. 해외전시회 참관 형태도 개별적인 방문 뿐 아니라 전문여행사를 통한 단체 방문도 활성화되고 있다. 해당 전시회를 여러 번 방문하여 잘 알고 있거나 현지 숙박과 교통편 확보가 그리 불편하지 않다면 개별 참관도 좋겠지만 처음 가보는 전시회라든가 숙박과 교통편 해결이 어려울 것으로 예상된다면 여행사를 통한 참관도 권할만하다. 이러한 수요에 맞추어 전시회, 컨벤션, 산업시찰, 해외학회 및 기업연수에 특화하여 영업 중인 여행사들도 있으나 일부 대형 관광 여행사들은 별도의 해외전시팀을 두고 참관단을 모집하기도 한다.

【표】전시회 참관단 프로그램을 운영중인 전문여행사

여행사명	홈페이지
지오엑스포투어	www.goexpo.co.kr
국제박람회여행사	www.icetour.co.kr
㈜투어타임	www.tourtime1.com
하나투어	www.hanatour.com
IEBTOUR	www.iebtour.com
케이비즈투어	www.kbiztour.com
신풍항공	www.worldcoex.com
인터메세항공	www.expoguide.co.kr
토탈항공여행사	www.expodesk.co.kr
인하여행사	www.해외전시.kr
㈜트레블리아	www.travelria.com
하나엑스포	www.hanaexpo.net

전문여행사를 통한 단체 참관의 장점으로는 ▶ 참관 희망 전시회 정보 제공 ▶ 항공권 구입, 현지 숙박 및 교통편 제공을 여행사가 대행하고 ▶ 전시회 등록 대행을 통한 전시회 입장권 확보 ▶ 효율적인 시간 관리 ▶ 상대적인 저렴한 가격 ▶ 본사나 현지 가이드 안내 ▶ 전시회 종료 후 관광 연계 가능 ▶ 동종 업종의 참관객들과 정보 교환 가능 등을 들 수 있다. 대부분의 여행사들은 참관단이 15명 이상 구성되면 본사에서 가이드를 파견하며 10명 이상이면 본사 파견 가이드 없이 현지 가이드가 안내를 한다. 그러나 10명 미만으로 구성되면 항공과 원하는 호텔만 제공해준다. 전문여행사들이 운영하는 전시회 참관 프로그

㈜국제박람회여행사

http://www.icetour.co.kr   International Convention & Exhibition Tours

서울시 서초구 서초동 1338-21 코리아비지니스센터 801호   TEL :(02)585-1009 FAX :(02)585-1102

국제박람회 참관신청서

★ 아래의 신청서를 작성하신 후 FAX로 보내주십시오(TEL :02-585-1009   FAX :02-585-1102)
★ FAX 후 참관 신청금을 입금해 주시기 바랍니다 (신청다음날까지)
  [취소수수료] 출발 7일 전~1일전 취소시 참관 경비의 20%, 출발당일 취소시 참관경비의 50%
  부가(재정경제부고시)
★ 계좌번호 : 하나은행 : 374-810031-68904 예금주 : (주)국제박람회여행사

참관희망 박람회명				
성명	한글		여권상 영문	
	한문		주민등록번호	
	자택주소			
	자택전화		E-MAIL	
직장	회사명		영문회사명	
	직위		핸드폰	
	회사전화		회사팩스	
	주소			
여권 소지 여부	여권 (유. 무)		여권번호	
	만료일			
VISA 소지 여부 (개최국)	비자 (유. 무)		만료일	
신청안 구분	☐제1안 ☐제2안 ☐제3안 ☐제4안 ☐제5안 ☐제6안 ☐제7안 ☐제8안 ☐제9안 ☐제10안 ☐제11안 ☐제12안			
신청회사 담당자명	성명/직위		E-MAIL	
	회사전화		회사팩스	
기타 주문 사항				

※개인정보보호법에 의하여 주민등록번호수집이 금지되었습니다. (단, 계약법령에 의거 근거한 경우 수집 가능). 여권자발급 시 시 주민
등록번호가 필요하니 참고해 주시기 바랍니다. 항공사 마일리지는 항공사 이동번호를 적으면 가능하십니다

본인은 상기 박람회의 참관을 신청합니다

년   월   일

신청인   (인)

【그림】 해외전시회 참관신청서

램은 같은 전시회라도 체류기간, 이용 항공편과 호텔, 관광 프로그램 연계 등 여러 옵션을 두어 참관자들이 자신의 일정, 예산에 맞추어 선택할 수 있도록 판매되고 있다. 여행경비에는 왕복항공료, 호텔, 여행자보험, 일정상 식사, 공항이용료, 출국납부금, 현지 공항세, 전용차량비, 유류할증료, 전시장입장료, 가이드 빚 운선기사 팁 등이 포함되지만 전시관 참관 당일 중·석식과 개별 비자수속비는 제외되는 것이 보통이다. 아울러 여행사에서는 참가 기업들이 경비 처리를 할 수 있도록 거래명세서 원본, 입금표, 현지영수증 등을 제공한다.

참가희망자는 전시회 개막 1달 전까지는 신청금 납입과 함께 신청을 완료하고 출발 1~2주전까지 (여행사에 따라 차이) 잔액을 완불해야 한다. 참가신청은 각 여행사 홈페이지를 통해 온라인 예약을 하거나 신청서 양식을 다운로드 받아 작성 후, 팩스로 송부한다.

【표】두바이 정보통신 전시회 참관단 일정 예

▷ 제2안 대한항공(KE)

일자	지역	교통편	시간	세부일정	식사
제1일 10/11 (토)	인천 두바이	KE951 전용차	11:00 13:10 18:30	인천공항 3층 A카운터 옆 만남의 장소 집결 인천출발 두바이 도착 후 가이드 미팅 후 호텔이동 호텔 CHECK-IN	기내식
제2일 10/12 (일)	두바이	개별이동	전일	호텔 조식 후 박람회장으로 이동 **두바이 정보통신 (GITEX)박람회 참관** 호텔투숙	호텔식 x x
제3일 10/13 (월)	두바이	개별이동	전일	호텔 조식 후 박람회장으로 이동 두바이 정보통신 (GITEX)박람회 참관 호텔투숙	호텔식 x x
제4일 10/14 (화)	두바이	전용차 KE952	전일 22:55	호텔 조식 후 박람회장으로 이동 **두바이 정보통신 (GITEX)박람회 참관** 또는 희망자에 한하여 **두바이 시내관광**－구도시 데이라(아부라 수상택시－올드수쿳－금시장－향신료 시장) 중식 후 신도시 쥬메이라 관광－쥬메이라 모스크, 쥬메이라 비치, 마디낫 수쿳, 팜쥬메이라(아틀란티스 호텔), 에미레이트 몰(실내 스키장), 두바이 몰, 왕궁 **[선택관광－별도요금]** **사막 사파리투어** 석식 후 공항으로 이동 두바이 출발	호텔식 중식 석식
제5일 10/15 (수)	인천		12:20	인천 도착 후 해산	기내식

▶ 호텔 : A냐뭄 HOTEL DUBAL(5성급)
상기일정은 항공편 및 현지사정에 의하여 다소 변경될 수 있습니다.

예약 후 여행을 취소할 경우, 국외여행표준약관 제 15조의 소비자피해보상규정에 따라 비율로 취소료가 부과된다.

- 여행개시 20일전 : 계약금 환급
- 여행개시 10일전 : 여행요금의 5% 배상
- 여행개시 8일전 : 여행요금의 10% 배상
- 여행개시 1일전 : 여행요금의 20% 배상
- 여행당일 통보 시 : 여행요금의 50% 배상

94_전시회 참가기업 성공노하우 엿보기[24)

① A사 [화장품]

우리 회사는 전시회 종료 후 3일 이내에 전시회에서 만난 바이어에게 반드시 방문 감사 메일을 보낸다. 또한 상담 시에 확인한 내용 중 바이어의 질의 사항이나 샘플 요청에 대해 가능한 한 조속히 회신함으로써 신뢰성이 높은 비즈니스 관계를 성립시키기 위해 노력한다.

② I사 [팬시용품]

전시회에 참가만 한다고 해서 당장의 수익을 낼 수는 없다. 끊임없이 바이어들과 접촉하고 전시회가 끝난 후에도 신상품 출시를 알리는 등 후속 작업을 진행하여 바이어들에게 새로운 상품군을 계속해서 선보이는 것이 매우 중요하다

③ G사 [김]

신기술 활용도 마케팅에 날개를 달아주었다. 바로 태블릿 PC인 애플의 『아이패드』였다. 아이패드는 전시회에서 바이어들의 관심을 사로잡았다. 전시회장 상담 현장이나 막히는 차 안에서 바이어들과 이야기를 나누다 회사 아이템을 보여줄 때 매우 유용했다. 기존의 노트북은 부팅하는 도중 대화가 끊기거나 다른 화제로 넘어가게 되는데 아이패드는 달랐다.

---

24) 전시마케팅성공가이드 발췌 (한국무역협회)

④ N사 [세포 배양기, 진탕기]

다른 전시회에서 만났으나 거래가 이루어지지 않았던 업체들에게도 사전에 신제품의 특징을 사진과 함께 소개하면서 제품에 대한 관심을 제고시켜 부스 방문을 유도했다. 기존 바이어들에게는 신제품에 대한 상세한 설명을 해주고 미리 시장 조사를 하였다. 또한 과거 동일 전시회에서 만났던 방문객들에게도 제품의 변화를 인지할 수 있도록 자료들을 보내주고 과거의 상담내용을 토대로 접촉하여 관심을 갖고 부스 방문을 유도하는 등 사전 마케팅에 정성을 쏟았다. 당연히 부스를 찾는 바이어가 증가했으며 한 업체와는 3년 만에 거래를 트는 성과를 내기도 했다.

⑤ N사 [주방용품]

전시회에서 내세울 주력제품을 소개하고 개발 스토리 등을 볼 수 있는 전자카드 (E-Card)나 다이렉트 메일을 발송했으며 부스 디자인은 다양한 제품군을 소개하는 한편 브랜드를 강조하는데 주력했다. 또한 친환경 디자인 업체라는 점을 부각시키기 위해 각종 디자인 대회 수상 경력을 알리는 데에도 심혈을 기울였다.

⑥ H사 [자동차 공조시스템]

현장에서 직접 제품을 보여주고 많은 바이어들과 상담하려고 노력하였으며 바이어의 요구에 보다 신속하고 정확하게 대응한다는 이미지를 심어주기 위해 그날 만난 바이어에 대한 정리 및 메일 회신을 그날 바로 진행했다.

⑦ D사 [안경렌즈]

2012년 유럽 안경렌즈 시장은 전반적인 경기침체로 어려움을 겪었으며 이 때문에 참가 업체 대부분이 부스 규모를 축소하는 등 전시회 분위기가 가라앉을 것으로 여겼다. 이때 우리 회사는 경쟁사들의 이런 분위기를 역으로 치고 나가야 한다는 '발상의 전환' 전략을 택했다. 어려울 때 일수록 부스를 키우고 회사의 전략을 앞세운다면 경쟁사들은 물론 바이어들에게도 강한 인상을 남길 수 있다는 것이다.

⑧ B사 [칫솔 브러시]

전시회장에서 상담한 바이어는 사실 전시회가 끝난 뒤 일주일이면 어느 부스의 누구와 상담했는지를 잊어버리는 경우가 다반사이다. 이런 경우를 대비해 관심 있는 바이어에게는 상담해 주셔서 고맙다는 인사와 함께 사진 촬영을 제안하고 바이어와 함께 찍은 사진을 좀 더 크게 확대해서 액자에 넣어 선물로 증정한다. 예상치 못했던 정성이 담긴 선물을 받은 바이어들은 곧바로 우리 회사의 팬이 되고 만다.

⑨ S사 [전통음료]

바이어와 일반 소비자들을 대상으로 시음회를 실시하고 일반소비자들에게 판매를 병행했다 현장 판매는 현지 소비자들의 기회를 파악해 향후 제품 개발에 적용하겠다는 의도도 있었는데, 의외로 맛을 본 소비자들의 현장 구매량이 예상보다 많았다. 여기에 소비자들의 입소문을 타고 바이어가 알아서 부스를 찾아와 상담을 요청하는사례가 늘었고 최종적으로 수출 성약까지 거두게 되었다.

⑩ R사 [원단]

우리 회사가 거래하고 있는 해외바이어의 대부분은 전시회에서 만난 바이어들이다. 전시회 종료 후 최소 1~2년 이상씩 공을 들여 거래관계가 성사된 바이어들이다. 매년 10여 차례나 전시회에 참가하기 때문에 참가 전에 기존 바이어들에게 참가하는 전시회 스케줄을 미리 알려준다. 또한 전시회 개최 1~2주전에 다시 이메일이나 전시 팜프렛을 송부한다. 전시회 개최 전부터 바이어가 원하는 제품에 대해 상의하고, 현장에서 보여주게 되면 각 바이어별로 맞춤형 상담을 진행할 수 있어 매우 효율적이다.

⑪ I사 [선물용품]

현장에서 별 관심이 없어 보였던 바이어에게도 주기적으로 제품 홍보를 하고 지속적으로 회사와 제품을 상기시키기 위한 메일 마케팅을 한다. 바이어 상담 과정에서 특정 제품이나 사안에 대해 관심을 가진 바이어에게는 그에 맞춘 홍보와 안내 메일을 보낸다. 바이어로부터 연락을 받으면 1~2시간내에 바로 답장을 보내는 시스템을 구축하고 있다.

⑫ D사 [카메라팩]

전시회 참가에 따른 비용부담도 큰 편임을 감안해 전시회가 많이 열려 자주 가는 해외 거점 도시의 경우 부스 설치에 필요한 용품들을 현지에서 저가에 구입해 놓고 단골숙소에 보관해 두었다가 다시 사용함으로써 비용과 시간 둘 다 줄일 수 있었다.

95_해외에서 개최되는 우리나라 전시회 활용

　최근 우리나라 전시주최사들이 전시 역량을 강화하면서 전략시장 개척을 위해 해외에서 직접 개최하는 전시회가 활기를 띄고 있다. 또한 각 지자체[25]에서도 관내 기업들의 해외마케팅을 지원하기 위해 해외에서 지자체 단독 전시회를 개최하기도 하며 KOTRA는 VIP 해외순방 시 한국상품전을 개최하기도 하고 정부 정책적 필요에 따라 한류산업과 연계하여 문화전시회를 비정기적으로 개최하고 있다.

　특히, 산업통상자원부에서는 국내전시주최사들이 해외에서 개최하는 전시회에 대해 1년에 5~6건 정도를 해외특별전으로 선정하여 별도의 예산지원을 해주고 있다. 아직까지는 대부분 베트남과 중국 등 개발도상국에서 개최되고 있으며 한국기업들만이 참가하는 전시회도 있고 국내기업과 함께 개최국 및 제 3국 기업들을 함께 유치하는 전시회도 있다. 또한 국고지원을 받아 해외에 나가 개최되는 특별전의 경우, 국내 참가기업들에게 참가 할인 혜택을 주는 전시회도 있다. 우리나라 전시주최사의 역량이 날로 발전함에 따라 전시회 개최 성과가 매우 높은 것으로 평가된다.

【표】 2014년 산업통상자원부 지원 해외특별전

전시회명	개최기간	국가	선정기관
부산의료관광산업전시회	4.3~6	베트남	부산경제진흥원
베트남 하노이 환경에너지산업전	5.29~6.1	배트남	벡스코
미국 뉴욕 한국섬유전	7.5~6	미국	KOTRA/섬산연
국제 LED/OLED산업전	5.8~10	베트남	엑스포럼
베트남 국제 유통산업전/프랜차이즈쇼	11.1~3	베트남	코엑스

---

25) 경기도는 2005년 부터 매년 5월, 인도 뭄바이에서 G-Fair (대한민국우수상품전)를 개최하고 있다.

【그림】 2014년 18회를 맞이한 뉴욕 한국섬유전 및 부대행사 (팻션쇼)

KOTRA와 한국섬유산업연합회가 공동주최하는 뉴욕 한국섬유전은 2002년 이래 2014년 까지 18회째26) 개최되는 직물, 니트, 부자재 및 악세사리 등 섬유 전반의 국내기업 대상

아주경제

인쇄 달

부산의료관광산업, 베트남 하노이에서 해외 특별전 개최

71개사 80부스 규모로 국내 최초, 최대 규모

이채열 기자 (oxon99@ajunews.com) | 등록 : 2014-03-31 11:53 | 수정 : 2014-03-31 11:53

아주경제 이채열 기자 = 부산시가 국내 최초, 규모로 오는 4월 3일부터 6일까지 베트남 하노이시 국제전시센터에서 부산 지역 대학병원, 종합병원, 여행사, 언론사 등 의료관광 관련 기업 71개사 80부스 규모로 '2014 부산의료관광산업 해외특별전'을 개최한다.

부산시에 따르면 '부산의료관광산업 해외특별전'은 부산시가 전국 최초로 해외에서 개최하는 '제1회 해외특별전'이다. 부산시는 지난해 4월부터 '아시아 3대 의료관광 도시' 진입 달성을 목표로 기획하고 개최일정, 개최도시 선정, 마케팅 전략을 수립했으며, 올해 1월에 산업자원통상부의 국비지원 유망전시회에도 선정돼 국비를 지원받고 있다.

이번 전시회를 통해 의료관광산업의 성과창출·수출직결을 달성하기 위해 허남식 부산시장을 비롯해 박수관 베트남명예총영사, 대학병원장, 종합병원장, 기업대표 등 150여 명은 함께 직접 의료관광산업 해외진출 마케팅에 나선다.

【그림】 부산의료관광산업전시회 개최 관련 보도 (아주경제 2014.3.31)

---

26) 2002년부터 2006년까지는 매년 상하반기 각 1회 (연 2회)개최됐다가 2007년부터 성과 극대화를 위해 연간 1회 개최되고 있다.

단독전시회이다. 매년 60개사 내외의 국내기업들이 참가한 가운데 2,000㎡ 규모로 뉴욕 맨허턴 메트로폴리탄 전시장에서 개최된다. 이 전시회에는 뉴욕 이외도 미국전역과 카나다, 중남미 바이어들까지 참관하는 우리나라 대표적인 해외 개최 섬유전문전으로 성장하였다. 특히, 2014년에는 부대행사로 Fashion Trend Forum by D2 뿐 아니라 대뉴욕지구 한인의류산업협회 주최로 패션쇼가 부대행사로 개최되었다.

부산의료관광산업전시회은 2014년, 처음 해외특별전으로 선정되어 베트남 하노이에서 71개사 80개 부스 규모로 개최된 바 있으며 국제 LED/OLED산업전도 국내 16개사, 해외 54개사가 참가한 가운데 역시 하노이에서 개최되었다.

KOTRA는 주로 VIP 해외순방과 연계하여 연간 2~3회 차례, 50개~100개 가량의 국내기업들이 참가한 가운데 일종의 종합전시회격인「한국상품전」을 해외에서 개최하고 있다. 이와 별도로 KOTRA는 한류 붐을 활용하여 방콕, 파리, 오사카, 런던, 상파울루 등 대도시에서「코리아브랜드한류박람회」를 개최하였다. KOTRA가 해외에서 개최하는「한국상품전」및「한류박람회」에는 개최지 바이어 뿐 아니라 인근국 바이어들도 유치하여 성황리에 개최되고 있다.

【그림】2013 터키 이스탄불한국상품전 (왼쪽)과 2007 스페인 한국상품전

국내 전시주최사나 기관이 해외에서 개최하는 전시회 참가 잇점으로는 ▶ 비용이 저렴하고 (특히 정부 예산을 지원받는 한국특별전, KOTRA나 지자체가 개최한 전시회는 참가비가 상대적으로 저렴하다.) ▶ 신청이 용이하며 ▶ 참가에 필요한 준비기간이 짧고 ▶ 대부분 원하는 만큼의 부스 확보가 가능하다는 점이다.

코트라, '제남 한국상품전' 중국서 개최

산동성 제남서 한국상품전 개최…한국기업 327개 참가
대중국 수출 중간재 수출에서 소비재·완제품 수출로 전환 필요

이소현 기자 (atoz@ajunews.com) | 등록 : 2014-07-09 19:06 | 수정 : 2014-07-09 19:06

경제일반 　　　　　　　　　　　　　　　　　☀스크랩 ✉돌려보기 🖶프린트 🔍크게 🔍작게

[경제]　　　　　　　　　　　　　　　　　　게재 일자 : 2014년 08월 14일(木)

韓流 따봉! 코트라, 브라질 한류 박람회… 1만5000여명 참여 최대 규모

【그림】KOTRA 한국상품전, 한류박람회 개최 관련 언론보도

96_전시회에서 있었던 이런 일, 저런 일

【사례 1】 계약금 없이 전시품 판매 약속했다가 바이어 안 나타나 낭패

2011년 6월 5일부터 8일까지 레바논 베이루트에서 개최되었던『레바논 국제 건설자재 및 장비박람회』에 국내 기업 9개사가 참가하였다. 그런데 그 중 한 국내참가기업 (A사)이 100Kg이 훨씬 넘는 대형 산업용 냉장·냉동기기 1대를 전시하였는데 전시회 첫날 좋은 바이어을 만나 전시회 마지막 날 오후, 5천불에 넘겨주기로 약속을 하였다. 이 기업은 이미 통관 시 관세를 부담하였기 때문에 판매에 아무런 제약이 없었다. 이와 같이 무게가 많이 나가는 대형 전시품은 전시회 종료 후, 한국으로 다시 가져오려면 운송비가 많이 들고 번거러워 대부분 현지에서 판매하는 경우도 흔히 있다.

전시회 기간 중 여러 바이어들이 판매를 요청해오자 이 기업은 해당 전시품에『Sold Out』이라고 표기한 후, 이미 팔려 판매가 불가능하다며 바이어들의 양해를 구했다. 그러나 전시회 마지막 날, 약속시간이 되어도 바이어는 나타나지 않았다. A사 파견자는 그 바이어에게 전화를 하여 왜 와서 인수해가지 않느냐고 묻자 그 바이어는 사정이 생겨 인수할 수 없다고 답변하고 전화를 끊었다. A사는 이 바이어로부터 제품 인수와 관련 계약금은 물론이고 계약서도 받지 않고 구두약속만 믿었기 때문에 전시회 기간 중 다른 바이어에게 매각할 수 있는 기회를 놓치고 말았다.

【사례 2】 도덕적 해이로 다른 국내 기업 인기박람회 참가 기회 박탈

2008년 3월, 4일간 파나마에서 개최된『파나마 종합박람회』에 국내 16개사가 참가하였다. 이 박람회는 1983년 3개국 140여개 전시업체로 시작하여 현재는 30여개국 500개 이상의 전시업체가 참가하고 있는 중미 최대 종합박람회로 자리매김하고 있어 국내 많은 기업들이 참가를 희망하고 있었다.

당시 KOTRA는 16개 부스를 배정받아 참가기업 모집에 들어갔는데 20개사가 넘는 신청기업 중 심사를 거쳐 16개사를 선정하였고 그중 7개 부스를 수도권 A시 지자체 관내기업들에게 배정하였다. A시 관내기업들은 중앙정부와 A시로부터 전시회 참가비는 물론이고 통역료 까지 전액 지원받게 되어 각 기업들은 출장비만 부담하면 되는 상황이었다. 그러나 A시 관내 7개 기업 중 한 기업은 개별적으로 현지 도착하겠다고 하고는 실제 전시회 기간 중 현지 출장을 오지 않고 미리 보낸 전시품만 A시 관내 다른 참가업체에게 전시토록 요청하였다. 따라서 출장을 오지 않은 기업부스는 출장자 없이 카탈로그와 샘플 몇 점만 전시하고 그 회사와 아무런 상관이 없는 바로 옆 부스 출장자가 찾아오는 바이어들의 명함만 수집하였다. 결국 한국관은 한 부스가 비어있는 상태로 운영되었고 그 박람회에 참가하고자 했던 다른 국내 기업들에게 돌아갈 기회를 박탈하는 도덕적 해이의 모습을 연출하였다.

【그림】 2008 파나마 종합박람회 한국관

【사례 3】 전시품 준비 소홀로 실패한 사례

해외전시회 참가 시 전시회 개최국이나 인근국가들에서 경쟁력이 있고 판매 가능성이 높은 상품으로 엄선해야 한다. 이들 국가의 소비자나 구매자의 구입특성, 소득수준, 이자인 및 색상, 소재, 경쟁국과 경쟁 기업들의 진출동향, 유통구조, 수입 규제, 인증 필요성도 감안한다. 특히 패션상품의 경우, 향후 유행할 제품을 충분한 시간 여유를 갖고 준비한다. 또한 특허나 디자인 도안 침해로 문제가 발생할 가능성이 있는 품목은 출품에서 제외해야 한다.

그러나 전시품에 대한 준비 소홀로 전시회 참가에 따른 소기의 성과를 올리지 못하고 돌아오는 경우도 흔히 있다. 일례로 뉴욕에서 매년 개최되는 섬유전인 Preview in New York에 중동 소비자들이 주로 찾는 디자인과 소재 원단을 출품한 기업은 제대로 된 바이어 한명 못 만나고 짐을 쌓아야 했다. 레바논에서 개최된 건축박람회에 참가했던 한 국내 기업은 개최국에 건축기자재 생산 공장 부재로 건축기자재를 제작하는데 필요한 원재료 수요가 없는데도 모르고 출품했다가 실망하고 돌아갔으며 세계적인 시계박람회인 스위스 바젤월드에 참가했던 한 중국기업은 디자인을 모방한 짝퉁 제품을 전시했다가 적발되어 벌금을 물고 전시회 기간 중 전시장에서 철수해야 했다. 이밖에도 전시회가 개최되는 해당 국가가 요구하는 인증을 취득하지 않은 상태에서 의료기기를 전시했다가 오더를 못 받아가는 사례도 있었고 특히 중동지역에서는 종교적인 이유로 소비자들이 먹거나 마시지 않고 소비하지도 않은 제품을 출품하여 (예 : 중동 식품전에 돼지고기 향료가 함유된 라면 출품, 중동 화장용품전에 돼지 콜라겐 성분이 함유된 화장품 출품) 상담조차 하지 못하는 경우도 있었다.

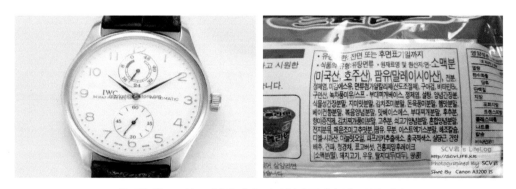

【그림】 위조 스위스 시계와 돼지고기 성분이 들어가 있는 국산 라면

또한 전시품의 양은 임차한 부스 면적을 고려하여 결정하되 임차 부스에 비해 너무 많은 전시품을 갖고 가게 되면 운송비도 많이 들 뿐 아니라 부스에 모두 전시하지 못할 수도 있고 오히려 혼란스러워 바이어들에게 좋은 이미지를 주지 못하는 경우도 있다. 또한 전시회 통관이나 전시회 종료 후, 처치 곤란할 수도 있으므로 적당한 양을 준비하도록 한다.

97_주요국별 전시회 참가 시 유의사항

국가명	유의사항
남아공	- 전시품 도난 주의 - 전시품 직매는 불허하나 참관객들이 원하는 경우 미리 예약금을 받고 폐막일 인도
네델란드	- 고가 전시품 도난 주의 - 대부분 전시회 직매 불허
독일	- 전시회 규정 준수 (전시장내 판매 금비, CE 마크 미인증제품 보세통관 불가, 전시회 폐막 시간 전 반출 금지) - 타 부스 전시품 사전 동의없이 사진촬영 금지 - 지적재산권 침해 품목 전시 불허 - 자사부스 외의 지역에서 홍보물 배포행위 금지 - 전시장 출입증 상시 소지
러시아	- 부스 내 물품 도난 주의 - 바이어에게 샘플 및 물품 기증코자 한다면 정상 통관 필수 - 러시아어 판촉물 및 홍보물 준비
미국	- 도난 대비 전시품 보관 철저 (특히 중식시간) - 전시품 판매는 미리 예약금 받고 폐막일 구매자에게 인도 - 지적재산 침해 당하지 않도록 유의
베트남	- 사전 가격표, 견적서류 등 준비 - 베트남어 자료 준비, 최소한 영어 자료 준비 - 베트남인의 자존심을 상하게 하는 언행 주의 - 계약 시 Under value와 독점 계약 요구하는 경우 많음
브라질	- 전시품 도난 주의 - 만일의 분실 사태 대비 별도의 상담 자료 휴대
스위스	- 직매행위 금지 - 부스 이외의 장소에 광고물 배치 금지 - 전시품 도난 주의 - 전시회 종료 후 부스 내 폐기물 처리 완료 후 떠난다.
스페인	- 부스 운영요원들간 교대로 중식 - 전시품 도난 주의
싱가포르	- 고가 전시품이나 개인 소지품 보관 유의 - 전시품 도착 지연, 분실 대비 별도 상담자료 휴대

UAE	- 전시품 분실 유의 - 전시품 도난이나 도착 지연에 대비하여 별도 상담 자료 휴대 - 전시품은 전시회 마지막 날 현금 받고 판매
영국	- 주최사 매뉴얼에 따라 준비
이탈리아	- 전시품 지연 도착 빈번 - 전시장 내 소매치기 주의 - 참관객 직매 희망하더라도 직매 금지 - 부스 내 식사 금지
인도	- 생수를 미리 구입하여 부스에 보관하고 음용 - 전시품 도난 주의 - 빈번한 정전사태 대비 (고가 전자제품 보험 가입 필수)
일본	- 일본어로 작성된 상담자료 준비 - 일본어 구사 가능자 파견 혹은 통역 채용 - 격식과 예의 중시
중국	- 전시장내 전시품 도난 주의 - 참관객들은 직매를 원하거나 샘플을 무료로 받기 원함.
캐나다	- 대부분 직매 금지하나 허용하는 전시회도 있으니 사전 파악 - 캐나다 바이어는 보수적인 성향이 있어 첫 거래까지 많은 시간 소요 - 퀘백주는 불어 사용 지역이므로 불어 상담자료 준비
타이완	- 소형 전시품이나 귀중품은 각자 보관 - 특수 인테리어 부스일 경우 전시품은 별도 장소 또는 천막으로 가리는 것이 좋다.
태국	- 추궁하는 듯 한 상담 태도 지양 - 전시품 도난 주의 - 전시품 도착 지연 및 도난 대비 별도 상담 자료 휴대
프랑스	- 부드러운 자세로 상담에 임할 것 - 타사 제품에 비해 경쟁력 있는 부문과 그 이유, 왜 바이어가 구매해야 하는지 논리적으로 차분하게 설명
홍콩	- 전시품이 정시에 도착될 수 있도록 철저한 사전준비 - 개인 물품 보관에 유의

98_주요국별 전시품 처리 및 유의사항

국가명	유의사항
남아공	- 기증 : 불가능한 품목도 있으나 주로 사회복지단체 기부 - 판매 : 전시장내 전시품 판매 불허 - 폐기 : 임의 폐기할 수 있으나 반드시 세금 납부 - 반송 : 운송업체가 반송
네델란드	- 기증 : 불가능한 품목도 있으나 주최측이 지정한 사회봉사단체 이용 - 판매 : 전시장내 판매 금지, 면세 통관품 전시회 종료 후 판매 시 운송업체를 통해 세금 납부 - 폐기 : 무관세 통관 제품 폐기 시라도 세금 납부 - 반송 : 반입 시 동일박스에 포장하여 운송회사가 반송
독일	- 기증 : 전시 주최 측에 직접 기증 불가 - 판매 : 공식적으로 전시장 내 판매 불가 - 폐기 : 주최 측으로 부터 폐기 했다는 서류 필요 - 반송 : 반입 시 동일박스에 포장하여 운송회사가 반송
러시아	- 임시 통관된 물품은 반입 시 물품대장에 신고된 대로 모두 반송되는 것이 원칙 - 현지 처리코자 할 경우, 사전에 반드시 정상 관세 납부 통관 절차가 복잡하고 러시아 규격 인증이 필요하므로 현지 판매는 실질적으로 불가
미국	- 기증 : 별도의 규제나 유의사항 없음. - 판매 : 관세를 지불하고 통관하므로 판매 시 별도 규제, 유의사항 없음 - 폐기 : 전시장을 통해 폐기 비용 지불 후 폐기 - 반송 : 관세 환급은 신청 후 1년 후 환급 가능
베트남	- 기증, 판매, 폐기 모두 운송회사를 통해 관세와 부가세 납부 - 반송 : 전시회 종료 30일 이내 전시품 반송 시 관세 면제
브라질	- 무관세 통관한 전시품을 현지 처리할 경우 정식 통관 절차를 통해 모든 관세 지불
스위스	- 전시장내 판매 금하고 있으며 폐기 시 관세 납부와 전시장 용역업체를 통해 유료로 진행 - 임시통관 제품은 카르네 규정에 의거, 반송되어야 함.
스페인	- 기증 : 우선 세금을 납부하고 통관절차를 완료 - 판매 : 반드시 판매내역을 신고하고 세금 납부 전시회 종료 후 바이어가 별도로 찾아가도록 처리 - 폐기 : 무관세 통관 제품이라면 신고 후 세금 납부 후 폐기처리 - 반송 : 반입 수량과 차이가 있을 경우, 차이 분에 대해 세금납부
싱가포르	- 기본적으로 전시회 종료 후 전시품 반출 - 전시회 기간 중 판매나 샘플 제공시 제품가격 (CIF가격) 7%에 해당하는 부가세 납부

UAE	- 대부분 5%으 관세를 납부하고 전시품 통관 - 따라서 기증 (기증 시에도 관세 환급 안됨), 판매, 폐기 모두 가능 - 특히 폐기할 경우, 그냥 전시장에 두고 나오면 된다. (추가 비용 없음) - 반송 시 관세 환불 가능하나 비용, 시간이 크므로 환급 잘 이루어지지 않음,
영국	- 전시품 현지 폐기, 기증 불가하며 참가업체가 본국 반송 등 자체 처리해야 함.
이탈리아	- 기증, 판매, 폐기 시 세금 납부 - 반송 : 반입 수량과 차이가 있을 경우, 차이 분에 대해 세금 납부
인도	- 전시회 종료 후 별도 세관에서 지정 창고로 전시품을 운송하여 정식 통관절차를 밟고 바이어가 관세와 부가세 지불 후 인수 - 전시회 종료 하루 전 「Exhibits Disposal Instructions Form」을 작성하여 현지 운송사에 제출
일본	- 기증 : 무관세 통관 전시품도 바이어에게 기증 가능 - 판매 : 원칙적으로 전시품 판매 금지 - 폐기 : 가능하나 전문업자에게 비용 지불 후 폐기 - 반송 : 운송회사를 통해 반송
중국	- 기증, 판매, 폐기 모두 세금 납부 - 반송 : 운송회사를 통해 반송
캐나다	- 기증, 판매, 폐기 모두 세금 납부 특히 전시품을 폐기하지 않고 부스 내 남겨 둘 경우 주최 측이 임의로 처리하고 소요 비용을 전약 참가업체에게 부담처리 - 반송 : 운송회사를 통해 반송
타이완	- 기증 : 관련 기관에 기부하거나 전시회장 물품 기증 담당자에게 부탁 - 판매 : 주최측에 판매 전시품으로 등록 - 폐기 : 폐기업체와 비용 상의 뒤 처분 - 반송 : 운송회사를 통해 반송
프랑스	- 기증 : 매우 드문 편이며 기증하더라도 선 지불한 통관수수료 환불 안됨. - 판매 : 판매가 원칙적으로 불허, 판매 시 임시 통관수수료 환불 불가 - 폐기 : 카탈로그 등 홍보인쇄물 폐기 시 관세 문제 발생 안됨. - 반송 : 운송회사를 통해 반송
홍콩	- 기증 : 전시품 외형상, 안정상 문제없어야 기증 가능 - 판매 : 대부분 불허하나 일부 전시회에 한해 폐막일 판매할 수 있음. - 폐기 : 주최자 지정업체를 통해 폐기 처리 비용은 참가업체가 부담 - 반송 : 운송회사를 통해 반송

99_이것이 명품전시회 (1)

① 프랑크푸르트 자동차부품박람회 (Automechanika)

이 전시회는 매년 4500~4600개 가량의 업체 (해외 3700~3800개, 국내 800개)들이 참가하고 15만명 정도의 참관객들이 방문하는 세계 최대 규모의 자동차부품 전시회라는 명성을 가지고 있다. 1971년 처음 개최된 이래 전시회의 전문성, 참가자들이 만족도 등이 높게 평가되면서 참여자가 자연스럽게 증가하고 있으며 이에 맞춰 개최 규모를 매년 꾸준히 확대해 오고 있다. 현재 이 전시회에서 다뤄지는 부품과 제품은 크게 총 6개 카테고리로 구분되어있다.

【표】 프랑크푸르트 자동차부품 박람회 구성

구분	전시품목
부품 및 시스템	동력장치, 기어, 부품, 인테리어, 대체 동력에너지 장치, 부속품
액세서리 및 튜닝	튜닝정비, 액세서리, 특수장비, 엔터테인먼트시스템
자동차 정비	자체, 코닝, 페인트, 수리장비
IT & Management	소프트웨어, 융자, 서비스보험, 자동차 메케팅
정비 및 세차장 서비스	주유소, 세차, E-Mobility, 보존
전기기술 및 시스템	전기스스템, 라이트, 전선, 에어백, 카메라, 블랙박스

Automechanika는 일반 모터쇼와는 다르게 자동차부품 및 전문분야를 주축으로 전시되기 때문에 참관객들은 일반인보다는 전문가 또는 관련 종사자가 많다는 점에서 전문성을 갖게 된다. 매회 전시회에 참가한 약 65~70%의 업체들이 방문자의 질에 매우 만족한다고 설문에 답하고 있다. 주최사인 Messe Frankfurt GmbH는 보다 질 높은 서비스를 제공하기

위해 2014년부터 전시회 기간을 종전 6일에서 5일로 줄이는 등 기존에 정해진 규칙을 따르지 않고 언제나 발전된 자세로 새로운 도전을 위해 끊임없이 노력하고 있다.

② 뒤셀도르프 국제의료기기전시회 (Medica)

이 전시회는 매년 5000개가 넘는 업체 (해외 3900개, 국내 1300개)들이 참가하고 13만명 정도의 참관객들이 방문하는 세계 최대 규모의 의료기기전시회이다. Messe Dusseldorf GmbH가 주최하고 있는 이 전시회는 1969년 처음 개최되었으며 뒤셀도르프 전시장 확대공사에 따라 개최 규모를 매년 꾸준히 확대해 왔다. 현재 이 전시회에서 다뤄지는 의료기기는 크게 7개 카테고리 구분되어 있다. 특히 COMPAMED는 의료산업의 공급업체를 중심으로 구성되어 있으며 OEM, 파트너쉽, 포장 및 서비스, 연구개발 시설 등을 다루며 제품개발에서부터 소모품 처리에 이르기 까지 모든 서비스를 보여주고 있다.

【표】 뒤셀도르프 국제의료기기전시회 구성

구분	전시품목
전기의료기기/의료기술	이미징 제품, 테라피와 물리적 의학, 마취, 내시경
실험실 장비	분석기, 여과 및 냉각시스템, 현미경
진단	임상화학 제품, 면역, 미생물제품
물리 치료/정형외과 기술	붕대, 보조장비, 마사지 장비, 재활장비
공급품 및 소모품	침술, 응급키트, 일회용 제품
정보 및 통신기술	보관장치 의료컴퓨터장비
의료서비스 및 간행물	보험, 물류, 테스트 관리
COMPAMED	시험 및 인증기관, 클린룸시설, 연구개발시설

주최측은 전시회의 전문성을 강화시키기 위해 매년 관련 협회 또는 전문가 단체를 초대하여 전반적인 의학산업에 대해 토론하고 전문 카운슬러를 초대하여 세미나를 개최하고 있다. 이 전시회는 참관객의 구성이 매우 다양하다는 특징을 가지고 있다. 주요 참관객

은 판매업 (24%), 병원(18%), 의학 산업 종사자 (19%)이외 학생, 교수, 정부, 보험회사 등으로 구성되어 있다. 매년 11월에 개최되는데 해당 연도 3월 1일에 참가신청을 마감한 후 참가업체들의 희망을 반영하여 부스를 배정한다. 주최사는 동 전시회 관련 정보, 참가업체, 이벤트, 산업동향 등 유용한 정보를 전시회 홈페이지에 게재하고 있다.

③ 하노버 정보통신박람회 (CeBit)

이 전시회는 매년 3500개가 넘는 업체들이 참가하고 30여만명 정도의 참관객들이 방문하는 세계적인 정보통신박람회이다. 하노버 산업박람회 중 사무용 기기산업의 한 분야로 탄생한 CeBit은 1986년 독립된 박람회로 홀로 서기하여 그후 IT 대표 박람회로 자리매김해왔다. 이 전시회는 CES, MWC 등과 경쟁구도를 달리게 되면서 지난 5년간 개최 규모 추이가 약간의 내림세를 보이고 있다. 그러나 B2B와 B2G 성격이 강한 CeBit는 디스트리뷰터, 학계 및 정부기관까지 다양한 전문가 층을 보유하고 있어 IT 산업전시회로서는 매우 큰 규모를 자랑한다. 향후 IT 분야가 소프트웨어, 클라우드, 보안 등 전문화되고 세분화된 분야로 확장될 것으로 전망되어 CeBit 규모는 현재와 비슷하게 유지될 것으로 전망된다.

주최사인 Deutsche Messe는 매년 CeBit의 동반 국가를 선정한다. 동반 국가로 선정될 경우, 해당 국가는 독일과 정보통신기술 협력뿐 아니라 다양한 측면에서 양국간 투자를 의논하게 된다. 아울러 전시장 내에 동반 국가의 대형 국가관이 설치되며 동반 국가는 다양한 행사와 포럼 개최를 통해 자국의 정보통신산업과 문화를 홍보할 수 있는 기회를 가진다.

최근 CeBit은 일반 소비자층이 몰리는 일요일을 과감히 생략하여 전시일을 6일에서 5일로 축소하였으며 전문성을 더욱 공고히 하고자 이미 검증되거나 상용화가 임박한 신기술 및 신제품 소개에 집중하여 전문가 유치에 주력하는 전략을 구사하고 있다. 또한 B2B 강

화를 통한 전문 참관객 유치에 이어 온라인 D/B 시스템 강화라는 차별화된 전략을 강구하고 있다. 2009년부터 공식 사이트에 참가업체의 프로필 및 출품품목에 대한 온라인 D/B 시스템을 강화하면서 업체간 연락망을 더욱 견고히 하고 있다. 이 온라인 시스템에는 회사 및 품목에 관한 세부 정보 입력뿐만 아니라 수시로 정보 업데이트와 최신 정보 열람도 가능하다. 전시회가 끝난 후에도 업체간 연락망이 구축되어 비즈니스 기회를 모색할 수 있다는 점에서 온라인 D/B 제공 시스템은 CeBit만의 차별화된 전략이라 할 수 있다.

100_이것이 명품전시회 (2)

① 라스베가스 소비자 전자제품박람회 (CES)

　매년 1월초 라스베가스에서 개최되는 CES는 3천개가 넘는 참가업체와 15만명 가량의 참관객이 몰려드는 세계적으로 높은 인지도를 유지하고 있는 IT/소비재 전시회이다. 당초 1967년 6월 뉴욕에서 처음 개최되었는데 매년 급속히 업그레이드 되고 있는 전자산업을 대표하는 가운데 트랜드와 신기술을 한눈에 파악할 수 있도록 각 카테고리 별로 세분화하여 전시장을 구분하고 KEYNOTE, 신기술 발표 등 여러 부대행사를 통하여 참관객의 기대치를 매년 높이고 있다. 특정 상품과 기술 위주로 iLounge Pavilion, PMA@CES, GoElectricDrive, Digital Health 등 총 27개 Tech Zone을 운영하고 있으며 국가관이 입주하는 International Gateway 또한 Tech Zone 중 하나로 분류되고 있다.

　CES는 매년 새로운 기술 트랜드를 지속적으로 제시하는 역할을 해오고 있으며 IT 분야 뿐만 아니라 자동차, 콘텐츠, 문화 등 업계 최고 기조 연설자를 내세우고, 높은 수준의 컨퍼런스도 함께 진행해 오고 있다. 또한 기업들과의 파트너쉽을 강화하는데 큰 노력을 기울이고 매년

전시회 운영 초점을 기업과 소비자들이 원하는 방향으로 맞추고 있다.

이 전시회는 해외참가업체 및 해외참관객의 비중이 다른 전시회들과 비교할 때 훨씬 높다고 볼 수 있다. 해외 참석자 현황을 살펴보면 해외참가업체, 참관객, 연사로 구분되며 이들은 전시회 총 참석규모의 23.7%를 차지하고 있다. 주최사인 CEA (Consumer Electronics Association)는 CES에 출품된 우수 신제품 및 신기술을 평가하여「CE Hall of Fame」,「Innovation Enterpreneur Awards」,「Mark of Excellence Awards」 등을 수상하고 있으며 이러한 혁신적인 제품 개발 덕분에 CES가 지속 성장할 수 있었던 것으로 인식되고 있다.

② 바젤 시계보석박람회 (Baselworld)

바젤 시계보석박람회는 지난 몇 년간 전시면적은 동일한 160,000㎡를 유지해왔으나 2008년 2,087개사를 정점으로 참가업체 수가 지속적으로 줄어들고 있는 추세이다. 시계 산업이 호황을 이루고 있지만 참가업체 수가 감소하는 이유는 8일의 장기간 전시에 따른 비용부담과 규모는 작을지라도 유사 전시회가 다른 국가들에서도 개최되고 있기 때문이다. 그럼에도 불구하고 이 전시회는 세계 최강의 시계 산업을 자랑하는 스위스에서 개최되는 점과 전 세계 주요 바이어들은 여전히 바젤월드를 최고 시계 전문전시회로 인식하고 있기 때문에 그 중요성은 지속될 것으로 예상된다. 최근 참가업체수는 1800개사 정도이며 매년 10만명 이상의 참관객들이 다녀가고 있다. 바젤월드는 1973년 최초의 「유럽 시계보석박람회 (EUSM)」가 개최된 이래, 1986년 처음으로 유럽지역 이외 국가의 참가가 허용되었다. 2013년 2월, 바젤전시장의 홀 확장 공사가 완공되어 예전에는 각 홀에 Hall of Dreams 등과 같은 명칭이 부여된 반면 2013년 부터는 홀별 번호가 부여되는 등 한때 국가관이었던 Hall of Universe도 간단하게 홀4로 불려지고 있다. 이외 특별전, 홍보관, 이벤트 및 기획행사 등 다양한 볼거리를 제공하고 있다.

바젤월드는 세계 최대 규모와 오랜 연혁으로 시계 보석관련 최상 전시회이다. 세계 시계산업을 대표하는 스위스 시계수출업체들 중 90%가 참가하고 있다. 주최사인 MCH Group는 1973년 바젤 시계보석박람회를 공식 출범시켰으며 그 후 2003년 국제시계보석박람회 Baselworld로 새롭게 명칭을 바꾸면서 본격적인 국제적 명성을 받기 시작했다. 바젤월드는 100년에 달하는 역사뿐만 아니라 명품브랜드 제조국가에서 개최된다는 점 때문에

전 세계에서 유력 바이어들이 몰린다. 따라서 바젤월드에서 바이어의 관심을 모으는 것은 궁극적으로 수출로 연결되고 있다. 최근 눈에 띄는 것은 그동안 중국, 홍콩 등 국가관이 밀집되어 있던 홀4에 배정받았던 우리 기업이 이제 국제 브랜드관인 홀2로 부스를 배정 받을 수 있게 되었다는 점이다. 이는 주최측에서 한국 참가업체들의 수준을 높이 평가하여 이제 국가관을 졸업하고 개별브랜드 전시부스에서 품격과 협상력을 제고할 수 있게 되었음을 의미한다.

③ 볼로냐 미용전시회 (Cosmoprof)

SoGeCos사에서 주최하고 있는 Cosmoprof 미용전시회는 1967년에 처음 개최되었으며 화장품, 포장, SPA에 이르기까지 모든 건강관리제품 전시회로 명실공히 세계 최대 전시회로 인정받고 있다. 이 전시회에는 2천개 이상의 기업들이 참가하고 있으며 참관객수도 20만 명을 육박하고 있다.

이 전시회는 화장품뿐만 아니라 미(美)에 관한 모든 제품군을 망라하고 있다. 헤어, 네일, 바디, 제품 패키징 등 미에 관련된 제품과 서비스의 세계 트랜드를 앞서 볼 수 있는 최적의 기회를 제공한다. 또한 미용에 관한 틈새 제품을 공략하기 위해 만들어진 별도의 Extra Ordinary관을 선보였으며 업체에서 세계적으로 유명한 전문가들을 초청하여 최신 트랜드를 선보일 수 있는 기회를 제공하기도 한다. 이 전시회 주최사는 화장품 포장용기, 포장기계, 포장 관련 액세서리와 매장 프로모션 기획사에 이르기 까지 총 300여개사의 참여로 「Cosmopack」이라는 별도의 전시회 명칭을 부여하여 전시회 규모 확대를 위해 노력 중이며 전시회 참관객들의 방문을 먼저 유도할 수 있도록 본 전시회 개장일보다 하루 일찍 오픈하는 방식으로 진행하고 있다.

SoGeCos는사 전시회 주최, 운영, 마케팅을 맡아서 해오고 있는데 해마다 거듭되는 성공으로 Cosmoprof는 이제 미용산업의 국제적 허브로 부상했으며 그 여세를 몰아서 현재 미

 국 라스베가스에서는 「Cosmoprof North America」라는 이름으로 매년 7월에, 홍콩에서는 매년 11월에 「Cosmoprof Asia」로 쌍둥이 전시회를 개최하고 있다. 주최사는 홈페이지에 사전 등록하는 참관업체를 대상으로 해외 바이어 프로그램에 참여할 수 있는 기회를 제공하며 프로그램 참여시 B2B 상담주선과 신규 거래선을 발굴 할 수 있도록 지원해주고 있다. 더불어 정기적인 뉴스레터 발송으로 최신 트랜드와 신상품에 대한 정보를 지속적으로 업데이트 하며 이탈리아 각자에서 오는 참관객들의 편의를 위해 이탈리아 철도청 및 운송사와 협업하여 기타, 버스 요금 할인 (30%) 혜택을 부여하고 있다.

참고 문헌

1. 전시기획론 (2012 조기창)
2. 해외전시마케팅기법 (2013 조기창)
3. 각국별 전시산업환경 및 참가기법 (2013 조기창)
4. 이것이 명품전시회다. (2013 조기창)
5. 해외전시회 전시품 선정 및 운송노하우 (2014 조기창)
6. 수출로 이어지는 해외전시회 사후관리 요령 (2014 조기창)
7. 박람회가 1등 기업을 만든다. (2006 송성수)
8. 전시마케팅 성공가이드 (2013 한국무역협회)
9. Global Exhibition Industry Statistics (2012 UFI)
10. 한국전시산업진흥회 홈페이지
11. 한국무역보험공사 홈페이지
12. 대한상사중재원 홈페이지
13. 해외전시회 지원 업무 규정 (2010 KOTRA)
14. 성공적인 해외전시회 참가를 위한 세미나 (2013 KOTRA)
15. 제6회 국제전시마케팅전략세미나 (2013 한국전시주최자협회)
16. 해외전시회 참가매뉴얼 (2006 KOTRA)
17. 대한상공회의소 홈페이지
18. 주간무역
19. 기업과 전시회마케팅 (2007 김용관)
20. 한국전시산업장치협회 디렉토리 (2014 KEDA)
21. KOTRA Globalwindow
22. Global Exhibition Portal (GEP)
23. 광역지자체 홈페이지
24. 전시대행사 홈페이지
25. 전시회 파견 관련 여행사 홈페이지

조기창

서강대학교 경제학과와 동 대학 경제대학원을 졸업하였다.

KOTRA에 입사한 이래 부산국제전시장(현 BEXCO) 건립추진전담반 과장, 전시사업팀 차장, 해외전시협력팀과 전시컨벤션 총괄팀 팀장을 역임하면서 주로 전시·마케팅 분야에서 근무하였으며 특히 2002년 한국전시산업진흥회 창설에 실무자로 산파 역할을 하였다.「서울국제식품산업대전」,「서울국제생활용품박람회」,「Preview in New York」및「한중일산업교류전」을 비롯하여 다수 국내외전시회를 개최하였다.

런던(1991~1994), 이스탄불(1997~2001), 뉴욕(2003~2007, 부관장) 및 암만무역관(2009~2012, 관장)에서 근무하였으며 최근까지 연간 100건이 넘는 해외전시회 참가를 총괄하는 KOTRA 해외전시팀장을 역임하다가 지금은 글로벌바이어지원사무소 소장으로 재직하고 있다. 또한 KOTRA 글로벌연수원과 대학 등에서「해외전시 참가전략 수립방법 및 사후관리」,「전시기획론」등을 강의하고 있다.

저서

『요르단 비즈니스 세계로 들어가기』(2011)
『전시기획론』(2012)
『전시마케팅기법』(2013)
『각국별 전시산업환경 및 참가기법』(2013)
『해외전시회 전시품 선정 및 운송 노하우』(2014)
『수출로 이어지는 해외전시회 사후관리 요령』(2014)

해외전시회,
이것만은 알고 가자

초판인쇄   2014년 11월 28일
초판발행   2014년 11월 28일

지은이   조기창
펴낸이   채종준
펴낸곳   한국학술정보㈜
주소   경기도 파주시 회동길 230(문발동)
전화   031) 908-3181(대표)
팩스   031) 908-3189
홈페이지   http://ebook.kstudy.com
전자우편   출판사업부 publish@kstudy.com
등록   제일산-115호(2000. 6. 19)

ISBN   978-89-268-6733-4 93320